ERNST CHRISTIAN FRIEDRICHSEN

HAU IHM EINE IN DIE SCHNAUZE

HAU IHM EINE IN DIE SCHNAUZE!

Das sagte mir ein Rechtsanwalt an dem Tag, an dem ich ihn fragte.

„Was kann ich machen? Mein Chef schikaniert mich. Kann ich auf Körperverletzung wegen Bossing klagen?"

Die Antwort haute mich um.

„Ja klar, aber das wird keinen Erfolg haben. Man benötigt Zeugen und selbst wenn es welche gäbe. Die würden aus Angst nichts sagen. Und dem Gericht wird ihr Chef sagen. Das habe ich so nicht gesagt. Der Mann hat eine persönliche Abneigung gegen mich und legt jedes Wort falsch aus. Außerdem dauert so ein Prozess und kostet viel Nerven und Gewinnen? Null. Der schnellste Weg zum Erfolg ist der.

HAU IHM EINE IN DIE SCHNAUZE!

Ich war platt. „Das gibt doch sofortige Kündigung?", sagte ich und versackte in dem Stuhl, auf dem ich saß.

„Nein der wird sich hüten. Solange es keinen Zahn kostet, eine Klatsche in die Fresse und du hast deine Ruhe vor seinen Schikanen.

Ich habe lange überlegt, welchen Titel ich meinem Buch geben könnte.

Bossing ist ein Übel und ein Titel, der schon oft benutzt wurde und als Titel ausgebrannt.

Hau ihm eine in die Schnauze?

Ist ja nicht nur ein Gefühl, es ist auch ein Wunsch. Ja ein Verlagen geradezu, das man nachvollziehen kann.

Ich habs nicht getan, ich bin kein Gewalt-Mensch. Weder körperlich noch mit Worten. Das macht mich und jedem meiner Art zum geeigneten Opfer.

Die folgende Geschichte beruht auf meinen Erlebnissen mit Kollegen und Chefs. Namen musste ich leider durch gedachte Bezeichnungen ersetzen, wegen Persönlichkeitsrechte. Täter und auch noch Schützen, die erste Scheiße. Es wird eine Sammlung aus meinem Leben. Meine wohlbehütete Jugend. Dann die erste Erfahrung mit Menschen die ein Problem damit hatten ihren Gefühlen Worte zu geben. Da muss ich schon die erste Geschichte erzählen. Genau in diesem Moment fiel mir meine erste aufflammende Liebe ein, ich war gerade 8 und ich fragte das Mädchen meiner Wahl.

„Darf ich dich küssen?" Sie war ebenfalls 8. Sie schnappte sich einen Stock und haute ihn mir auf den Kopf. Zum Glück war es Dünner Morscher gewesen. Aber auch sie hatte keine Worte für ihre Gefühle. Ich habe sie nie wieder gefragt. Jahre später habe ich nicht mehr fragen müssen, das aber ist nicht das Thema.

LOS GEHTS

7.11.1954. In dem beschaulichen Dorf Olderup wurde ich geboren.

Und über der Insel Hokkaido wurde ein amerikanischer Aufklärer abgeschossen.

Und Max Conrad flog über den Atlantik. Mein erstes Lebenszeichen war ein lautes Gebrüll.

Weiteres wurde nicht berichtet. Meine Kindheit war behütet. Meine Eltern waren fürsorglich, es gab ein Kindermädchen, die sich kümmerte, und meine Oma, die sehr lieb war.

Und Frau und Herr Otto, die ich hier erwähnen muss. Die Zwei waren Nachbarn meiner Eltern und immer da, wenn Not am Mann war. Beide haben uns Kinder 7 an der Zahl. Wie ihre gesehen, es ist wohl der Natur der Welt zuzuschreiben das man als Kind nicht bemerkt, wenn man geliebt wird. Nur das nicht geliebt werden ist einem bewusst. So haben wir diese Liebe hingenommen. Die Jahre vergingen und wir wurden zu Jugendlichen und wir gingen unseren Weg und bemerkten nicht, dass sie starben, nicht wann und wo. Heute an diesem Tag in dieser Minute sehe ich die beiden mich anlächelnd schelten, weil ich meinem Bruder Walter einen Scherz spielte, ich fand's lustig.

DANN DIE EINSCHULUNG

Geplapper vom Lehrer. *„Schön, dass ihr da seid, sucht euch einen Platz aus."*

Ich mit meiner kindsgroßen Schultüte war kaum zu sehen, aber das war ein Irrtum. Ernst du auch. Ich hatte die Schule nun gesehen und wollte nach Hause. Ich entschied mich für die letzte Reihe. Die Schulzeit verging, heute würde ich sagen, im Fluge.

Es gab die Abgangszeugnisse. Mein Lehrer und ich trennten uns einvernehmlich. Was im Laufe der Schulzeit nicht immer gelang. Ein Jahr vor Schulende, hörte ich meinen Vater sagen. Er erklärte es einem Nachbarn.

„Ernst soll Fischer werden, das ist ein toller Beruf."

Ich wurde nicht gefragt, zu meinem Glück. Wobei weiß man es? Hatten die Fischer an der Küste keinen Bedarf an Nachwuchs.

Acht Monate später. Einer im Dorf hatte abgelebt und mein Vater wollte einen Kranz mit Schleife. Es sei immerhin ein guter Freund gewesen und das sei ich ihm schuldig, meinte mein Vater und das wurde dann der erste Schritt in meine berufliche Zukunft, nur das ahnte ich in dem Moment noch nicht.

In der Gärtnerei Hansen

„Moin ich brauche einen Kranz mit Schleife, was kostet das?"

„Was soll drauf jeder Buchstabe zählt."

Mein Vater sah mich an, ich hatte gefragt ob ich ihn begleiten darf.

Aus heutiger Sicht, eine gute Idee oder auch nicht?

Dass ich an dem Tag meine Frau gefunden hatte, die mir 10 Jahre später über den Weg laufen sollte, ahnte ich nicht.

Wohl doch eine gute Entscheidung.

Er begann zu grinsen, sah dem Gärtner in die Augen und haute mich um

„Braucht ihr nicht noch einen Lehrling?"

Ich sah meinen Vater an. Der Gärtner mich. Mein Vater mich. Ich meinen Vater. Der Gärtner meinen Vater. Ich den Gärtner. Der Vater mich. Der Gärtner mich. Ich meinen Vater.

„Ja warum nicht?" Der Schleifentext wurde festgelegt und ich war verhökert, Deckel zu und gut ist. Ich wurde nicht gefragt, ich musste auch nicht ja sagen. Der Tag meiner Überführung aus dem Kind sein ins Erwachsen werden war besiegelt. Eine Woche wurde der Vertrag in Tinte gemeißelt. Ich lernte die Familie kennen. Den alten kannte ich schon, nun folgten die Ehefrau, der Sohn, die Tochter und die Küchen Hilfe auch der Lehrgeselle durfte nicht fehlen. Lühmann, ein erfahrener Gärtner, dem ich mein Fachwissen zu verdanken habe. Nicht weil er mir alles beibrachte, nein er sagte. „Wenn du was wissen willst dann lerne lernen." Und so begann ich Fach Literatur zu lesen, nicht nur die Schulbücher, die noch kommen sollten.

MEIN ERSTER TAG

Zu den Gewächshäusern musste man durch die Arbeitshalle. Eine dreistufige steinerne Treppe führte hinunter. Die Gewächshäuser waren in die Erde eingearbeitet, das sparte Heizkosten. Es war ein alt eingesessener Betrieb, später sollten noch Gewächshäuser gebaut werden, die dann Modern und oberirdisch sein würden. Im Arbeitsraum. Ein langer Arbeitstisch aus Zement gegossen vor einem langen Fenster, von dem aus man auf den Hof sehen konnte.

Ich drückte die Tür auf. Lühmann stand am Tisch, er war dabei einen Kranz zu binden.

„Moin Ernst du bist aber pünktlich."

„Moin." Ich war schüchtern und bin es heute noch. Nur zeige ich es nicht mehr so deutlich.

„Keine Angst ich beiße nicht."

Er zeigte auf den Platz, an dem ich stehen sollte. Ich hatte eine Tasche mit, in der mein Brot war und eine Flasche Wasser.

Der Sohn des Gärtners trat in die Halle.

„Hallo Ernst." Er gab mir die Hand. „Heute lernst du Kränze Binden."

Und los ging's. Ich durfte Grün schneiden. Hört sich einfach an, ist es aber nicht. Zu lang und es sieht aus wie nasser Dackel, zu kurz und es wird eine Wurst. Was ich an dem Tag nicht wusste, der alte Meister war einige Tage zuvor gestorben und mein Lehrvertrag nichtig. Der Betrieb hatte keinen Meister mehr. Und ohne Meister keine Lehre. So war dann auch der Tag etwas wortkarg von den beiden. Wochen später erst erfuhr ich, dass mein Vater, er war Schmiedemeister und der Sohn des Gärtners und die zuständige Kammer sich ein langes und zähes Ringen leisteten, sich dann mit einem Kompromiss einigten. Der Sohn, der ein Jahr jünger war als ich. Er durfte zur Meisterschule, würde er nicht bestehen, ist meine Lehre zu Ende. Er bestand und die Welt ging weiter seinen Weg. Ich lernte interessante Leute kennen und was Mädchen so mit Jungs an zu fangen wissen. Es gab keine Probleme im Betrieb, mit Lühmann hatte ich einen fachkundigen Ausbilder an meiner Seite und der Sohn wurde so was wie ein Freund mit Chefcharakter. In der Berufsschule aber hatte ich den ersten Kontakt mit, ich nenne es mal Neid.

SCHICKSAL

In dem Dorf Olderup, in dem ich meine Kindheit verbrachte, gab es einen Mann, den ich noch erwähnen muss. Er war ein Eigenbrötler, durch die Ereignisse des Zweiten Weltkrieges ins Dorf gespült. Er durfte in den Resten einer Flack-Stellung wohnen, die sich einen Kilometer hinter dem Dorf befand. Als Kinder hatten wir dort gespielt. Er radelte immer durch die Felder und sammelte Strauchwerk und wild wachsende Blumen. Die er zu Bündeln zusammen band. Dazu holte er bei meinem Vater der die Schmiede im Dorf betrieb, alte Fahrrad Schläuche, die er in Streifen schnitt und so Gummibänder machte. Das brachte er zu den Gärtnern, die es ihm abkauften und in Kränze und Gebinde verarbeiten konnten. So wurschtelte er sich die Jahre. Bis in der Stadt ein Laden, ein Kiosk aufgegeben wurde. Den hatte er gemietet mit Wohnung und den Laden zum Blumenladen umgebaut. Für einen Gärtner hatte er dann den Verkauf übernommen. Nun hatte er es geschafft aus der Baracke in den Feldern in die Stadt und ein Einkommen. Einige Zeit später wurde er wegen 20 Pfennig umgebracht. Daran musste ich gerade denken, das geschah, nachdem meine Lehre begann, als Kind hatte ich Angst vor ihm und doch ging es mir damals unter die Haut, den Krieg überlebt und dann wegen nichts umgebracht.

BERUFSSCHULE

Ich betrat die Klasse.

„Der ist frei", sagte einer und zeigte auf einen Tisch am Fenster in der fünften Reihe. Die Klasse setzte sich aus allen gartenbaulichen Bereichen zusammen und allen Lehrjahren. Man sah am Verhalten, wer schon im dritten war und wer gerade die Lehre begann. Mein Tisch war ein Einzeltisch, so wie die ganze Reihe, die anderen saßen zu zweit an den Tischen. Vor mir saß schon einer, den nenne ich hier Vogel. Er trug eine Brille mit starken Gläsern, ein Kreuz wie ein Scheunentor und Oberarme wie Baumstämme. Er sah mich an, als würde ich ihm die Wurst wegessen. Ich sagte kein moin da keiner moin sagte.

Der Lehrer betrat die Klasse.

„Heute begrüßen wir drei Neuzugänge", sagte er freundlich und bat uns, dass wir uns vorstellen mögen. Meine erste Rede vor versammelter Menge.

Der Unterricht fand wöchentlich statt. Ich lernte viel und hatte auf alle Fragen des Lehrers eine Antwort. Das dann dazu führte, dass er mich nicht mehr fragte. Es war ihm lieber, einer der weniger weiß, würde sich melden, aber mein Finger blieb oben. Vogel vor mir sagte nie etwas und auf Fragen antwortete er mit Müll.

„So wirst du nie die Prüfung schaffen", drohte der Lehrer.

Es vergingen die Monate und Vogel sah mich immer öfters wütend an. Ich hatte ihm nichts getan. Im Gegenteil ich war freundlich zu ihm, was lange nicht alle waren, und ich gab ihm Tipps.

Wenn ich in die Klasse kam war Vogel schon da und heute sollte ich ihn kennenlernen.

Er stand an seinem Tisch, was er noch nie tat und ich musste an ihm vorbei.

Ich hatte ihn erreicht, da greift er mich und hält mich im Schwitzkasten. Ich habe zuerst versucht mich zu befreien, aber es gelang nicht.

Nicht das er Stark war, massig aber keine Muskeln. Ich hatte in meiner Jugend bei den Bauern auf den Feldern gearbeitet, um mir einige Groschen zu verdienen. Taschengeld gab es keines und ich las gerne die Groschen Romane. Auf den Feldern wuchsen meine Muskeln, ich war durch muskuliert. Das sah man mir nicht an, da ich recht schlank war. Ich hätte es zur Schlägerei kommen lassen müssen. Obwohl ich nur mit einem gezielten Schlag ihn zu Boden gebracht haben könnte. Er hatte mich im Schwitzkasten und damit meinen rechten Arm ausgeschaltet. Den linken Arm aber nicht und in meiner gebeugten Haltung hatte ich freie Fahrt auf seine Eier. Ein Hieb und er ginge jaulend zu Boden. Ich aber bin Pazifist, so ließ ich ihm letztlich sein vergnügen. Er würde ja vom Lehrer eine reingewürgt bekommen und von der Schule fliegen, so mein Gedanke, gefehlt stellte sich heraus.

Der Lehrer betrat die Klasse. Sah es, sagte aber nichts. Wir sind erwachsen, so wohl sein Denken. Enttäuscht war ich von den Klassen Kameraden, keiner der Aufstand und Vogel am Tun hinderte, keine Worte, wie lass das, ich war dem alleine ausgesetzt. Acht Wochen lang jeden Morgen tat er das, ich hatte gehofft es würde ihm über werden und immer das gleiche, keiner half mir. Es gab nur noch eine Lösung, Gewalt.

9 Woche. Ich betrat die Klasse.

Vogel stand an den Tisch gelehnt und wartete, die Augen der Klasse folgten mir. Ich hätte auch einen anderen Weg wählen können, zwischen den Tischen durch und von hinten an meinen Platz, ich mag keine Gewalt aber Feige bin ich nicht. Ich bewegte mich wie immer auf ihn zu und er machte sich bereit. Er hob die Arme um mich zu greifen. Ich ließ meine Tasche fallen, warf meinen rechten Arm um seinen Hals und nahm ihn in den Schwitzkasten. Er begann sich zu wehren, aber er hatte keine Chance, gegen meinen Bizeps war er machtlos, nun brach die Klasse in Jubel aus. Der Lehrer betrat die Klasse. Ich hielt ihn fest, der Lehrer setzte sich, ich hielt ihn fest, als der Lehrer seine Aktentasche öffnete, ließ ich ihn los, er fasste mich nie wieder an. Das war meine erste Erfahrung mit einem Menschen, der mich scheinbar haste ohne Grund ich hatte mit niemandem über ihn gesprochen, dafür gab es keinen Grund. Oder ihn beleidigt, oder etwas weggenommen. Der einzige Grund war der. Weil ich der bin, der ich bin und wusste, was er nicht wusste, davor schien er wohl Angst zu haben. Der Rest der Lehrzeit war dann Friede Freude Eierkuchen. Die Abschlussprüfung nahte und das wusste scheinbar auch der Verteidigungsminister. Er lud mich zur Musterung ein. Ich bin von Natur aus gegen Gewalt und so überlegte ich. Ob es nicht besser sei den Wehrersatzdienst zu wählen. Tage nach dem grübeln, wir saßen beim Frühstück, meine Eltern meine jüngeren Geschwister und ich. Und ich hatte eigentlich entschlossen keinen Dienst an der Waffe zu leisten. Aber dann hatte ich ein Bild vor Augen. Mein Opa war im Russland-Feldzug gewesen und erzählte von den Übergriffen auf Zivilisten. Durch die Wehrmacht und durch die russischen Soldaten auf dem Vormarsch ins Reichsgebiet. Von wem sollte ich erwarten meine Schwestern und Eltern zu verteidigen, wenn jetzt in diesem Moment eine feindliche Armee durchs Gartentor marschiert. Unser Nachbar würde seine Familie retten wollen. So kippte eine meiner Überzeugungen, ich erklärte mir meinen Sinneswandel damit, dass der Krieg keine Pazifisten kennt.

WEHRDIENST

Die Musterung, von der ich mir erhoffte, dass ein Untauglich erklärt werden würde, aber man sagte mir grinsend „Tauglich."

Ein Freund von mir musste auch zur Musterung Wochen nach mir. Er war körperlich angeschlagen und wusste schon von seinem Hausarzt, dass er Untauglich ist. Da gab es keine zwei Meinungen.

Das erste, was er von sich gab, als der Musterungsarzt ihn untersuchte.

„Ich freue mich so auf den Wehrdienst. Ich werde mich wenigsten auf acht Jahre verpflichten, ich bin so begeistert vom Militär, ich will meinem Land dienen."

Und noch weiteren Schmonz. Nach der Musterung folgt in der Regel die nüchterne Ansage Tauglich oder Untauglich. Bei ihm waren die Ärzte in einer Notlage, dass keiner an die Waffe will, war an der Tagesordnung. Er hatte sie dazu gebracht, dass sie ein sehr einfühlsames Gespräch führten, langsam weit ausschweifend begann man ihn auf seine Untauglichkeit hinzuweisen, er spielte überzeugend eine Nervenkrise.

Was hat das mit mir zu tun? Und was will damit sagen?

Man lese den Text erneut und frage sich dann wie konnte er Ärzte dazu bringen ihm nicht einfach wie jedem anderen auch kalt ins Gesicht zu sagen. „Untauglich" selbst wenn für ihn eine Welt untergehen würde.

Es ist das Wort, auf das ich hin weißen möchte. Das Wort das man wählt im Guten wie im Bösen bestimmt den Verlauf jeder Beziehung. Hat man keine Worte für seinen Nächsten, hat man keine Beziehung. Hat man Worte für seinen Nächsten, entsteht sogar Liebe und Vertrauen. Hat man aber nur Worte gegen seinen Nächsten, dann kommt Feindschaft auf und im Vorgesetzten-Fall nennt man das Bossing. Die erzählte Geschichte zeigt deutlich wozu Worte in der Lage sind.

DANN ERFOLGTE DIE EINBERUFUNG

Ich habe ja schon mal einen lockeren Spruch drauf. Meine Frau meinte mal.

„Du läufst Gefahr, dass du Haue bekommst, nicht jeder versteht deinen Humor."

Ich betrat die Kaserne mit Magen drücken, ich fühlte mich zugegeben nicht wohl mit meiner Entscheidung, aber nun hob sich die Schranke und ein Zurück gab es nicht. Man brachte mich zu meinem neuen Zuhause für die nächsten drei Monate, Monate der Grundausbildung. Danach würde dann die Verlegung zur Truppe folgen für weitere 12 Monate. Vor einem Gebäude, das es schon gegeben hatte, als noch eine andre Flagge gehisst wurde. Warteten andre Jungs, denen es nicht besser ging wie mir. Ein müdes Moin oder Hallo murmelten alle durcheinander. Ich sagte freudestrahlend Moin, ich überspielte meine Zurückhaltung mal wieder, innerlich wollte ich davon laufen.

„Ihr kommt zu einem ungünstigen Zeitpunkt, eure Ausbilder sind bei einem Wettkampf und das dauert noch eine Weile, also folgt mir." Ein Mann in Uniform baute sich vor uns auf, auf seiner Schulter Streifen, die wohl anzeigten, dass er etwas zu sagen habe. Wir folgten ihm wie eine Gänseschar, nur schweigend. Es ging auf einen Sportplatz, auf der Laufbahn rannten Männer im Kreis, jeder versuchte den Vordermann zu überholen. Das erinnerte mich an meine Schulzeit, was ich nie mochte, war Rennen und um erster zu sein, schon gar nicht. Ich muss nicht vorne stehen, in der Mitte fühle ich mich wohl. Wir wurden auf einen Erdwall gesetzt, der die Laufbahn Begleitete. Die Männer waren schon länger am Laufen. Die Sporthemden waren durchgeschwitzt und die Schritte mühselig. Einer hing abgeschlagen weit ab, womöglich war er auch der erste, aus heutiger Sicht, ja wer weiß. Ich sah mir das Getrabe mit bangen an. Wenn das auf uns zukommt? Misst aber auch. Der Letzte oder erster je nach Standpunkt, schleppte sich an mir vorbei und da war meine lockere Schnauze schneller als meine Zurückhaltung.

„Die anderen laufen da vorne."

Und ich zeigte auf den Mann, dessen Rücken man noch sah. Der Typ im Schleppgang sah mir bedrohlich in die Augen.

Nach dem Mittagessen war antreten vor dem Gebäude angesagt, ich gehörte zu den Größeren und durfte in der letzten Reihe stehen, die kleinsten vorne, diese bekamen im Laufe der Zeit den Namen NATO Zwerge. Der Spieß stellte uns die Ausbilder vor. Wir waren die erste Gruppe im ersten Zug und fünfzehn Jungs. Und nun stand da unser Ausbilder vor uns. Wer könnte es sein? Genau der den ich darauf hinweisen musste das die anderen da vorne laufen. Mir war noch nie so unwohl. Und dann dieses Grinsen das nichts Gutes erahnen ließ. Er aber erwies sich als sportlich im Umgang mit seinen Rekruten. Ich mag nicht sagen wollen, dass wir Freunde wurden, aber ich hatte seine Aufmerksamkeit gewonnen und durfte denen, die etwas nicht begriffen, unter die Arme greifen.

Es folgte die eigentliche Verwendung, dazu wurden wir auf andere Kasernen verteilt. Es gab Eignungstests. Das Hören von Geräuschen die mit anderen vermischt waren und anderes. Es folgte eine Intelligenz Beurteilung. Ich lag im besseren Mittelfeld. Je wie unsere Ergebnisse ausfielen, wurden wir den Einsatzbereichen zu geführt. Ich landete im Sicherheitsbereich und da würde ich nun die kommenden 12 Monate sein.

Warum erzähle ich das? Das will doch keiner wissen?

Der Zug, in dem ich meinen Dienst versah, wurde von einem, ich sage mal menschlichen Zugführer, geführt. Ein anderer Zug hatte nicht das Glück. Darum gehört die Geschichte dazu.

Diese Jungs waren die besten, immer die ersten und stets perfekte Uniform. Kein durchhängender Haufen.

Bis sich das an einem Wochenende änderte. Es war an einem Sonntag, später Nachmittag. Einer der perfekten Rekruten weigerte sich zurückzukehren. Auf Drängen seines Vaters berichtete er vom Dienst Alltag. Der setzte seinen Sohn ins Auto und fuhr zur nächsten Kaserne und begab sich zum diensthabenden Arzt. Der schrieb den Jungen Dienstfrei und informierte den Kasernen Kommandanten.

Der Zugführer des Jungenmannes war ein Tyrann wie sich herausstellte. Vor dem Wecken gab er fast täglich Alarm Wecken und Gewaltmärsche und weiteres unnötiges Geschinde. Sein Ziel war es eine Elite Truppe zu haben, nur unsere Kompanie war keine Elite Truppe. Die Folge war. Der Zugführer wurde gefeuert, seine Unteroffiziere wurden vor die Wahl gestellt, die Truppe verlassen oder die Jahre der Verpflichtung als gewöhnlicher Soldat ohne Aufstiegschancen zu bleiben. Die meisten gingen lieber. Den Unteroffizieren wurde der Vertrag gekündigt, der Zug aufgelöst.

Das hatte ich nicht für möglich gehalten, dass es Menschen gibt die nur aus persönlichem Ehrgeiz andere zerstören, und das so viele mitmachen, bis zur Fahnenflucht treiben, es war noch lange Gesprächs Thema in der Truppe, einer fragte.

„Ob wir blind waren, wir hätten es doch mit bekommen müssen?" Nun auch die Wehrzeit hatte ein Ende und wir gingen auseinander, einige gingen mit Wehmut, andere sagten endlich vorbei.

DAS ARBEITSLEBEN WARTET

Ich ging zu meinem Lehrbetrieb. „Habt ihr Arbeit für mich." Mein Vater hatte mich gedrängt. Ein Freund von mir hatte die Idee. Sobald der Wehrdienst um sei, einen Trip durch Europa zu wagen. Ich war begeistert von der Idee, er aber musste sich in ein Mädchen verlieben und änderte seine Meinung. So stand ich wieder in der Arbeitshalle, die ich solange nicht gesehen hatte. Und obgleich er derselbe Betrieb war, es war nicht dieselbe Firma. Neue Gewächshäuser und andere Leute und eine gehetzte Stimmung.

„Nein aber ich kenne eine Gärtnerei, die sucht."

Mein Lehr Chef hatte noch nicht zu Ende geredet, da hatte er auch schon den Telefonhörer am Ohr und lächelte.

„Du sollst vorbeikommen."

IM NEUEN BETRIEB

Ich hatte sofort einen Arbeitsvertrag, 30 Kilometer von zuhause weg, ein Zimmer war auch schnell gefunden. Ich erwähne diese Geschichte, weil etwas geschah, das ich mir nicht erklären kann.

Am ersten Arbeitstag. Wir machten Frühstück, der Betrieb war vorwiegend mit jungen Leuten besetzt. Die Jungs gingen zum Frühstücken in den Arbeitsraum der Floristinnen, ich folgte ohne zu fragen und ich sah sofort warum. Die Mädel hatten kaum Zeit zu frühstücken, es lag eine große Bestellung an, eine Ausstellung sollte dekoriert werden. Es wurden Pflanzschalen bepflanzt und Ziersteine zwischen die Pflanzen gelegt. Ein Stein lachte mich an, ich nahm ihn und Band einen Draht um den Stein. Dann hängte ich ihn über die Heizungsrohre der Heizungsanlage, die im Raum stand, von da aus wurde das Wohnhaus, das sich über dem Arbeitsraum befand geheizt. Und einige nebenstehende Gewächshäuser. Die Rohre waren dick isoliert und hingen unter der Decke. Über diesen Rohren, dazu musste ich auf den Arbeitstisch steigen. Und habe weit, soweit ich reichen konnte den Stein hingehängt. Er war vom Boden aus nicht zu sehen, selbst wenn man auf den Tisch steigen würde, er war nicht zu sehen, man bräuchte eine Taschenlampe und dennoch müsste man suchen. Ich sagte und zeigte auf die Rohre.

„Solange der Stein da hängt, werde ich hier arbeiten." Nach Wochen war der Stein längst vergessen. 15 Monate später kaufte ich mir eine Gärtnerei. Hört sich gewaltig an, es war eine runtergekommene Ruine aber mit Wohnhaus und recht günstig. Die Gewächshäuser waren verpachtet und das Wohnhaus vermietet, so hatte ich einen Groschen nebenbei. Im Betrieb wechselten die Leute, einige gingen um woanders zu arbeiten, bei anderen war die Lehrzeit um.

3 Jahre bin ich nun in diesem Betrieb und dachte es sei an der Zeit für etwas Neues. Im Arbeitsbereich der Floristinnen war keiner mehr dabei der beim Stein aufhängen dabei war und vergessen hatte ich ihn auch schon längst. Ein neuer Lehrling saß auf dem Arbeitstisch. Ich ging ohne etwas zu sagen aus dem Raum, die Treppe zum Büro hoch und Kündigte zum kommenden Monatsende.

UND NUN HALTET EUCH FEST

Ich betrat den Arbeitsraum, der neue Lehrling stand auf dem Arbeitstisch und hatte den Stein in der Hand. Ich sah ihn verdutzt an, in diesem Moment erinnerte ich mich an den Stein und meine Ansage. „Was machst du denn da?", fragte ich ihn verwundert.

Er sah mich noch verdatterter an als ich ihn.

„Ich habe keine Ahnung, etwas hat mich gezwungen auf den Tisch zu steigen und den Stein abzunehmen." Wie gesagt es war unmöglich den Stein zu sehen und

wenn man nicht weiß, wo der sich genau befindet, ist er
nicht zu finden. Ich habe bis heute keine Erklärung dafür, noch dazu ich keinem gesagt hatte, dass ich gehen
würde. Dass ich in dem Betrieb meine zukünftige Frau
gefunden hatte, stellte sich einige Zeit später heraus.

DIE KOMMENDEN JAHRE
WAREN ETWAS TUMULTIGER

Mehrfach musste ich mir neue Arbeit suchen.

Aber es gab nichts erwähnenswertes außer einen
Vorfall vielleicht in einem Betrieb in dem ich auf Bitten
der Firmenleitung aushelfen musste, da es an Personal
mangelte. Es wurde in meinem Dabeisein ein Lehrling
zusammengefaltet, er war dem Partner zu langsam. In
dem Betrieb wurde auf Akkord gearbeitet, mehr Meter
mehr Gehalt. Der Anschiss war unnötig und sehr aggressiv. Es entstand ein Beistandswunsch in mir. Ich musste
mich beherrschen, ich war nur Vertretung, ich brauchte
Geld und die Firma einen erfahrenen Mann, der junge
aber flehte mich mit seinen Augen um Hilfe an. Ich hatte das Gefühl ihn verraten zu haben.

NACH JAHREN DES AUF UND AB

Mittlerweile hatte ich meine Frau geehelicht und hatte
einen Sohn. Ich betrieb meine Gärtnerei als Nebengewerbe, davon leben war nicht möglich, es hatte schon
vor einiger Zeit das Gärtnereisterben eingesetzt, heute
sind von 15 Gartenbaubetrieben nur noch 2 in dieser

Gegend übrig, auch meinen Lehrbetrieb gibt es nicht mehr, da stehen nun Wohnhäuser. Das Telefon läutete, mein Vater war dran.

„Hast du die Zeitung gelesen?"

„Nein."

UND HIER BEGINNT
DIE EIGENTLICHE GESCHICHTE

Eine Stellenausschreibung, wir suchen einen Gärtner mit Berufserfahrung. Stand da zu lesen. Ich dachte mir was soll's. Eigentlich hatte ich bereits einen Plan ersonnen wie ich mir meine Zukunft dachte. Nur als Alternative schickte ich die Bewerbung ab. Nach einigen Tagen erhielt ich eine Einladung zum Vorstellungsgespräch. Ich machte mich also auf den Weg. Bei der angegebenen Adresse erwartete mich ein altes Gebäude, eine hölzerne Tür, die beim Öffnen knirschte, musste ich noch hinter mich bringen. Meine Hand lag auf der Türklinke, ich war am überlegen, soll ich? Sollte ein ja die Folge sein könnte es meinen Plan über den Haufen werfen. Ich hatte die Idee einen schwunghaften Blumenhandel aufzuziehen. Von Arbeitsverträgen war ich enttäuscht. Die Firmen, die ich erlebt hatte. Die nichts mit dem Gartenbau zu tun hatten, lebten von Ausschreibungen und hatten einen starken Personal Wechsel. Die Arbeiten selbst waren abwechslungsreich gelegentlich auch aufregend bis abenteuerlich, gingen Aufträge an die Konkurrenz, gingen Mitarbeiter zum Arbeitsamt.

ICH DRÜCKTE DIE TÜR AUF

Der Raum, den ich betrat, roch nach altem Möbel, die im Regen gestanden hatten. Stühle waren im Raum verteilt, 3 Männer saßen, scheinbar ebenfalls auf die Anzeige hin wartend im Raum verteilt. Man war Konkurrent, das spürte man sofort beim Betreten des Raumes. Ich suchte nicht lange, ich setzte mich auf den Stuhl, der mir am nächsten war. Neben einen der über 50 Jahre alt war. Ich wusste, wer er war, er aber hatte keine Erinnerung an mich. Er war Meister gewesen in einer Gärtnerei, die dem Gartenbausterben zum Opfer gefallen war. Es Schossen Hausmeister Dienste wie Pilze aus dem Boden, es war eine Lücke entstanden, die gefüllt werden musste. Wer einen Rasenmäher schieben konnte, wurde Hausmeister. Nach mir folgten weitere Männer. Als achter betrat ein junger Mann, kaum 20, den Raum. Wegen dem sollte ich später noch Kopfweh bekommen. Es wurden zehn Mann, alles Gärtner davon 5 Meister.

DER ERSTE NAME WURDE GERUFEN

Eine Tür öffnete sich, ein Kopf erschien und sah einmal in die Runde.

„Es geht gleich los."

Die Tür ging zu. Es vergingen lange Minuten und ich muss zugeben, ich wurde nervös, das kannte ich nicht. Ich bin zum Chef, hatte gefragt, es folgte ein ja oder nein und ich ging wieder, nun stand ich im Wettbewerb mit Meistern. Auf ein nein war ich gefasst und das würde mich auf meinen geplanten Weg zurückbringen. Im Grunde genommen wollte ich ja ohnehin nicht hier sein. Mit dieser Einstellung würde mir eine Absage zu sagen. Aber ich sollte enttäuscht werden.

Herr Dings da kommen sie bitte. Der Typ von eben rief einen Namen und ein Mann erhob sich und folgte ihm in einen Nebenraum. Nach einigen Minuten kehrte er zurück und verließ uns ohne ein gutes Gelingen zu wünschen. Wieder ein Name, wieder ein wortloser Abgang. Dann war der vierte dran, der sagte beim Gehen noch Tschüss. Dann plumpste mein Herz in die Hose mein Name ertönte und ich folgte dem Rufer. Ich ging auf einen langen Tisch zu, ich weiß nicht mehr genau, aber ich habe acht Mann in Erinnerung, die mich ansahen und musterten.

„Bitte nehmen sie Platz."

Ein Stuhl stand einsam vor dem Tisch, drei Meter entfernt. So wie ich mich fühlte dürften sich Angeklagte fühlen. Es folgten, nach dem die Personalien geprüft waren, Fragen zu meinem Beruflichen Qualifikationen. Ich hatte das Gefühl, dass die Befragung länger dauerte als bei den Vorgängern.

„Bitte nehmen sie im Vorraum Platz." Ich versuchte nicht überrascht zu wirken, obwohl ich das nicht erwartete. Zwei weitere gingen mit gesenktem Kopf durch die Ausgangstür. Nun wurde der junge Mann gerufen, auch er setzte sich wieder in den Vorraum. Das Rennen war also noch nicht entschieden. Die verbliebenen Männer gingen auch einer nach dem anderen raus. Nun waren nur noch wir zwei nach. Ich wurde gerufen und dieses Mal ging es ans Eingemachte. Für mich kam es auf nichts an, so war ich auch nicht nervös.

„Bitte warten sie im Wartebereich." Ich setzte mich wieder auf meinen Stuhl, der Jüngling wurde gefordert und ging nach nur zwei Minuten aus dem Gebäude.

MEIN AUFTRAG

Dass der Vertrag auf ein Jahr begrenzt sein würde, war aus der Anzeige nicht ersehen. Das wurde mir erst erklärt, nachdem alle Konkurrenz ausgeschaltet war. Na ja, dachte ich, dann habe ich ein Jahr Zeit meinen Plan zu verbessern.

Mir wurden zehn Jungs anvertraut. Keiner älter wie 18, alle hatten eines gemeinsam. Sie hatten keinen Lehrplatz ergattern können. Und sollten über ein Arbeitsförderungsprogramm ins Berufsleben gelangen. Zu der Zeit, in der ich in den Gärtnereien arbeitete, hatte ich es auch schon mit Lehrlingen zu tun. Nur nicht als beaufsichtigender dazu waren die Lehrgesellen zuständig.

Der erste Tag war der Anstrengendste, die waren wie junge Fohlen, die kein Zaumzeug kannten. Eines aber klar, zusammenscheißen und den dicken Macker machen würde nur zu Verstockungen führen. Da ich von Natur aus die Ruhe weghabe und verstehen konnte ich die Jungs auch. Ich ließ ihnen genug Freiraum, somit konnten sie ihre Flügel ausbreiten. Dass die Fehler machen würden war klar. Nicht aber wie der Meister reagiert. Wir wurden zu einem weitläufigen Gelände geschickt und misstrauisch beobachtet. Auch für den Arbeitgeber war dieses Projekt neu und von deren Sicht aus zum Scheitern verurteilt. Der Meister zeigte mir die Aufgaben und ich teilte die Jungs ein. Der erste Fehler war von einem der Jungs schnell gemacht. Zu seinem Pech tauchte gerade der Meister auf. Der wollte auch sofort seinen Unmut verkünden. Ich stellte mich sofort zwischen die beiden und übernahm die volle Verantwortung. Der Meister grinste mich an, ich würde sagen begeistert. Er plapperte von unbedeutenden Dingen und ging wieder. Von diesem Moment an hatte ich eine eingeschworene Truppe. Die Jungs vertrauten mir ihre Lebensgeschichten an. Bei allen Problemen kamen sie zuerst zu mir, bevor sie sich an den Meister richteten. Mit der Stammbesatzung der Firma hatte ich in den folgenden Monaten auch Kontakt, die wirkten nett. Ich sollte mich da täuschen. Einer der Jungs hatte Glück, er konnte aus dem Programm heraus in die Stammmannschaft wechseln. Einige Monate waren vergangen, da wurden wir angefordert, ich hatte es geschafft die Truppe zu einer schlagkräftigen Mannschaft zusammenzuführen. Der Meister bat mich zu einem Gespräch.

„Wir sind überrascht, dass sie das geschafft haben. Darum darf ich ihnen einen Vorschlag anbieten. Ein Vorarbeiter geht in Rente und wir möchten, dass sie ihn ersetzen. Wir brauchen schnelle eine Antwort, da wir sonst ausschreiben müssten."

Ich bat um zwei Tage Bedenkzeit. Ich sagte Ja.

Als ich das den Jungs erzählte, sah ich Tränen laufen. Mir folgte ein Meister. Der blieb nur wenige Monate, dann wurde er gefeuert. Ihm nach folgte der nächste Meister. Auch der wurde gefeuert und die Truppe wurde als gescheitert aufgelöst.

Als ich den ersten Tag bei der Stammmannschaft antrat, waren das nicht mehr die Leute, die ich glaubte zu kennen.

Der junge Mann, der mit mir im Warteraum am Tag des Vorstellungsgesprächs saß, war das Übel.

Er war der Neffe eines der Stammbesatzung, der war auch noch im Personalrat und hatte es sich in den Kopf gesetzt seinen Neffen bei der Firma unter zubringen.

Und dass ich ihm den Plan versaute, nahm er mir persönlich übel.

Ich betrat den Aufenthaltsraum, in dem die Arbeitseinteilungen stattfanden. Und erwartete ein freudiges Hallo. So wie in den Firmen zuvor. Aber weit gefehlt, keinen Mucks gaben die von sich. In dem Raum war nur ein Stuhl frei. Ich setzte mich und dachte, was sind denn das für Arschlöcher. „Das ist der Stuhl vom Meister."

Pöbelte mich einer verächtlich an.

„Das macht nichts."

Pöbelte ich zurück. Wenn mir eines auf die Eier geht, ist das blöde von der Seite angeblafft zu werden. Dann werde ich patzig, kann ich nichts gegen tun. Der Meister betrat den Raum, sah mich an, sagte nichts außer, dass er mich der Besatzung vorstellen werde. Und mir meine neuen Kollegen an die Hand gab. Dessen Vorarbeiter ich nun sei. Alles strömte zu ihren Arbeitsbereichen, jeder Arbeitsbereich lag 2 KM vom Firmensitz entfernt. Nur wenige waren mit einem Fahrzeug ausgestattet. Und es waren auch nur wenige Mitarbeiter, die ich des Tages über zu Gesicht bekam. „Friedrichsen warten sie noch einen Moment."

Sagte der Meister und sah ernst aus. Ich blieb sitzen und wartete, dass alle gegangen waren. Der Meister hatte bis dahin geschwiegen.

„Sie müssen verhindern dass die beiden zu früh nach Hause fahren, ihr Vorgänger hat die Zügel schleifen lassen und es gibt Beschwerden. Wenn sie da etwas durchgreifen." Ich hatte meine Order und die hatte ich umzusetzen, dass das in einer Katastrophe ausarten würde ahnte ich noch nicht.

DER ERSTE ARBEITSTAG

Wir hatten den Bezirk am Rande der Stadt. Die beiden neuen Kollegen verhielten sich der Lage entsprechend zurückhaltend aber freundlich. Sie erklärten mir, wo welche Aufgaben sind, und wir begannen unsere Arbeit. Die beiden arbeiteten nicht so wie ich es gewohnt war. Ich überlegte nicht lange, ich entschied mich ihnen anzupassen. Weil ich wusste hier etwas zu ändern braucht Zeit. Der Tag verlief aus meiner Sicht normal. Uns begegneten Fahrzeuge der Firma, eines hielt an und die Besatzung redete mit meinen neuen Kollegen nicht, aber mit mir. Ich dachte mir nichts dabei, wir kennen uns ja nicht. Es ging auf Feierabend zu. Feierabend war halb fünf. Kurz vor vier legten die beiden das Geschirr auf die Karre und gingen ohne mich zu fragen Richtung Bauwagen. Der ältere war dabei die treibende Kraft wie mir schien, der jüngere sah mich ängstlich an, ich sagte nichts ich folgte ihnen schweigend. Ich hatte einen Auftrag. Die beiden waren mit dem Fahrrad gekommen und wohnten in der Stadt ich jedoch nicht, ich wohnte in einer Gemeinde 17 Kilometer von da entfernt. Die beiden warteten, dass ich sagen sollte Feierabend. Ich jedoch wartete bis halb fünf.

DER ZWEITE TAG

Im Aufenthaltsraum saßen alle und warteten auf den Meister, es war kein weiterer Stuhl im Raum, ich hätte mich wieder in den Stuhl vom Meister setzen können aber ich blieb stehen. Wieder Stille im Raum. Ich fragte mich, ob es einen Stuhl gegeben hatte für meinen Vorgänger, wahrscheinlich ja. Deutlicher war eine Abneigung nicht zu Übermitteln. Was ich nicht mache, mich lange mit der Frage zu beschäftigen Warum. Ich hätte jeden einzelnen in den Schwitzkasten nehmen müssen und das war mir zu anstrengend. Ich beschloss das sind Idioten und ich brauche die nicht.

SO VERGINGEN ZWEI WOCHEN

Und es wurde August. Meine beiden Begleiter warteten jeden Abend

Um vier auf ihrem Fahrrad sitzend auf ein, Fahrt los. Ausdauer hatten die, das muss man sagen. Der alte wurde von Tag zu Tag Füünscher (Sauer auf Platt) Und sah mich an, als hatte ich sein Haus angezündet.

DER ZUSAMMENBRUCH

Die Sonne stand hoch am Himmel und es war schon früh morgens heiß. Meine Begleiter hatten es sich angewöhnt abseits von mir zu arbeiten, der alte war die treibende Kraft, mir egal, ich wollte ja ohnehin gehen.

Dann ein Aufschrei, es war kurz nach acht Uhr. Arbeitsbeginn war sieben Uhr. Der junge Begleiter schrie meinen Namen, voller Panik hörte er sich an. Ich ließ das Werkzeug fallen und eilte zu den beiden. Der alte lag auf dem Rasen, der junge untätig neben ihm.

„Was ist passiert?", fragte ich ernsthaft besorgt.

„Er ist einfach umgefallen, er sagte noch mir ist übel und lang lag der." Ich sprach den alten an und drehte ihn in die stabile Seitenlage, Fahrschulwissen hat auch seinen Vorteil. Ein Anwohner war herbeigeeilt vom Schrei alarmiert. Ohne zu zögern sagte er.

„Ich rufe den Notarzt." Und schon eilte er zum Telefon.

In der Ferne hörte man das Martinshorn nahen. Ich redete beruhigend auf den alten ein, er sagte nichts. Ich hatte noch nie solange Bange Minuten erlebt wie an diesem Morgen. Der Notarzt war weg, ihn hatten sie mitgenommen, da tauchte der Meister auf. Fragte was los war und fuhr davon.

TAGS DRAUF

Wir saßen in der Bau-Bude zum Frühstücken. Ich fragte erneut was ist genau los gewesen. Ein Mensch kippt nicht einfach so aus den Latschen.

„Er hatte den Meister gefragt, ob er nicht um vier nach Hause kann, du würdest ihn hindern. Der Meister hat nein gesagt, Feierabend ist halb fünf. Da ist er ausgerastet und hat den Meister beleidigt und hat rum getobt. Das hatte ihn wohl so aufgeregt, dass er zusammengebrochen ist."

Dieser Vorfall hatte das Schweigen der Männer noch verfestigter, alle gaben mir die Schuld. Sagte der junge Mann mir.

EINE WOCHE SPÄTER

Der alte war wieder da. Die Stimmung war auf dem Tiefpunkt angelangt. Ich war mit meinem eigenen Auto zum

Bauwagen gefahren, die beiden brauchten mit dem Fahrrad länger. Ich bereitete das Geschirr vor und wartete. Die beiden kamen angeradelt und sagten kein Wort. Der Meister folgte eine Minute später. Er sah mich an, als hätte ich ihm etwas getan. Dann sagte er dass ich mich bei meinem Kollegen zu entschuldigen hätte. Ich glaubte nicht, was ich da hörte. Ich soll mich entschuldigen? Für was? Mein erster Impuls. Kannst mich am Arsch lecken. Mir einen Auftrag erteilen für den er zuständig war nicht ich. Etwas einreisen lassen und dann die Scheiße mich ausbaden lassen. Ich wollte ohnehin gehen. Mir war bewusst, ich musste den Sündenbock geben, sonst gäbe es eine Arbeitsplatzuntersuchung und er würde wie der Trottel vom Dienst da stehen. Ich streckte dem alten die Hand entgegen und sagte gegen meinen inneren Widerstand. „Entschuldigung." Würde der alte seine Hand nicht ausstrecken, würde mir gekündigt werden. Aber ich wollte ja ohnehin. Er streckte die Hand aus und wir wurden Freunde über die kommenden Jahre. Tage später bedankte er sich bei mir ich hätte ihm das Leben gerettet.

TAGE DER WAHRHEIT

Die beiden suchten nun meine Nähe und begannen zu plaudern wie Spatzen im Gebüsch. Dann sagte der junge, dass der Kollege, (Ich nenne ihn Onkel), den beiden gesagt hatte, dass ich ihnen nichts zu sagen habe und dass sie losfahren sollten. Und das auf dieses Gelaber hin, der alte sich mit dem Meister angelegt hatte.

Daher wehte der Wind, nun wurde mir so manches klarer.

WIEDER TAGE SPÄTER

Wir waren in unserem Bereich, es schien die Sonne, es könnte nicht besser sein. Ein Wagen hielt neben mir. Und der Junge, der zu meiner ersten Truppe gehörte, und eine Festeinstellung bekam, entstieg dem Wagen.

„Ernst können wir reden?" Er ging von den Kollegen weg, es sollte keiner hören was er sagen wollte. „Was ist hast du ein Problem?", fragte ich ihn, irgendwie fühlte ich mich noch für ihn verantwortlich. Er lachte zufrieden.

„Nein ich habe kein Problem. Ich muss dir was sagen. Der Kollege Onkel hatte den gesamten Betrieb gegen dich aufgehetzt. Er hatte gesagt für den ist es besser der verschwindet hier, sonst machen wir ihn fertig. Ich dachte das solltest du wissen."

Da wurde mir alles klar wie Kloßbrühe. Was ich nun zu tun hatte, war nur zu logisch. Einige Stunden später besuchte uns der Meister. Ich nahm ihn beiseite und sagte ihm, dass der Mitarbeiter Onkel die Kollegen gegen mich aufhetzt. Er wusste es ohnehin, das war mir bewusst, und er war ein Feigling. Nun aber musste er etwas tun. Kaum war er weg, tauchte Kollege Onkel auf und lamentierte mir seinen Schwachsinn vor. Ich tat als würde ich die Sache vergessen und heuchelte gute Laune. Das war der erste Tag in meinem Leben, an dem sich meine Faust in der Tasche ballte und in seine Fresse wollte.

NOCH EINIGE TAGE SPÄTER

Das Schweigen der Männer war gebrochen und man redete mit mir. Bei so manch einem wünschte ich mir der würde die Schnauz halten. Ein Großflächenmäher Fahrer frühstückte gelegentlich in unserem Bauwagen und ich fragte ihn, was der Kollege Onkel gegen mich habe. Und er plauderte. „An dem Tag, an dem du zum Vorstellungsgespräch im Hauptbüro warst, ist dir da ein junger Mann aufgefallen?", fragte er mich, ich sagte Ja.

„Das war der Neffe vom Kollegen Onkel und der Kollege Onkel wollte das der deinen Posten bekommt und als du zur Tür rein kamst, hatte er bereits alle gegen dich aufgestachelt, du solltest kündigen, damit sein Neffe nachrücken konnte."

Ich hatte zwar diese Schlacht für mich entschieden aber die Hatz, die Kollege Onkel losgetreten hatte, blieb 35 Jahre aktiv. Mein Fehler war gewesen nicht auf seine Kündigung hinzuwirken.

Gutmütigkeit erzeugt keine Lösung. Solltet ihr jemals in eine solche Lage geraten, scheut euch nicht alles auf eine Karte zu setzen, ihr könnt nur verlieren. Ich hatte eine Brücke, denn ich wollte ohnehin gehen.

VERÄNDERUNGEN

Das Verhalten der meisten Männer änderte sich im Laufe der Zeit. 8 Mitarbeiter blieben bis zu deren Rente bösartig mir gegenüber. Der größere Teil war umgänglich bis freundlich, der verbleibende Rest war auf Distanz. Aber schlecht über Kollegen reden war an der Tagesordnung, wie ich feststellen durfte, und das nicht nur gegen mich. Der Ausgangspunkt war in der Regel Onkel.

Aus dem nebeneinander wurde sowas wie gemeinsam, das machte die Arbeit angenehmer. Vorbeikommende Mitarbeiter stoppten und plauderten kurz mit mir und uns.

Dann begann etwas, was ich nicht begreifen konnte und auch das würde in Zukunft zum Problem werden.

Vorher einen Blick auf mich.

Ich war zu dem Zeitpunkt 33 Jahre alt und noch voller Zukunftspläne. Wie gesagt ich wollte ja gehen. Ich bin von Natur aus ausgeglichen und strahle das auch aus, selbst wenn es hektisch wird, wurde ich nicht nervös. Und hatte immer einen beruhigenden Satz zur Verfügung, und stand auch denen beiseite, die mich nicht mochten. Nicht um mich anzubiedern, es entspricht einfach meiner Natur. Und das sollte folgen haben.

Ich weiß nicht mehr, an welchem Tag es geschah. Einer, der mit dem Fahrrad von einem Einsatzort zum nächsten radelte, suchte mich auf, er traf mich nicht zufällig an. Nein er hatte mich gesucht. An dem Tag begann eine Entwicklung der besonderen Art.

Er begann mir sein Leid zu berichten. Er würde von den Kollegen geärgert.

Im neudeutschen Sprachgebrauch würde es Mobbing genannt werden. Ich hörte mir sein Klagen geduldig an. Ich konnte ihm nicht helfen, dachte ich und versuchte auch nicht ihm einen Rat zu geben. Dass alleine mein Zuhören ihm half, wusste ich nicht, mit seiner Familie redete er nicht darüber. Er tauchte in Abständen immer wieder auf und klagte sein Leid. Es folgten mit der Zeit weitere Mitarbeiter. Ich hätte ein Schild an meinen Bauwagen hängen sollen. Sprechstunde von 2 bis 4 Uhr 20 Euro. Ich hätte davon leben können.

Ich fragte mich was hier los ist. Dieselben Leute die mir aus dem Wege gingen mich schweigend Ignorierten. Hatten sich das gleiche angetan wie mir und nun suchten einige zumindest meinen Beistand. In späteren Jahren hatte ich es mit etwas Gewaltigerem zu tun und las in Büchern über das Thema Menschenführung. Ich lernte, dass es einen Begriff gab für Leute in meiner Position, in die mich die Belegschaft drängte. Ich hatte nicht darum gebeten.

Der Begriff nannte sich Pate. In einer Pferdeherde gibt es immer ein Pferd, das den Unmut der anderen aushalten muss, das dient dem Frieden in der Herde. Das Tier fungiert als Blitzableiter. Das ist wohl in dieser Firma meine Aufgabe geworden. Ich wurde zum Seelischen Mülleimer des Betriebes und das öffnete mir den Blick in die Unfähigkeit der Personalführung. Der Meister war nett, aber unfähig und der Betriebsleiter kümmerte sich nicht um die Männer der Gartenabteilung.

Dann ein Tag, an dem ich vom Glauben abfallen müsste. Der Meister sprach mich an, er drückste rum und begann mir zu berichten, dass er von einigen Mitarbeitern geschasst würde. Diese Art des Gesprächs wiederholte sich in den kommenden Jahren mehrmals.

Von einem schwerwiegenden Fall mal abgesehen, verging die Zeit ohne bedeutende Vorkommnisse. Der Alte der zu meiner Truppe gehörte, hatte eine lustige Angewohnheit.

„Mir ist so schwitzig", sagte der Alte.

Der junge Mann flüsterte mir ins Ohr.

„Der fährt nach Hause und ist eine Woche krank."

Und so war es dann auch.

Der Meister hatte einen Mitarbeiter entlassen. Der hatte sich bei bestem Wetter in den Bauwagen gesetzt und die Zeitung gelesen. Der war Vorarbeiter. Arbeitsverweigerung die Begründung. Der Mann war erst vor Monaten eingestellt worden.

Ein langjähriger Mitarbeiter saß zeitgleich im Bauwagen und hatte eine Flasche Bier in der Hand ebenfalls bestes Wetter. Der Meister betrat den Bauwagen und begann zu Zetern.

„Na zu schnell gefahren?"

Lachte ihn der Mitarbeiter an. Der Meister setzte sich und man unterhielt sich eine Stunde lang.

Kein Wunder, dass die Belegschaft diesen Meister auf die Schippe nimmt.

EINE POSSE FÜRS IRRENHAUS

Ein Team in einem anderen Einsatzbereich, bestehend aus drei Mann. Zwei ältere und ein junger Mann. Die alten saßen gerne im Bauwagen und tranken Bier bis zum Augenverdrehen und der junge machte alle Arbeiten alleine. Ob es regnete oder schneite oder die Sonne schien, er machte die Arbeit. Warum es fehlte an einem Meister mit Rückgrat, der durchzugreifen im Stande währe. Er aber hatte Angst vor den beiden. Die gehörten zu den Giftverteilern im Betrieb und waren für so manch einen Streit im Betrieb verantwortlich.

Es dauerte eine ganze Weile. Menschen haben eine Duldungsgrenze je nach Intellekt oder emotionaler Weite. Wenn der Punkt, ich kann nicht mehr erreicht ist kommt eine Entscheidung. Der junge hatte den Punkt erreicht.

Er erschien nicht zur Arbeit.

Es traf die Nachricht ein, dass er versuchte sich das Leben zu nehmen.

Einer Frau war eine Person aufgefallen, die sich seltsam benahm und hatte die Polizei gerufen. Sie traf gerade rechtzeitig ein und konnte den Selbstmord verhindern. Es war der junge Kollege. Dann brach der Damm des Schweigens. Die Mitarbeiter der Firma erklärten, dass nicht nur die beiden Alten den Jungen ausbeuteten, der Meister war mit von der Partie.

Man mag bemerkt haben, dass ich selten den Begriff Kollege benutze, es gab nur wenige davon in dem Laden, auf die diese Bezeichnung angewendet werden konnte.

Die Reaktion der Betriebsleitung. Es gab keine Untersuchung. Der Junge wurde gefeuert. Die Verursacher blieben unbeschadet. Es wurde kein Nachfolger eingestellt. Personalabbau wurde betrieben und diese Situation kam gelegen.

VERÄNDERUNGEN IN MEINEM ARBEITSBEREICH

Wir waren zu dritt. Ich habe den Tag nicht mehr in Erinnerung. Da fehlte der alte.

„Wo ist er?", fragte ich den Meister. Der sagte nichts.

Ich fragte den jungen. „Ich habe keine Ahnung, wahrscheinlich ist ihm wieder schwitzig." Er lachte.

Stunden vergingen, wir waren es gewohnt, dass er sich krank meldete. Aber nicht so.

Der Meister erschien und berichtete. Die Frau vom alten sei in der Nacht verstorben eine Lungenembolie keine Rettung möglich und er würde für eine längere Zeit ausfallen.

Der alte reichte die Rente ein und wir waren nun zu zweit.

MONATE SPÄTER

Die Arbeitsbereiche nahmen zu aber Personalabbau. Zu kosten intensiv. Meinem jungen Kollegen wurde ein eigener Arbeitsbereich zu gewiesen und ich musste einen Arbeitsbereich, für den drei Mann eingeteilt waren, alleine bewältigen. Ich tat was in meiner Macht stand und vereinfachte so gut es ging die Arbeitsabläufe. 6 Jahre musste ich alleine zurechtkommen.

Eine Geschichte blieb mir in Erinnerung.

Eine kleine Fläche wurde jedes Frühjahr mit Sommerblumen bepflanzt. Als wir noch zu dritt waren, hatten wir die Fläche einen Tag zuvor aufbereitet. Nun aber war ich alleine. Ich bat den Mann, der den Siebentonner fuhr. Er war für den Abtransport von Unrat und Gartenabfällen und das ausfahren von Geräten wie Pflanzen zuständig. Ein Vollidiot und einer der Gifte Verteiler. Um ihn mit wenigen Worten zu beschreiben. Er ging auch bald in Rente.

Ich bat ihn die Sommerblumen auf die Fläche zu stellen. Er tat es auch. Ich hatte die Fläche noch nicht vorbereitet. Das Unkraut stand noch in voller Größe auf der Fläche.

Meine Idee war, ich entferne das Kraut, lege die Krume um und pflanze in einem Arbeitsgang. Die Pflanzen waren, da ich machte wie gedacht und es war ein Abwasch. Es brauchte auch noch weniger Zeit obgleich ich alleine war.

Der Meister erschien. Die Arbeit war bereits erledigt. Er schaute mich verwundert an. Er schaute auf die Blumen als habe er noch nie zuvor welche gesehen. Er sagte nur „gut" und fuhr davon.

Ein Mitarbeiter sagte mir tags drauf. Das der Siebentonner Fahrer gesagt hatte.

„Friedrichsen pflanzt Blumen ins Unkraut."

Das erklärte das Verhalten des Meisters. Dummes Gelaber gehörte bei diesen Ungebildeten zur Tages Ordnung. Das Gelaber selber ist nicht das Problem, die Zuhörer sind noch dämlicher. Und von einem Meister erwarte ich, dass er seine Leute kennt und weiß wer labert und wer Fachliches von sich gibt.

SONDERAUFTRAG

Der Meister erschien, das tat er in der Regel zweimal am Tag. Heute entstieg er dem Wagen mit einem zufriedenen Lächeln.

„Sie sollen in die Zentrale kommen." Er nannte die Etage und das Zimmer.

„Warum?" Fragte ich.

„Es gibt ein Personal Problem. Ich komme gerade aus dem Personalbüro. Wir sind jede Personalakte durchgegangen und jeder ist der Meinung, dass sie der Einzige sind, der die Aufgabe bewältigen kann." Ich muss zugeben, ich fühlte mich gebauchpinselt. Und machte mich auf den Weg. Mir wurde erklärt dass ich für eine Anzahl von Gebäuden, die der Firma gehören, zuständig sei, da das betreuende Personal wegen Urlaub und Krankheit weggefallen war. Diesen Auftrag übernahm ich gerne, da es Abwechslung bedeutete. Mir blieb dieser Auftrag über eine lange Zeit erhalten und wurde stets bei Bedarf angefordert.

Sollte sich aber noch ändern.

Monate später. Ein Mitarbeiter kam zu mir, gerade als ich zum Frühstück in meinen Bauwagen ging. „Du sollst sofort zum Meister kommen", rief er aus dem Seitenfenster und fuhr davon.

Was will der denn, das war noch nie vorgekommen. Ich muss zugeben, mir war mulmig. Aber ich wollte ja ohnehin gehen.

Ich betrat das Büro, der Chef vom ganzen saß an seinem Schreibtisch und der Meister an seinem, beide sahen mich mit ernster Miene an. Der Meister erhob sich. Das ganze wirkte bedrohlich. Der Meister legte ein Schreiben auf den Tresen, der trennte das Büro in zwei Teile.

„Unterschreiben", sagte er trocken.

Ich befürchtete einen Schaden angerichtet zu haben und sollte nun die Kosten tragen. Ich las den Text durch, der Meister begann zu grinsen.

„Nun unterschreib schon."

Drängte der Chef lachend. Ich musste erst verstehen warum, aber es stand geschrieben, dass ich eine Lohnerhöhung erhielt. Damit lag ich über den Löhnen derer, die schon lange Jahre im Betrieb waren. Für mich gut, aber für die, die mich nicht mochten, ein Grund mehr mich mit übler Nachrede den Tag zu versauen.

Im neunten Jahr bin ich nun hier und es ist ein Tag wie jeder andere auch. Der Meister erscheint und grinste übers gesamte Gesicht, mir war, als würde sein Auto auch grinsen.

„Ich komme gerade aus dem Hauptbüro."

Ich vermutete, dass man ihm einen Orden verliehen hatte.

„Wir haben über das Personal gesprochen, auch über sie."

Nun sah er mich an als müsse ich fragen. Also tat ich ihm den Gefallen.

„Ja und?"

„Die hohen Herren."

Wenn er von der Chefetage redete, nannte er die Leute immer Hohe Herren, keine Ahnung warum. „Die sind voll des Lobes über Sie. Einer sagte sogar. Gut, dass wir Friedrichsen in dem Arbeitsbereich haben."

Ich sah ihn skeptisch an. Er aber wiederholte den Satz und klopfte mir auf die Schulter.

Das war dann auch der letzte aufbauende Satz, der mir gesagt wurde. Und ich hatte noch keine Ahnung was sich im Hintergrund abspielte. Das unser Chef in Rente gehen wird war bekannt. Auch dass sich der Firmenstatus verändern wird war angekündigt worden. Wir wurden von der Firmenzentrale abgekoppelt und einem der Firma zugehörenden Ableger zugeordnet, das würde bedeuten bei Fragen ist ein anderes Büro zuständig und wer da auf uns wartete? Aber abwarten.

Ich hatte, wie ich schon sagte, eine Gärtnerei gekauft und betrieb diese im Nebenerwerb. Dazu brauchte ich 4 Wochen Urlaub am Stück und hatte sie auch immer bekommen. Ich erwähne es nur, weil sich etwas ereignen wird.

Das zehnte Jahr bahnte sich seinen Weg durch die Zeit und ich war noch da, obwohl ich gehen wollte.

DER BEGINN DES BÖSEN

Der Chef ist verrentet und der Neue wurde uns vorgestellt.

„Mit ihm haben wir genau den richtigen gefunden."

Erklärte uns einer aus dem Hauptbüro in seiner Vorstellungsrede und bat den Mann sich zu erheben. Er sagte ein paar Worte. Der Mann aus dem Hauptbüro ging und überließ uns dem neuen Chef. Generationen Wechsel finden immer statt. Ich war ja auch nur ein Nachfolger von vielen auf meinem Posten. Unser Meister begann mit der Auftragsvergabe, wir begannen mit dem Aufbrechen in unsere Bereiche. Da meinte der neue Chef noch eine Rede nachschieben zu müssen. Die dauerte nicht lange, er sagte in seiner Rede, dass er hier als Sklavenhalter eingestellt sei. Die Worte wurden mit einem hämischen Grinsen unterzeichnet.

IRRE GEWORDEN

Ich hatte einen Haufen Abfälle angehäuft, es war Zufall, dass ich beim Bauwagen war, als der Siebentonner auf den Platz fuhr. Er hatte eine neue Besatzung bekommen, der Vorgänger war alleine, nun waren es zwei Mann. Und die waren etwas redseliger und nicht von der falschen Art wie der Vorgänger.

Der neue Chef hatte seinen ersten Monat hinter sich gebracht.

„Hast du schon gehört?", fragte mich der Beifahrer noch bevor er den Fuß auf dem Boden hatte.

„Nein ich höre hier nichts."

Das war nicht ganz die Wahrheit, mir wurde vieles zugetragen nur nicht alles was mich Interessierte. Und das neueste dauerte immer etwas länger und ich bin von Natur aus neugierig. Ich fragte nicht nach um den Eindruck neugierig zu sein zu vermeiden.

„Der Kollege HK ist abgedreht, er hatte Brennholz ins Büro Gebäude getragen und wollte den Laden abfackeln. Er wurde zwangsweise ins Irrenhaus gebracht." Was genau vorgefallen war, wussten die beiden noch nicht, aber sobald man etwas genauer weiß, wollten die sofort zu mir kommen und berichten. Dann wie sollte es auch anders sein, redeten sie über den neuen Chef. Und ich erfuhr so, dass er in dem Haus aufgewachsen ist. Der Fahrer zeigte auf ein Haus. Ich war verblüfft, das Elternhaus vom Chef stand meinem Bauwagen gegenüber kaum Hundertmeter entfernt. Seine Mutter wohnte noch in dem Haus. Ich ahnte, dass der neue mehr von mir weiß als ich über ihn.

Tage später erfuhr ich den Grund für das Ausrasten vom Kollegen HK. Der neue Chef hatte ihn drangsaliert. Der Kollege HK, das muss man wissen, war etwas schwer von Begriff und ein leichtes Opfer für Schikane und nicht fähig sich zur Wehr zu setzen.

Was genau vorgefallen war, konnte ich nicht erfahren. Aber was muss gewesen sein, dass ein Mann 50 Jahre alt und schon ewig im Betrieb, der Gestalt abdreht, dass er alles abfackeln will. Die Antwort darauf liefern andere Mitarbeiter in den kommenden Jahren, die etwas erlebten und mir davon Berichteten. Und ich werde es an der eigenen Seelee spüren.

DICKE SAU

Das Frühstück war zu Ende und die Mitarbeiter, die sich im Aufenthaltsraum im Büro Gebäude aufgehalten hatten, gingen wieder an ihre Arbeit. Dazu mussten sie eine Treppe hinab und an der Tür zum Büro vorbei, um zum Haupteingang zu gelangen. Die Tür zum Büro stand offen. In dem Moment motzte der neue Chef unseren Meister an.

„Seh zu, dass du dich um deine Leute kümmerst du fette Sau."

So berichteten die Mitarbeiter mir das Gehörte.

Und der Meister war außerstande sich zu wehren. Er wurde mir gegenüber immer schweigsamer. Wir hatten in der Vergangenheit längere Gespräche geführt, über ihn seine Kinder und Gott und die Welt. Ihm brannte etwas auf der Seele, das spürte ich. Er hatte sich schon früher über das Mobben der Kollegen gegen ihn bei mir beschwert, aber das der neue ihm das Leben schwer machte davon kein Wort, ich habe nicht nachgefragt. Er war übergewichtig und zuckerkrank und Führungsstärke ließ er auch vermissen, aber er war für seine Leute da. Es dauerte nicht mehr lange, da hörte ich, dass er beim Verlassen des Bettes umgekippt ist und in Rente gehen will.

NEUER KOLLEGE

Ich bin auf dem Weg zu meinem Bauwagen, es stand ein Fahrzeug neben meinem Auto. Und ein Mitarbeiter wartete auf mich. Der Mann gehörte zu den Großflächenmäher-Fahrern. Ich fragte mich was der wohl will.

„Was kann ich für dich tun?", fragte ich ihn.

Es fiel mir auf, dass er sehr wortkarg war.

„Ich soll mit dir zusammenarbeiten."

„Aha, ist dein Trecker kaputt?"

„Nee der Chef will das so."

Mehr sagte er nicht. Wir steuerten das nächste Objekt an, er wirkte niedergeschlagen. Ich kannte ihn als lustigen Vogel. Sein Gesicht, seine Körperhaltung und das Schweigen, sagten mir, da muss etwas vorgefallen sein. Es sollte bis in den Nachmittag dauern bis er sein Schweigen beendete.

„Ich hörte von einem Kollegen", begann er zögerlich, „dass der Chef einen seiner Freunde bei uns einstellen will."

„Ist doch normal das die Firma jemanden sucht, es fehlen doch Leute."

Sagte ich aus dem Bauch heraus.

„Ja das schon, aber es gibt keine freie Stelle und es gibt auch keine Stellenanzeige, das macht der einfach so."

„Das hat doch die Personalabteilung zu entscheiden, oder etwa nicht?"

„Ja das schon, aber die wollen nicht. Und da bei dir zwei Mann fehlen, soll ich zu dir, damit mein Posten frei wird."

„Und warum du und nicht der neue?"

„Weil ich einen schönen Posten habe, und der neue ist der beste Freund vom Chef, der soll doch nicht mit der Schaufel arbeiten, wo denkst du hin."

In seiner Stimme lag Wut und Angst. Nach einer Weile des Schweigens folgte die Geschichte.

Der Chef tauchte immer öfters bei ihm auf und meinte er sei zu langsam. Das geht auch schneller. Und das sei unsauber gearbeitet. Das ging über Wochen.

Dann am Morgen des besagten Tages. Mein neuer war dabei das Mähwerk zu fetten und den Reifendruck zu prüfen und das Fahrzeug auf Einsatzbereitschaft zu prüfen. Machte ihn der Chef zur Sau.

Gerätschaften und Fahrzeuge, so die Vorschrift, sind vor Inbetriebnahme auf intaktem Zustand zu prüfen.

Das war dann der Höhepunkt der Schikane.

„Du bist sofort bei Friedrichsen, lass das stehen und seh zu, dass du da hin kommst."

Hatte der Chef ihn angeschrien. Er wollte sich das nicht gefallen lassen und ist zum zuständigen Mann in der Hauptzentrale gegangen und hatte seine Beschwerde vorgetragen, die Antwort riss ihn von den Füßen.

„Wenn der Chef das mit ihnen macht ist das absolut in Ordnung."

Das war die Antwort aus der Chef-Etage. Der Mann war an der Seele gebrochen, das war ihm deutlich anzusehen. Er war Vater von drei Kindern.

Und es sollte noch dicker kommen. Aber dazu später.

EIN EINZIGER SATZ

An einem anderen Arbeitsplatz schob ein Mitarbeiter seine Schubkarre durch die Wege.

Einen kurzen Blick auf ihn. Etwas einfach in der Denkart und kein ausgeprägtes ich Bewusstsein.

Ein leichtes Opfer für einen Übeldenker.

Der Chef fuhr mit dem Firmenwagen zu ihm, ließ das Seitenfenster runter. Ohne ihn anzusprechen legte er los.

„Deinen Arbeitsplatz vergebe ich an eine Fremdfirma und du bist der erste, den ich rausschmeiße."

Er fuhr davon und ließ den Mann in seinen Gedanken und Angst stehen.

Der Mann brach zusammen und wurde für Wochen krankgeschrieben. Auf dieser Weise sorgte der Chef für einen hohen Krankenstand im Betrieb. Ein Mitglied vom Personalrat sagte, es habe noch nie einen so hohen Krankenstand gegeben.

Der Mann wurde später ohne Vorankündigung, zum Zweck der Schikane aus seinem Arbeitsbereich in einen anderen versetzt. Nach einigen Jahren hatte ich ein Gespräch mit ihm. Unter Tränen erklärte er mir, dass es ihm gut gehe.

Im Arbeitsrecht

Da steht ein Satz. Mitarbeiter, die langjährig in einem ihnen zugeteilten Arbeitsbereich tätig sind. Dürfen nicht, ohne sie informiert zu haben und nicht ohne notwendige Gründe. Wie betriebsnotwendige Umstellungen. Aus ihrem Aufgaben-Bereich entfernt werden. Da müsste der Personalrat einschreiten.

Personalrat

Es gab eine Personal-Versammlung. Vertreter der Gewerkschaft waren geladen.

Ich erspare uns das Szenario. Entscheidend war der Satz, den ich aufgreifen durfte. Die Veranstaltung war beendet, alles strömte die Treppe hinab. Vor mir die Männer der Gewerkschaft, der eine sagte zu seinen Freunden.

„Dieser Personalrat ist ein Witz."

Ich war 35 Jahre in dem Betrieb und nicht ein Mitarbeiter hatte sich je mit seinen Problemen an den Personalrat gewandt. Kurz vor Beendigung meiner Betriebszugehörigkeit gab es eine Personalratswahl. Ich hatte mich aufgestellt. Meine Illusion, über den Weg Personalratsmitglied könnte ich etwas bewegen und ich wurde mit überwältigender Stimmenzahl gewählt. Ich schlug ein Personalführungskonzept vor. Es wurde in keinster Weise beachtet, nicht nachgefragt, nicht angesprochen. Damit war bewiesen. Man muss bedenken, dass Jahre vergangen waren zwischen dem Satz (Dieser Personalrat ist ein Witz) und diesem Tag. Der Witz Charakter ist geblieben. Ich hatte ein Gespräch, es war mehr eine Frage an einem aus dem Personalrat, es ging ums Warum bist du im Personalrat?

Die Antwort. Ich habe Angst entlassen zu werden.

Und wer Angst hat, der bewegt nichts. Ich bin wieder ausgetreten.

In einem toten Fisch wollte ich nicht zum Gedärm gehören.

Zwischen Bemerkung

Wie man merkt halte ich mich kurz. Das Buch würde sonst Kilometer lang werden und zeitlich ziehe ich die Ereignisse, die auf einen Punkt zulaufen, zusammen. Und ich versuche emotionsneutral zu bleiben.

Fahrrad

Ein Mitarbeiter hatte den Auftrag bestimmte Plätze aufzusuchen und diese vom Unrat zu befreien. Dazu benutzte er ein Fahrrad, an dem war sein Arbeitsmaterial befestigt. Er brauchte das Rad, da er wegen Alkohol seinen Führerschein losgeworden war. Das war lange vor dem neuen Chef. Nun gab es plötzlich ein Problem. Sein Weg führte quer durch die Stadt. Das war kein Ding bis auf Donnerstags. Da war Wochenmarkt und er könnte ja mit jemanden ins Gespräch kommen. Da verlangte der Chef dass er einen Umweg zu fahren habe.

Seine Frage, ob der Chef garantieren könne, dass er nicht von jemanden angesprochen werde auf dem Umweg. Die Frage war berechtigt und wie er sich zu verhalten hätte, wenn er angesprochen wird? „Bist du von Natur aus Blöde" war die Antwort und das so, dass man es über den Platz hörte. Der Mitarbeiter fuhr über den Wochenmarkt und mit Bekannten und Marktbeschickern, nun erst recht.

Effizienzsteigerung

Der Chef hatte eine glorreiche Idee, wie kann man die Leistung erhöhen.

Seine beste Idee. Im Sommer Länger Arbeiten und im Winter weniger. Das Ergebnis ein Aufschrei. Als es um jeden ging herrschte Einstimmigkeit. Sobald es um die Belange eines Kollegen ging herrschte Schweigen. Das ging für den Chef also nach hinten los. Also musste eine neue Idee her.

Geburtstage boten sich an. Eine Vereinbarung zwischen Belegschaft und Betriebsleitung besagte. Das es am Geburtstag den Nachmittag Frei gab.

Der Chef schaffte das ab. Und kein murren von der Belegschaft oder Personalrat. Er wurde gefragt warum. Er sagte. Geburtstage sind ohnehin nur an Wochenenden. Als nächstes schaffte er die Frühstückspause ab. Wer Frühstücken wollte, musste diese Zeit von der Mittagspause abziehen. Wieder kein Personalrat weit und breit. So wurde die Mittagspause eine Viertelstunde kürzer. Nur nicht für den Chef. Seine Mittagspause begann um 12, die der Belegschaft um halb eins. Und damit der Chef rechtzeitig zu Hause sein konnte, fuhr er um halb zwölf nach Hause. Ab dem Moment stellte der Betrieb die Tätigkeiten ein. Damit hatte der Chef die Mittagspause der Belegschaft nicht verkürzt, sondern verlängert. Nur begriffen hatte er es nie. Und von der Betriebsleitung hört man nur, wenn es ums Verteilen von Abmahnungen geht, dann sind die so laut, dass der Mann im Mond sich beschwerte.

FRÜHSTÜCKSPAUSE

Ich hatte gelegentlich Mitarbeiter, die gerade vorbei kamen oder geplant, in meinem Bauwagen zum Frühstücken. So auch der Radfahrer, wenn seine Tour ihn durch meinen Arbeitsbereich führte.

Ich brauchte nicht Fragen, es platzte aus ihm heraus.

„Jeden Donnerstag denselben Scheiß, jetzt fährt er mir nach oder lauert mir auf. Du bist zu langsam, du bist zu faul und trete mal in die Pedale. Ich kann kaum noch durchschlafen."

Der Mann war eindeutig fertig. Ich versuchte ihm zu raten.

„Und wenn du doch einen Umweg fährst, oder stell doch deine Tour um, die von Montag auf Donnerstag, dann ist das doch gegessen."

„Gedacht habe ich das auch schon, aber."

Nun wurde er echt sauer, er kam mit dem Hintern vom Sitz hoch und beugte sich mir entgegen. „Seine Freunde fahren durch die ganze Stadt um auf dem Wochenmarkt eine Bratwurst zu essen, die haben da nichts zu suchen und dann soll ich einen Umweg fahren? Nein nie im Leben." Er kochte wie ein Vulkan.

Er kämpfte sich bis zur Rente durch, er suchte mich immer wieder auf, fing mich auch auf dem Firmengelände ab um mir sein Leid zu berichten. Ihm unterstellen er würde unsauber Arbeiten gehörte zum Täglichen vor Wurf. Die Folge: er meldete sich bei jeder Gelegenheit krank. Vom Chef folgte dann. „Der hat nichts, der tut nur so, der ist eben faul."

Was hier abläuft ist eindeutig Bossing.

Wenn der Chef darauf angesprochen wurde. „Das habe ich doch nicht gesagt. Das bildet er sich nur ein." Und Zeugen hatten nichts gehört.

EINE STUDIE

In den 50ern wurde ein Versuch gestartet. Es sollte untersucht werden wie sich Menschen verhalten. Wenn ihnen absolute Vollmacht gegeben wird. Studenten durften sich melden.

Es wurden zwei Gruppen gebildet.

Eine sollte Gefangene spielen. Die anderen die Aufseher.

Die Gefangenen bezogen die Zellen und die Wächter übernahmen ihre Rolle. Es gab Regeln, nach denen die Wächter sich zu richten hatten. Nur keine Kontrollinstanz, keiner der nein sagen würde, es gab keine Aufsicht über den Wächtern. Zu Beginn lief alles wie es sollte. Wie gesagt alles Freiwillige. Nach einer Weile begannen die ersten Übergriffe. Das Experiment lief dann total aus dem Ruder und musste abgebrochen werden.

Wozu Menschen fähig sind, wenn ihnen die Vollmacht über Leben und Tod gegeben wird, kann man in den Verließen alter Burgen und Kerker sehen.

Und dieser Chef ist ohne jede Kontrolle auf die Belegschaft los gelassen worden. Beschwerden werden von der Chefetage abgeblockt.

EINGESCHÜCHTERT

Der Chef fühlt sich dadurch, dass die Betriebsführung ihm jeden Rückhalt gibt, die er braucht, allmächtig, darum kennt er keine Hemmungen. Also tobt er sich an den Mitarbeitern aus.

Und wieder war einer dran. Nur das ging nach hinten los. Was genau vorgefallen war, konnte ich nicht erfahren, aber es gab eine Ansprache des Opfers an die Belegschaft.

„Wir müssen uns zusammen tun um diesen Chef loszuwerden."

Die Folge der Rede. Der Chef hat sich nicht mehr getraut dem Mann blöde anzumachen. Er hatte von nun an Narrenfreiheit. Dafür mussten andere mehr herhalten.

ÜBERGRIFF

In einer Werkstatt auf dem Firmengelände, es gab mehrere. Befanden sich drei Personen. Einer hatte die Idee, der andere machte mit ohne zu überlegen. Sie griffen den dritten und klemmten ihm die Finger im Schraubstock fest und zogen ihm die Hosen runter und der eine machte sich daran ihn zu massieren. Nur das ungeheure Schreien des Mannes bewahrte ihn vor der Beendigung. Dem Chef und dem Meister wurde das bekannt, hatte aber keine Folgen für die Täter.

Sich selbst das Bein gestellt

Auf dem Siebentonner saßen zwei Mann, der Fahrer hatte nur noch wenige Jahre bis zur Rente. Danach sollte der Beifahrer den Wagen übernehmen. Der Wagen musste per Hand beladen werden, einen Kran gab es nicht. Der Chef hatte beide schon des Öfteren zusammen gefaltet, sie stünden nur rum. Er wurde nicht müde den beiden übel nachzureden.

Warum mochte er die beiden nicht? Nun sie erhielten von uns ihre Aufträge, Müll abholen, den Bauwagen umsetzen. Alles am Chef vorbei. Das brachte ihn zum Kochen, er ist der Macher und jeder habe ihn zu fragen. Die Auftragsliste war jeden Tag voll. Genau da lag das Problem, also mussten beide runter vom Laster und jemand der fragt drauf. Dann das Pech. Der Beifahrer hatte ein Alkohol Problem und stolperte in eine Verkehrskontrolle und verlor den Lappen. Erfolg für den Chef, denn nun konnte er einen loswerden. Der Chef fauchte den Fahrer an.

„Dich bekomme ich auch noch vom Wagen."

Die Antwort vom Fahrer.

„Nee mein Lieber, mich bekommst du nicht vom Bock."

Grinsend zeigte er zum Aufenthaltsraum. Das hatte gewirkt, denn die Rede des Kollegen war noch nicht lange her. Bis zur Rente wurde es Ruhiger für ihn. Aber dafür musste noch am selben Tag ein andere herhalten. Ein Mitarbeiter hatte sich an der Straße stehend auf einem Besen gestützt. Dem hatte der Chef dann zum Ersatz in den Boden gestampft.

„Du bist eine faule Sau, seh zu, dass du weiter kommst."

DIE ENTSCHULDIGUNG

Wir waren ein Ableger eines größeren Gebildes und eben-falls in verschiedene Gewerke aufgesplittert. Und das Gewerk mit dem meisten Gewinn wurde abgegeben, nun mussten neun Mann auf den Betrieb verteilt werden. Die meisten landeten im Garten Bereich. Ein absolut ande-res Arbeiten erwartet die Männer. Und diese Unkennt-nis wurde einem dann auch zum Vorwurf gemacht. Es begann mit Unterstellungen und Beleidigungen. Nach einigen Tagen des nicht endenwollenden Belästigens hatte er die Nase voll und nahm sich einen Anwalt. Und der erreichte eine Anhörung. Man einigte sich dahinge-hend dass der Chef sich bei ihm zu entschuldigen habe. Der Mann war zufrieden, da er dachte nun sei der Terror zu Ende und nahm die Entschuldigung an.

Der Anwalt bedankte sich und ging.

Auf dem Korridor nahm ihn ein Leitender beiseite und erklärte ihm seinen Fehler.

„Hättest du die Entschuldigung nicht angenommen, wäre der Chef gefeuert worden, dein Fehler."

Der Friede dauerte nur einige Wochen an, dann be-gann das ganze von vorne, nur noch perfider. Der Mann wurde an einem Tag schon mal viermal versetzt. Von A nach B und wieder nach A und wieder nach B und so wei-ter. Kein Personalrat der sich einmischte. Letztlich blieb er auf B, nicht das er da gebraucht würde. So war er von der Straße weg, durch die der Chef täglich fuhr. Wenn er was zu erledigen hatte, sollte das nicht jeder mit be-kommen. Nur der Mann fuhr ihm nach und verhinder-te das eine oder andere Vorhaben. Nun war der von der Straße und der Chef hatte freie Fahrt.

HEUWAGEN

Auf einer gemähten Fläche wurde der getrocknete Rasenschnitt zu Ballen gepresst. Die sollten nun auf einen Wagen verbracht werden. Dazu musste jemand auf den Wagen und die Ballen stapeln. Einer, der beim Chef kein Wohlwollen zu erwarten hatte, musste natürlich rauf. Nur der Mann war weit weg, also wurde, so laut wie es nur ging, nach ihm gerufen. Nur war der Mann körperlich nicht in der Lage Heuballen zu stapeln. Dem Chef egal.

„Ich komm da nicht hoch", sagte der Mann. Der Chef half nach. Er gab dem Mann den nötigen Schwung mit dem Erfolg, dass der auf der anderen Seite vom Wagen fiel. Der Mann ist sofort in die Chefetage gegangen und hat sich dort beschwert. Nun musste sich der Chef erklären.

„Der Mann sei neben ihm gestanden, er habe nicht nach ihm rufen müssen und das er nicht in der Lage sei Heuballen zu Stapeln könne er ja nicht wissen." So erklärte es der Chef. Daraufhin wurde der Mitarbeiter vom Oberchef einen Lügner genannt. Das war der Tropfen zu viel. Der Mitarbeiter rastete aus. Und ließ seinen Zorn freien Lauf. Er regte sich so auf das der Oberchef ihn unterm Arm haltend im Flur auf und ab führte, bis er sich wieder beruhigte. Von diesem Tage an hat der Mann keinen Finger mehr krumm gemacht. Er hatte noch viele Jahre bis zur Rente, für die Firma ein teures Unterfangen.

FREUNDE

Kaum das der neue Chef hinter seinem Schreibtisch saß, wurde auch schon sein bester Freund eingestellt. Er hatte es sogar zurechtbekommen einen Arbeitsbereich zu schaffen, den es vorher nicht gab. Nur um diesen Mann beschäftigen zu können. Und was das für ein Freund war? Die Arbeit erfunden hatte der jedenfalls nicht.

Ein Beispiel. Eine Metallplatte, von 40 X 40 Cm sollte vom Schmutz befreit werden. Dieser Auftrag ging an den Freund.

„Ich brauche einen zweiten Mann, alleine kann ich das unmöglich schaffen."

Also wurde ihm ein Begleiter beigegeben. Der Freund stand mit den Händen in den Taschen, während sein Begleiter die Arbeit erledigte.

Zum Vergleich. Ein anderer Mitarbeiter sollte ein Objekt Reinigen das 5 Meter lang war und 2,5 Meter hoch und das von beiden Seiten. Er bat um einen zweiten Mann. Die Antwort vom Chef.

„Bist du zu faul zum Arbeiten?" Das ging zum Oberchef, der lehnte einen Begleiter ebenfalls ab, nach Rücksprache mit dem Chef. Die Erklärung vom Oberchef.

„Das geht nicht, das ist viel zu gefählrich."

Der Chef und sein Freund waren so dicke mit einander, dass nur noch der Ehering fehlte. Der Chef wurde auf diese Arbeitsferne verhalten angesprochen. Die Antwort vom Chef.

„Der Mann gehört zu den Fleißigsten, daran solltet ihr euch ein Beispiel nehmen."

Neben dem nichts tun war nachspionieren seine Lieblingsbeschäftigung. Das hatte dazu geführt, dass ihm

Schläge angeboten wurden. Unter Tränen sagte er, dass er niemandem nachfahre um ihn dann an den Chef verraten würde.

Nur war es so, dass zuerst der Freund an der Baustelle vorbei fuhr und Minuten später war der Chef da. Und wusste genau was gewesen war. Hellsehen kann der Mann wohl nicht?

Nun ist es von Natur aus so, dass jeder seine Schwächen hat. Und auch der Freund hatte diese, er log, was das Zeug hergab und auch seinen besten Freund, den Chef log er an.

Auch ihm drohte der Freundschaftsentzug also war Hörigkeit oberstes Gebot.

Wie der Chef mit den Leuten umging, war Tagesgespräch im Betrieb und so schlugen zwei Herzen in seiner Brust. Das der Freundschaft, das er mit Verrat am Schlagen halten konnte. Und das Herz der Angst. So ein Zustand macht krank, es erzeugt ein Seelenfeuer. Und wie Löscht man Feuer mit Schnaps natürlich.

REDEN ODER SCHWEIGEN

Es gab zwei Arten von Quatschköpfen. Die einen die nur Labern, weil sie nicht wissen was sie sagen sollen. Die sind nur dumm. Dann die, die meinen etwas gesehen zu haben. Nur den Zusammenhang nicht kennen.

Beispiel: Ein Ast in drei Meter Höhe sollte abgesägt werden. Dazu ist eine Leiter oder eine Stangensäge erforderlich. Die Ausrüstung befand sich noch im Anmarsch. Zwei Mann standen am Baum und warteten auf das Eintreffen der Ausrüstung.

Ein Mitarbeiter kommt an den beiden vorbei. In der Frühstückspause wurde dann geplaudert.

„Die stehen nur rum." Das hört der Chef und überfällt die beiden mit einer wutentbrannten Rede. Die aber haben keine Ahnung, von was der redet. Der Chef hatte von dem Auftrag keine Ahnung, den hatte der Meister erteilt und dem Chef nichts davon erzählt. Nun stand er mit leeren Händen da. Der nächste der ihm zufällig über den Weg lief, bekam dann die aufgestaute Wut zu spüren. Das nur wegen dummes Gelaber, jeder im Betrieb weiß, wie der Chef tickt, könnte man nicht einfach die Schnauze halten? Die Paarung Labern und der Spion sorgen für einen Streit nachdem anderen.

ROSEN BLÜHEN

Wie ich es schon erwähnte, befand sich mein Bauwagen dem Elternhaus vom Chef gegenüber. Zeitweise zumindest, denn wir hatten einen Turnus, in dem wir den Standort des Bauwagens wechselten, die meiste Zeit des Jahres aber waren wir vor Ort.

Nun waren wir wieder da. Ich arbeitete die Baumscheiben durch. Im Garten des Elternhauses. Der Vater vom Chef lebte bereits nicht mehr. Sah ich bewundernd einen Blütenteppich im Garten, der im Jahr zuvor noch nicht da war. Es war ein Meer von Rosenblüten, leuchtend in der Sonne.

Der Chef erschien, mein Kollege verabschiedete sich. Er müsse mal. Es war Angst vor dem Chef die ihn davon trieb. Das erste, was der Chef mir erklärte, war, wie ich meine Arbeit zu machen habe. Ich Ignorierte sein Gelaber. Ich sagte nur „die Rosen im Garten deiner Mutter Blühen ja prächtig." „Kümmer dich um deinen Scheiß", fauchte er mich an und Raste davon.

„Was hast du mit dem gemacht?", fragte mich der Kollege.

„Keine Ahnung, ist wohl allergisch gegen Rosen."

Stunden später erschien der Siebentonner. Ich berichtete den beiden vom Erlebten. Der Fahrer sah mich lachend an.

„Das hättest du nicht sagen dürfen."

Ich fragte warum nicht. Ich würde gerne erzählen was der Fahrer mir sagte, leider darf ich das nicht. Einige Tage später sprach mich die Mutter vom Chef an.

„Ob sie wohl die Rosen in meinem Garten beschneiden könnten?", fragte sie mich.

Ich erklärte, dass ich das gerne täte. Im November nach der Blüte würde ich den Rückschnitt machen. Und im Frühjahr vor dem Austrieb würde ich nach Frostschäden sehen und einen weiteren Schnitt folgen lassen. So verblieben wir.

Der November ging durchs Land. Ich hatte vier Wochen Urlaub hinter mir, den ich immer im November nahm, nur die Rosen waren weg.

Ein Mitarbeiter erzählte mir. Das der Chef die Rosen untergefräst hatte. Dazu hat er sich die Fräse vom Kollegen B geholt und auch noch dem Gerät das Genick gebrochen. Eine Zuneigung vom Chef mir gegenüber gab es nie. Nun hatte sich seine Abneigung gegen mich in reinen Zorn gewandelt und das nur wegen der Rosen. Dabei heißt es doch Rosen seien ein Beweis der Liebe.

SPASS MIT EINEM SPION

Morgens 7 Uhr mein neuer Kollege und ich erreichen den Bauwagen. Da tuckert ein Großflächenmäher vorbei. Es ist einer, der auf einem Außenposten des Betriebes seinen eigenen Betriebshof hatte, eine Art Ableger vom Ableger. Nur der hatte in diesem Teil der Welt nichts zu suchen. Was mag der wohl wollen. Er aber fuhr an uns vorbei.

„Hat wohl einen Sonderauftrag." Meinte ich. Dann bog er in eine parallel verlaufende Straße ein. Und bezog Posten. Er postierte sich an einem Punkt, von dem aus man Sicht zu unserem Bauwagen hatte. „Chef", sagte mein Kollege.

„Na gut, wenn der das so haben will, dann soll er es auch bekommen", sagte ich.

In diesem Teil der Stadt bin ich wie zu Hause kenne jeden Winkel. Wir taten, als hätten wir ihn nicht bemerkt. Wir liefen los, als wollten wir zu einem Einsatzort wollen. Er folgte uns mit großem Abstand. Ich wählte eine Strecke, die er gut einsehen konnte. Und lockte ihn gerade zu. Und dann begann das Versteckspiel, ich wählte schmale Durchgänge, durch die er mit seinem Mäher nicht passte und er musste uns suchen. Was erst nur Vermutung war, wurde bestätigt, er tauchte wieder auf. Dann schleppten wir ihn kreuz und quer durch die Stadt. Dann gingen wir durch einen Engpass, er musste beschleunigen, um uns am anderen Ende abzufangen, mitten im Weg kehrten wir um und hatten ihn abgehängt.

Er hatte auch ein Fernglas und beobachtete gerne Kollegen bei der Arbeit. Auch wenn er im Urlaub war. Klettert in einen Baum, um auch gut sehen zu können. Heute war er der Erfüllungsgehilfe vom Chef. In einigen Jahren wird er zum Opfer werden. Es war ein Katz und Maus Spiel, nur dass er die Maus war, hatte er nicht begriffen.

ENTTÄUSCHUNG

Der Chef kommt angefahren. Ich befand mich in der Nähe des Bauwagens, mein neuer Kollege ist in einer Nebenstraße. Der Meister saß auf dem Beifahrersitz.

„Wie kommst du mit ihm zurecht?", fragte mich der Chef, der Meister grinste mich an.

„Er bekommt was er braucht",antwortete ich.

Was der wollte, wusste ich nur zu gut. Ich meinte aber Zuwendung nicht Arschvoll. Der Meister begann hämisch zu grinsen. Selber vor kurzem noch Opfer und nun mit von der Partie. Nun würde es nicht mehr lange dauern, dass er am Bett zusammenbrechen würde.

Von dem Meister war ich nun enttäuscht, war das derselbe, der mir vor einiger Zeit noch die Ohren voll heulte, dass er von der Belegschaft geschasst würde. Das war doch nicht der, mit dem ich lange vertraute Gespräche führte. Ist das etwa seine Rache? Wer weiß.

MÜLL BOMBE

Wir sind im Außenbereich mitten in die Arbeit vertieft, kommt der Chef an. Unseren Meister hatte er mittlerweile zerlegt. Man könnte eine Strichliste machen, dann wäre der Meister der zweite Strich. Ich kann nicht alles auflisten, was der Chef dem Meister alles zumutete.

Er stieg aus dem Wagen und beginnt als seien wir Kumpel mit mir zu reden. Meinen neuen Kollegen beachtete er nicht obwohl er neben mir stand. Dann erzählte er mir, dass er mit einem Polen gesprochen hatte und der habe ihm erklärt, dass man mit Roundup das Unkraut zwischen den Sträuchern beseitigen kann. Seine Wortwahl war nicht fragend, nein, bestimmend. Als würde er etwas wissen, was ich nicht weiß. Roundup ist auf freien Flächen Ideal, zwischen Sträuchern eher nicht und wenn die voll im Laub stehen schon gar nicht. Aber egal. „So?", sagte ich gelangweilt.

„Was ist das denn?", mischte sich mein neuer Kollege ein.

Dem Chef blieb die Luft weg. Zum einen hatte er keine Antwort und zum anderen, was fällt dem ein mich anzusprechen, das sagte sein Gesicht, als hätte er es ausgesprochen. Ich beantwortete ihm die Frage. In der Sekunde wurde aus einem vermeidlich freundlich ein Bösartig. Die Sprachmelodie ging sofort auf aggressiv.

„Ihr müsst sofort in die Straße, da ist eine Müllbombe explodiert", patzte er mich an und sprang in seinen Wagen.

„Was war das denn?", fragte mein neuer Kollege.

Ich lachte ihn an. „Du hast ihn in die Flucht geschlagen, er hatte keine Ahnung was Roundup ist und du hast ihn vorgeführt. Das wird der uns noch spüren lassen."

Das sollte auch nicht lange auf sich warten lassen. In der Straße jedenfalls lag nichts.

UNFÄHIGKEIT HOCH DREI

Wir waren im Außenbereich gewesen und kehrten in unseren inneren Bereich zurück. In diesem Bereich wurde einmal im Jahr ein Fest veranstaltet und dazu müssen bestimmte Bereiche einer Fläche frischgemäht sein. Das gehörte zu meinen Aufgaben. In der Vergangenheit war es so gelaufen, dass der Veranstalter vier Wochen vor dem Fest einen Auftrag erteilte. Mein Meister gab denn dann an mich weiter, so konnte ich meinen Arbeitsplan danach ausrichten, so war es mir möglich eventuelle Regentage zu umgehen. Nun aber lag mein Meister da niedergestreckt, erledigt durch den Chef.

Ich hatte gerade die Füße aus dem Auto. Da kam ein Mann angerannt. Ein Anwohner.

„Wieso mäht keiner?", pflaumt der mich an. Ich sah ihn an. Er bemerkte, dass ich es nicht wusste.

„Na am Wochenende ist doch das Fest."

Es war bereits Donnerstag und das Mähen braucht einen Tag. Ich begann sofort mit dem Mähen. Da tauchte ein Großflächenmäher auf. Der Fahrer starrte mich an und fuhr weiter. Dauerte nicht lange, tauchte der Chef auf und schreit mich an.

„Du sollst sofort die Straße bearbeiten."

Ich bleibe ruhig und sage. „Am Sonntag ist die Feier und das muss gemäht werden." Ich mähte unbeirrt weiter. Er hatte den Auftrag auch erhalten nur nicht an mich weiter gegeben. Er wollte der Macher sein und den Auftrag an den Großflächenmäher gegeben. Es gab da nur ein Problem, die Fläche ist für große Maschinen nicht befahrbar. Die Fläche ist durchzogen mit Stehflächen und stein Treppen und Schrägungen und es gibt eiserne Treppengeländer. Wochen später sah ich Spuren eines Versuches, die hatten es tatsächlich versucht und waren kläglich gescheitert.

AUSGEHORCHT

Der beste Freund vom Chef tauchte auf, es war kein Zufall, der wurde geschickt.

„Ich möchte mich nur mit euch unterhalten." So seine scheinheilige Begrüßung. Der beste Freund vom Chef und sich mit uns unterhalten – wer's glaubt wird seelig. Aber als zivilisierter Mensch lässt man auch den Freund vom Feind zu Worte kommen. Er fragte uns nach der Meinung über den Chef. Wir hätten ihm das Liebste vom Himmel vor Lügen können, aber wozu? Wir wussten, dass es ums Aushorchen ging und kein Meinungsaustausch. Also haben wir vom Leder gezogen und kein gutes Haar an dem Chef gelassen. Und das wurde, da waren wir uns sicher, dem Chef haarfein berichtet.

TAU UM DEN HALS

Ich hatte Urlaub genommen eine Woche. Am Mittwochabend läutete mein Telefon. Mein neuer Kollege war dran, er klang niedergeschlagen.

„Hast du dich beim Chef über mich beschwert?", fragte er mich sichtlich erregt.

„Nein wo denkst du hin? Wie kommst du darauf?"

„Ich habe eine Abmahnung bekommen. Da dachte ich du hast dich beschwert?"

„Nein das habe ich nicht und hätte ich einen Grund zur Klage ich würde es mit dir besprochen haben, ich gehe gleich am Montag mit dir zum Oberchef und kläre das ab."

Er hatte sich beruhigt und bedankte sich. Am Freitag war Post vom Chef im Kasten auch für mich eine Abmahnung. Im Text dieselben Worte wie bei meinem neuen Kollegen. Einfach durch den Kopierer gezogen. Wir waren beide in der Gewerkschaft und fragten um Beistand. Könne man nicht, die Antwort. Meine Antwort war dann der Austritt aus der Gewerkschaft. Mein neuer Kollege hatte eine Arbeitsrechtsversicherung, ich hatte eins, eine hatte die aber gekündigt, rächte sich nun. Es wurde eine Sitzung einberufen. Der Chef, der Oberchef und der Personalchef, einer vom Personalrat, ich und er und sein Rechtsanwalt und noch einige Figuren, die ich nicht einzuordnen wusste. Wir erklärten unsere Not. Und bekamen Unterstellungen und Verleumdungen geboten. Wir blieben sachlich obgleich mein Kollege kochte. Mir war die Lage unangenehm da fremd aber ich beobachtete die Gestalten und horchte auf die Worte. Ich war gebunden von der Bösartigkeit dieser Männer. Der Mann von unserem Personalrat, der die Lage im Betrieb kannte, sagte kein Wort und ließ uns im Regen stehen. Gleich welches Argument wir vorbrachten, unser Arbeitgeber belegte die Meinung von unserem Chef. Bis zu dem Moment, an dem der Rechtsanwalt etwas sagte, es war nur ein Satz. „Das was ihr hier macht meine Herren, ist Bossing."

Und schon war die Sitzung zu Ende. Dem Chef wurde auferlegt freundlicher zu sein und die Abmahnungen wurden zurückgezogen.

Ein Sieg könnte man denken aber weit gefehlt. Nun begann ein Spießrutenlauf. Im Laufe der folgenden Monate wurde mein neuer Kollege immer stiller. Er konnte die Belästigungen nicht mehr ertragen. Er ging zum Obersten der Chefs.

„Wenn ihr Chef das sagt, dann stimmt das." Von Fürsorge keine Spur.

Tags drauf wartete ich auf meinen neuen Kollegen, er sollte nur ein Werkzeug aus dem Geräteschuppen holen, er kehrte nicht zurück, also folgte ich ihm. Und fand ihn mit einem Tau das eine Ende um dem Hals und das andere an einem Haken unter der Decke. Ich hatte immer eine Rosenschere in der Tasche, die hatte ich in der Hand, ohne etwas gedacht zu haben, und schnitt das Tau durch. Nun folgten Stunden ununterbrochenen Geredes von mir. Mir war bewusst, es durfte mir kein falsches Wort über die Lippen kommen. Jemanden Rufen war nicht möglich, Handys hatten wir nicht und selbst wenn, bevor da einer der Ahnung hätte, eingetroffen wäre, und womöglich der Chef noch als erster. Ich hatte keine Wahl, das waren die längsten Stunden in meinem Leben. Es gelang mir ihn zum Facharzt zu bekommen. Er wurde in eine Klinik eingewiesen. Ich besuchte ihn und er bedankte sich bei mir und berichtete was los war.

Er war in seinem Wohnzimmer und sah fern. Da hörte er ein Geräusch im Garten. Der Radlader schob seinen Garten zuklump. Der Chef hatte einem seiner Freunde den Auftrag erteilt dem Kollegen den Garten zu zerlegen. Und der Tat wie gewünscht.

Das hatte ihm den Rest gegeben, es folgte der Auszug aus der Firmenwohnung, er wohnte auf dem Firmengelände. Die Scheidung folgte und die Rechnung für die Wiederherstellung des Gartens.

Die neue Meisterin

Vier Monate vor dem Selbstmordversuch wurde eine Meisterin eingestellt, der alte Meister war nicht mehr auf die Beine gekommen. Sie hatte die Vorstellung, dass ein Vorgesetzter für seine Leute da sein muss. Und so sprach sie meinen neuen Kollegen an, es gab zu dem Zeitpunkt noch eine Bürokraft die ebenfalls die Ohren des Chefs erweiterte. Sie war bei dem Gespräch dabei. Mein neuer Kollege hatte wahrheitsgemäß berichtet. Nach dem Gespräch hatte die Meisterin den Chef angesprochen. So begann die Geschichte mit der Abmahnung. Bis hin zum Selbstmordversuch lag die Wurzel in dem Gespräch. Nach der Unterhaltung mit der Meisterin schickte der Chef den Radlader in den Garten. Ich kann nicht alles auflisten was noch geschah. Die Meisterin hat vier Monate nach ihrer Einstellung wieder gekündigt. Noch ein Strich auf der Liste. Mein neuer Kollege wurde in die Hauptverwaltung versetzt. Dem Chef geschah nichts, obwohl es eine Sitzung gab, in der alles auf den Tisch kam, was vorgefallen war. Damit wären wir bei vier strichen.

Kalk und seine Ausläufer

Der Chef gab Männern des Betriebes die Order Kalk in die Rabatte zu streuen. Kann man machen. Nur Kalk ist kein Zucker. Der Chef hat vom Kalk keine Ahnung. Und die die er losschickte auch nicht. Die Männer fuhren einen Kleinlaster, luden den Kalk auf und fuhren die Rabatten entlang und warfen den Kalk schaufelweise in die Rabatten. Die Folge war das die Sträucher, die voll im

Laubstanden mit einer Kalkschicht bedeckt wurden. Der Kalk begann zu wirken und verbrannte das obere Drittel der Sträucher. Es gab keinen Totalverlust. Zum Glück vom Chef. Ich holte den ganzen Sommer über Haufen weise Kalk aus den Rabatten. Das Laub des Vorjahres, das den Boden bedeckte, hatte ein Einsickern in den Boden verhindert. Die Folge wäre gewesen das der gesamte Boden hätte auf den Sondermüll verbracht werden müssen. Wer mehr wissen möchte. Kalk wird in Aluminiumoxid verwandelt und das ist ein Umweltgift. Das nur in der Kurzform. Ich hatte die Sträucher vor Schaden bewahrt. Das Jahr war um und der Chef meinte, ich sollte Kalk streuen. Ich fragte ihn, ob er einen PH wert hätte. Der wird benötigt, um den Kalkbedarf zu ermitteln. Nur davon hatte der keinen Schimmer. Es war absolut unnötig Kalk in die Rabatte zu werfen, einen Mangel hätte man den Pflanzen angesehen. Ich bekam keine Antwort, es folgten Beschimpfungen.

„Mach doch was du willst, machst du ja ohnehin."

Es tobte aus ihm heraus. Ich hatte es als vergnügen erlebt. So ein Arsch muss es genauso haben. Ich hatte ihn voll bei seiner Unfähigkeit erwischt. Für mich war es ein Erfolg. Ich trug es aber nicht im Gesicht.

Stalin sagte einst. Ein Mensch ein Problem. Kein Mensch kein Problem.

Und da lag das Problem vom Chef. Wir sind Menschen. Von nun an wurden die Angriffe gegen mich verfeinert. Getreu dem Motto, willst du nicht mein Bruder sein schlag ich dir den Schädel ein.

Ich sagte ja schon zu Beginn, dass mit meinem Urlaub etwas geschehen würde. So hatte er meinen Jahres Urlaub als verbraucht verbucht. Ging aber daneben. Aus Angst vor der Belegschaft legte er sich einen Hund zu. Nicht für die Arbeit, für zu hause.

HEUTE SIND ANDERE DRAN

Der Chef tobte sich bei einer anderen Truppe aus. Wegen nichts einen Krach anfangen, daran hatte er sein Vergnügen. Sobald die Leute Kochen haut er ab. Mehr als das will er nicht. Am folgenden Tag erzählten sie mir von ihrem Erlebnis. Und vertraten die Ansicht, dass mein Kollege viel mehr hätte machen müssen, damit dieser Chef gefeuert wird. Ich erklärte ihnen, dass er alles gegeben hatte. Nur bei einem Arbeitgeber, dem die Leute scheiß egal sind, ist jede Mühe vergebens.

WIEDER EIN MEISTER

Der nächste Meister wurde eingestellt. Zwischendurch hatte der Chef die Idee einen seiner Freunde zur Meisterschule zu schicken, damit er genau den Meister hat, den er gebrauchen kann. Der ging unter wie ein Stein, ein Meister sein wollen ist das eine, es auch können eine andere Nummer. Lange Zeit hatte der Chef sich gegen einen Meister gewehrt, er würde seine Vormachtstellung verlieren, so seine Sorge. Aber die Betriebsleitung bestand auf einen Meister. Dass es wieder eine Frau wurde, konnte er verhindern. Und Glück muss der Mensch haben, er bekam genau den Meister, den er brauchte, kein Fachwissen. Einen abgebrochenen Bauern, der sich als Friedhofsgärtner versuchte, der nebenbei seinen Meister machte, für einen Meisterbrief muss man 6 Monate zur Meister-Schule, da er eine landwirtschaftliche Ausbildung hatte, langten 3. Nur der hätte 20 Jahre benötigt und doch nichts begriffen. Sein alter Betrieb wollte ihn nicht haben, die waren froh, dass er ging. Und nun landete der bei uns. In seiner Antrittsrede sagte er, dass er nicht Arbeiten wird, er wird Arbeiten lassen.

Solche Sätze sagen viel über den Charakter aus.

NEBENBEI

Der Meister sprach einen Mitarbeiter an. „Der Chef ist heute so komisch drauf, da muss etwas gewesen sein." Es wurde vermutet, dass dem Chef einer die Meinung gegeigt habe.

Leider konnte ich nichts Weiteres erfahren.

MÜLLSÄCKE

Ein Mitarbeiter und ich befanden uns neben der Salzhalle und beluden einen Wagen. Kommt der Chef angetorft.

„Friedrichsen", rief er von Weitem. Ich horchte auf, das konnte nichts Gutes bedeuten.

„Du sollst keine Müllsäcke beim Sperrmüll abstellen."

„Ich habe keine Müllsäcke beim Sperrmüll abgestellt."

Er baute sich vor mir auf. Er hatte zwar mehr Körper als ich, aber das hatte Vogel auch.

„Doch das hast du."

„Habe ich nicht."

„Doch."

Dieses Hin und Her wiederholte sich einige Male. Bis der Mann neben mir sagte.

„Friedrichsen hat keine Müllsäcke beim Sperrmüll abgestellt, ich habe gesehen wer das war."

„Halt den Mund, das will ich nicht wissen", fauchte der Chef den Mann an.

Dass ihm das nicht passte, sah man deutlich an seinem Gesicht. Wutschnaubend ging er in sein Büro, noch am selben Tag durfte ein ahnungsloser Mitarbeiter seine Wut zu spüren bekommen.

HUNDEKLO

In meinem Zuständigkeitsbereich gab es ein Hundeklo. Für die Aufrechterhaltung war ich nicht zuständig. Einem Mitarbeiter wurde der Auftrag erteilt. Der hatte einen Firmenwagen zu Verfügung. Neben dem Hundeklo sollte er auch den Mülleimer entleeren, der neben dem Hundeklo angebracht war, und das täglich. Nur tat er es nicht, der Mist im Eimer stinkt ihm den Wagen voll. Diesen Auftrag hatte er vom Chef persönlich erhalten.

Ich hatte vier Wochen Urlaub hinter mich gebracht und sitze zur Arbeitseinteilung im Aufenthaltsraum. Der Meister saß mir gegenüber. Die Belegschaft geht.

„Wir sehen uns in einer halben Stunde beim Hundeklo",sagt der Meister zu mir und klingt bedrohlich. Ich komme beim Hundeklo an. Der Mülleimer war in den vier Wochen nicht entleert worden. Ich ahnte was kommt. Der Meister traf ein und grinste blöde. Steigt aus dem Wagen und hält mir eine Postkarte unter die Nase.

Es stand geschrieben.

Das Hundeklo sei verwahrlost und der Mülleimer läuft über. Man sollte der Person, die dafür verantwortlich ist, in den Arsch treten.

Ich gab dem Meister die Karte zurück, ein Fehler von mir ich hätte sie behalten sollen und zum Personalchef gehen und mal einige Fragen stellen, aber sei es, wie es ist.

„Ich hatte vier Wochen Urlaub", sagte ich trocken. „Oh" folgte und weg war er.

Eine Woche später. Ich stehe mittig im Hundeklo und reinige es. Kommt der Meister an und meinte, ich solle das Hundeklo reinigen. Da konnte ich nicht mehr meinen Mund halten. Und erzählte ihm, dass ich das Hundeklo ohnehin sauber halte, obwohl es nicht mein Auftrag sei. Ich habe kein Problem damit Arbeiten von anderen zu erledigen, das sei für mich kein Problem, nur für die Unfähigkeit vom Meister kann ich nichts. Nun die Antwort vom Meister. Das sei Arbeitsverweigerung. Ich musste mich beherrschen, um nicht mit Hundescheiße nach ihm zu werfen. Aber er bot an das der Mülleimer von einem Kollegen geleert würde. Er gab den Auftrag an die Person und der gab die Antwort, liegt nicht auf meiner Tour.

Jeder durfte die Arbeit verweigern. Ich tat sie ohne Auftrag und begehe Arbeitsverweigerung. Der Meister war einen Kopf kleiner wie ich, von nun an nannte ich ihn Gartenzwerg.

Sträucher Rückschnitt

Der Gartenzwerg erschien, es war Dezember.

„Auf dem Platz müssen die Sträucher zurückgeschnitten werden", sagte er.

Ich war alleine, da der Chef meinen letzten Partner ans Tau getrieben hatte. Ich erklärte das ich bereits Flächen, bei denen es dringend war, zurückgeschnitten hatte und das ich alles im Sommer Sauberhalten muss. Ich hatte noch nicht zu Ende gesprochen, da fuhr er mir über den Mund.

„Das ist Arbeitsverweigerung." Und weg war er. Ich hatte mit keinem Wort nein gesagt, ich wollte nur schon mal anmerken, dass ich im kommenden Jahr eine Hilfe bräuchte.

Das gleiche in Grün

Zwei Jahre später. Es wurde ein neuer Vorarbeiter eingestellt und ich ihm unterstellt. Dazu später mehr. Es ist wieder Dezember und derselbe Ort. Und der Meister tauchte auf

„Ihr müsst die Sträucher auf der Fläche zurückschneiden."

Die Antwort von Neuem.

„Alles was ich im Winter zurückschneide muss ich im Sommer Sauberhalten können."

„Ja stimmt, gut, dass du mitdenkst." Das war die Antwort vom Meister Gartenzwerg.

Bei mir war diese Antwort Arbeitsverweigerung gewesen.

Sowas nennt man Bossing. Mit diesem Meister hatte der Chef die Verlängerung seiner Zunge bekommen.

GRABSTEINE

In meinem Arbeitsbereich gab es auch Grabsteine. Es lagen keine Toten auf dem Platz, es diente nur der Erinnerung. In 200 Meter befand sich das Elternhaus meines Chefs. Eines Montagmorgens lagen 30 Steine auf dem Rücken, die hatten keinen Sockel, die steckten lose in der Erde. Das mal einer umkippt war normal nach einem Regentag. Nun aber lagen 30 Stück und das nach einem sonnigen Wochenende. Von nun an lagen die jeden Montag auf dem Rücken.

Da der Chef mich nicht klein bekommen konnte, wurde mir mein Arbeitsbereich weggenommen und ich in einen anderen Teil der Stadt verlegt. Und zur selben Zeit endete das Umkippen der Steine. Ich will keinen Verdacht äußern, aber seltsame Zusammenhänge gibt es schon.

UNWICHTIGES

Der Chef tauchte auf.

„Friedrichsen du sollst keine unwichtigen Rabatten reinigen."

Das war alles, stieg ins Auto und fuhr davon. Nur welche Rabatten unwichtig sind, sagte er nicht. Also ließ ich die aus, die in versteckten Ecken lagen. Und schon hatte ich Arbeitsverweigerung begangen. Unsauberes Arbeiten, eines der Varianten, die man mir anbot.

Rede vom Obersten Chef

Es wurde eine Personalversammlung einberufen. Der Chef vom Ganzen erklärte, dass wir Auftragszuwachs hätten und dass es wohl oder übel vorkommen dürfte das nicht alle Arbeiten erledigt werden und mit einer Personalaufstockung sei nicht zu rechnen. Nur mir wurde jedes Unkraut als Verweigerung vor gehalten.

„Kannst du da nicht noch machen?" „Nein das schaffe ich nicht." Eine Unterhaltung zwischen dem Meister und einem Mitarbeiter. Kein; was du willst nicht.

Ich und ein nein undenkbar. Das Erschießungskommando würde antreten. Ich sorgte, dass die gut einsehbaren Bereiche sauber blieben. Aber das nutzte nichts die Ecke, in der ich noch nicht war, wurde als Arbeitsverweigerungsbeweis herangezogen. Es verging kein Tag, an dem alles in Ordnung war. Egal wie ich mich mühte, wer sucht, der findet.

Da tauchte die Frage auf, was ist falsch gelaufen? Mein alter Meister hatte mich mit Lob und Sonderaufträgen überhäuft. Und die finden kein gutes Haar an mir. Ich machte mir keine Gedanken darüber, ob das an mir liegt. Ich war der, der ich vor 10 Jahren war und bin der der ich heute bin. Und meine Arbeitsleistung hatte an Qualität nichts eingebüßt und dafür, dass ich alleine Arbeiten musste, hatte ich auch keine Schuld. Ich hatte es mit dummen Vorgesetzten zu tun. In dessen Schädel befand sich kein Hirn. Würde man denen eine Kugel in den Kopf jagen. Das wäre kein Mord. Die Kugel würde nur eine Raumsonde sein und in endlose Weiten vordringen, von neuen Welten keine Spur.

HÖRSTURZ

Ich dachte, da ich die beiden durchschaute, dass ich die
Schikanen abfedern könnte. Aber weit gefehlt. Ich erlitt
einen Hörsturz. Und musste zum Ohrenarzt. Er meinte
das kommt vom Stress, ich sollte leiser treten. Im Wartebereich erblickte ich zwei weitere Mitarbeiter unserer
Firma. Beide erklärten mir, dass auch sie einen Hörsturz erlitten.

ANDERE SIND AUCH MAL DRAN

Die Arbeitsbereiche lagen weit verstreut im Stadtgebiet.
Vom Firmengelände ging es zu den Einsatzorten. Jedes
Team in eine andere Richtung. Viele mit dem Fahrrad.
Der Bauwagen eines Mitarbeiters war 5 KM vom Betrieb
entfernt. 15 Minuten brauchte der Mann, um seinen Bauwagen zu erreichen. Der Chef sauste an ihm vorbei. Der
hat es aber eilig. Dachte der Mitarbeiter und radelte in
aller Ruhe weiter.

An der Tür vom Bauwagen stand der Chef und rüttel-
te an der Tür. Schlug wutentbrannt mit der Faust gegen
die Tür und schrie.

„Komm raus, ich weiß, dass du da drinnen bist."

Wie gesagt der Mann war mit dem Fahrrad unterwegs. Und der Chef war an ihm vorbeigefahren auf einer
geraden Strecke und einen Fahrradfahrer auf dem Fahr-
radweg müsste er gesehen haben.

„Willst du was?", fragte er lachend. Der Chef starrte ihn an, als sehe er einen Geist, springt ins Auto und
rast davon.

Einen weiteren Mitarbeiter
wurde das zu Verhängnis

Der Frust musste raus. Das hatte den Chef bis aufs Blut gereizt. Nicht jeder ist ein Pazifist so wie ich. Und bei so mach einem sind die Nerven dünn wie Seide und das erste Mal war der Mann auch nicht dran gewesen. Dem Chef gelang es ihn mit wenigen Worten zu reizen. Der Mann schnappte sich eine Schaufel und wollte dem Chef eine überziehen. Der ist los gerannt und der Mitarbeiter ihm nach. So schnell hatte er den Chef noch nie ins Auto springen sehen. Sagte er mir. Ich dachte nur schade, dass du den nicht erwischt hast. Und zu gerne wäre ich dabei gewesen. Aber das Beste verpasst man immer

Arbeitsbeschaffung

Eine gruppe von fünf Männern wurde mir zu geteilt, ich vermutete, es ging um ein vom Arbeitsamt organisiertes Arbeitsbeschaffungsprogramm. Näheres wurde mir nicht mitgeteilt, mich im Regen stehen lassen gehörte zur Strategie.

„Beschäftige die Leute."

Eine Woche sollten die wohl einen Schnupperkurs belegen. Mir kamen die Leute gelegen. Es galt einen Abhang zu mähen und den Schnitt zu entfernen. Ich mähte und die Männer harkten. Und wie macht man so was man harkt von oben nach unten. Das musste ich denen nicht sagen. Die Männer erzählten sich Geschichten aus ihrem Leben und waren ausgelassen, Lachten viel und die Sonne schien. Es herrschte eine ausgelassene Stimmung und die Arbeit ging flott von den Händen, bis der Chef auftauchte. Er führte ein kurzes Gespräch mit mir, dann richtete er nur eine Bemerkung von drei Wörtern an die Männer und die ausgelassene Stimmung kippte in Frustration. Und die Arbeitswilligkeit sank um 70 %. Das einzige, was der Chef beherrscht, ist es, das Gleichgewicht der Seele zu zerschlagen. Es war ihm ein Dorn im Auge, dass die Männer bei bester Laune waren, dass es mir gelingt die Männer für die Arbeit zu begeistern, passte ihm nicht.

FEIERABEND

Mal wieder einen Tag geschafft. Die Mannschaft strebte nach Hause. Man musste auf eine Verkehrsader gelangen. Und gerade zu Feierabend war viel Verkehr, unser Betrieb befand sich im Industriegebiet und alle Firmen machten Feierabend. Der Chef fuhr auf einem Motorrad. Er musste wie wir alle warten. Ich war hinter ihm und zu gerne wollte mein Fuß das Pedal durchtreten. Im Gegensatz zu mir ist mein Fuß kein bekennender Pazifist. Es gelang mir beruhigend auf ihn einzuwirken. Der Chef kannte meinen Fuß scheinbar, denn er hatte mich stetig im Rückspiegel und ich konnte ihm in die Augen sehen. Das ist ihm so auf die Eier gegangen, dass er Vollgas gab, um den Bürgersteig entlang davon zu rasen.

PROPHEZEIUNG

Das Motorrad vom Chef hatte eine silberne Lackierung.
In der Bibel gibt es eine Ankündigung.

Es wird einer kommen reitend auf einem weißen Pferd. Ihm nach folgt der Tod. Und elend wird einziehen in die Hütten.

Wie ich den Chef über den Bürgersteig davonrasen sah, dachte ich an diesen Spruch und hatte den Mitarbeiter vor Augen, den er aus der Wohnung geworfen hatte, der einen Selbstmordversuch durchmachte und dessen Ehe zerbrach. Das traf auf den Chef zu wie keine andere Prophezeiung.

KUR

Ich versuchte das Theater an mir abprallen zu lassen, aber es fraß sich in meine Knochen und so knallte es mir die Bandscheibe weg. Rückenprobleme hatte ich schon länger, es gab Massagen und gut war es wieder. Aber nun lief ich krumm. Einen akuten Bandscheibenvorfall stellte der Arzt fest und eine Operation sei angesagt. Ich hatte bei Mitarbeitern der Firma gesehen, dass das nicht die optimalste Lösung war. Man könnte auch eine Kur versuchen. So der Arzt. Ich war dann doch für die Kur.

Es gab kein Telefon auf dem Zimmer. Im Empfangsbereich gab es eine Telefonzelle, zu der konnte auch angerufen werden.

Es klopfte an meiner Tür.

„Herr Friedrichsen Telefon für sie", rief eine freundliche Frauenstimme.

Ich begab mich zum Telefon, erwartet hatte ich meine Frau, dass die Sehnsucht sie triebe.

Es war der alte, mit dem ich die ersten Jahre zusammen arbeitete. Er war sowas wie ein Freund geworden und der rief mich an. Und erklärte mir voller Sorge, dass der Chef mich absägen will. Er hatte gehört, dass der Chef mich von meinem Posten als Vorarbeiter abgesetzt hatte. Und in einen neuen Arbeitsbereich versetzte und mir einen Vorarbeiter vor die Nase setzte. Im ersten Moment war ich sprachlos. Aber ein Satz geriet in meinen Gedankengang. Der neue Meister hatte mir vor einem Jahr erklärt, dass ich in dieser Firma um meine Rechte zu kämpfen hätte.

Ich bedankte mich bei meinem Freund für seine Sorge. Und ärgerte mich. Die haben meine Abwesenheit ausgenutzt. Wäre ich vor Ort gewesen, hätte es einen Radau gegeben. Ich habe mich sofort nach einem Beratungstermin beim Mobbing Berater, den es in der Kurklinik gab, erkundigt. Zwei Tage später saß ich in seinem Büro. Und erklärte die Sachlage. Auf die Frage, ob es einen Sinn hat zu klagen, meinte er, dass es kaum Erfolg verspricht. Aber ich sollte auf jeden Fall einen Antrag auf Behinderung stellen, das gäbe etwas Schutz. Ich tat wie geraten. Und erhielt auch ein Schreiben mit dem Befund, in dem das was ich noch durfte, aufgelistet wurde. Das gab ich im Personalbüro ab und auch im Büro vom Chef. Hatte nur keinen interessiert, im Gegenteil, das, was als geht nicht beschrieben wurde, war das, was ich zu tun bekam. Fürsorgepflicht nannte das mein Arbeitgeber. Mir war meine Gesundheit wichtiger. So besorgte ich mir einen Hacker mit einem 2 Meter langen Stiel. Nun konnte ich in aufrechter Haltung arbeiten. Das aber sah aus, als würde ich rum stehen. Und das brachte den Chef zum Kochen. Und ich genoss es und stellte mich absichtlich so auf, dass die es auch immer sahen. Auch dem Oberchef habe ich dieses Vergnügen bereitet. Der ist sofort zum Meister gedüst und beide haben meine Arbeit betrachtet. Mit der Hoffnung mir einen auf den Pelz zu brennen. Ich aber hatte diesen Ort so sauber gemacht wie noch nie zuvor. Ich machte mir Gedanken, die mir nicht gefielen. Ich wollte ja gehen. Ich hatte noch lange Jahre vor mir und Vogel vor Augen. Wie ich ihn im Schwitzkasten halte, aufgeben würde ich, wenn ich nun gehen würde.

Der Betriebsrat hatte der Versetzung zugestimmt. Es hatte kein Gespräch mit mir gegeben aus dem es zu erahnen wäre was kommt. Das hätte es aber bedurft. Der Betriebsratsvorsitzende ist mir wochenlang aus dem Weg gegangen, aus Angst ich Falte ihn zusammen. Der Chef hatte auch versucht meinen Lohn zu kürzen, das aber gelang nicht, da ich Bestandsschutz genoss. Eines aber war klar, beim Angriff auf meinen Sozialen stand, würde ich eine Lohnkürzung als Angriff auf meine Familie auslegen und das hätte eine Revolution ausgelöst. Mag übertrieben klingen, aber ernst gemeint.

Die Kur war beendet und ich begann mit dem Hamburger Modell. Gleich am ersten Tag erklärte mir der Chef.

„Für dich ist es besser du verschwindest hier."

Da bin ich gegen meine Natur ausgerastet. Und genau in dem Moment machte der Chef einen Fehler. Er grinste, er hatte sein Vergnügen an mir. Da war der Schwitzkasten wieder. Der Chef erzählte mir einen Haufen Lügen über mich. Ich bin noch am selben Tag zum Personalchef. Meine Frage, dachte ich, sei einfach. Ich wollte wissen, wie ich mir meine berufliche Zukunft einzuschätzen hätte. Er war ein neuer Personalchef, ich hatte zuvor keinerlei Kontakt mit dem Mann gehabt. Die Antwort verwunderte mich.

„Ich habe mich im Betrieb mit den Leuten über sie unterhalten, man sagte mir sie würden durch den Betrieb Laufen und die Mitarbeiter anpöbeln. In meinen Augen sind sie ein Kotzbrocken."

Nun war nicht nur mein Fuß, sondern auch meine Fäuste sich einig Pazifismus ist in diesem Betrieb fehl am Platz. Ich fragte bei den Mitarbeitern nach, der Personalchef hatte sich nicht im Betrieb sehen lassen.

Beim Gespräch mit dem Personalchef hatte ich zur Stärkung meine Frau gebeten mich zu begleiten. Sie fragte mich warum ich so ruhig geblieben war. Bei solchen Lügen würde sie ihm an die Kehle gegangen sein. Ich lächelte sie beruhigend an und sagte ruhig.

„Dumme Menschen darf man nicht hauen."

„Was sollte das Gelüge?",fragte sie und hatte eine Träne in den Augen. „Ist doch nachvollziehbar. Der neue Vorarbeiter ist ein Freund vom Personalchef, die spielen zusammen Fußball und der Chef ist der Freund vom Freund. Beziehungen schaden dem, der keine hat."

SUPERVISION

Dem Personalchef dürfte nicht wohl gewesen sein, denn mir stand immer noch der Weg übers Gericht zur Verfügung. Als Lösung schlug er eine Supervision vor. Ich hatte die Frage auf der Lippe, ob alle vom Betrieb die Möglichkeit hätten, aber ich ließ davon ab.

Es ist so, dass der Fisch immer vom Kopf her stinkt.

Am ersten Tag saßen wir uns gegenüber dazwischen der Visionär. Er begann das Gespräch mit einer faustdicken Lüge. Damit war meine Bereitschaft mit dem Chef einverstanden zu sein dahin. Aber ich ließ das Ende offen.

„Du läufst mit wild in der Luft wirbelnden Armen übers Firmengelände und schreist rum."

Diese Lüge gleich zu Beginn sagte mir, der will keinen Frieden. Er wiederholte auf diesem Wege seine Ansage, du hast hier zu verschwinden. Ich sah Vogel wie ich ihn niederkämpfte, und von nun an wird es mir ein Vergnügen sein diesen Chef zum Kochen zu bringen. So endete diese Veranstaltung mit den von mir verfassten Worten.

„Wir werden noch Zeit brauchen um einen Weg zu finden aber es wird gelingen."

Ich log beide an, denn Frieden mit dem nie im Leben.

Ich erreichte, dass der Chef zum Personal Führungslehrgang musste. Den ersten Termin konnte er nicht, er würde gerade ein Hausbauen. Aber er wusste, nach der dritten Aufforderung hatte er keine Chance mehr. Das Ergebnis? Null. Es ist, als würde man einem Elefanten eine Tafel Schokolade in den Anus scheiben wollen.

KENNE ICH NICHT

Das Hamburgermodel war beendet und der Chef ging mir aus dem weg und ansprechen im Bezug zur Arbeit konnte er mich auch nicht mehr, ich hatte ja nun einen Vorarbeiter, Pech selbst ins Bein geschossen. Das stieß ihm sauer auf. Noch dazu sein bevorzugter immer einen hübschen Spruch drauf hatte.

„Kannst das erledigen?", fragte ihn der Chef. Eine Aufgabe, die einst meine war, übertrug er an ihn und grinste mich unverhohlen an. Die Antwort vom neuen Vorarbeiter.

„Kenne ich mich nicht mit aus." Ich kann leider nicht Malen aber die Fresse vom Chef hätte ich zu gerne in Öl gehabt. Da sah er mich an. Aber selbst wenn er gesagt hätte. Friedrichsen du kennst das doch mach du.

„Ich darf nicht meine Bandscheibe." Hätte ich ihm geantwortet, die Worte lagen Abruf bereit auf meiner Zunge. Wutentbrannt fuhr er davon und andere mussten ran. Ich kann meine innere Freude nicht beschreiben.

NEUER VORARBEITER

Ein neuer Vorarbeiter wurde eingestellt. Das kenne ich nicht hatte dem Chef wohl nicht gefallen. So wurde kenne ich nicht in einen unwichtigen Bereich versetzt. Dem neuen wurde dann auch gleich ein Auftrag erteilt. Bäume seien auszuästen der Baum würde Schatten in einen Garten werfen und einen Nachbarschaftsstreit wollte der Chef nicht. Nur die Ausrüstung, die uns zu Verfügung stand, war für diese Art der Arbeit nicht geeignet. Wir hatten im Betrieb ein Team, die für genau solche Arbeiten gedacht waren, nur das bedeutet betriebliches Wissen und ich bin kein Vorarbeiter, Pech aber auch. Der neue machte was er vermochte, ich hielt mich zurück. Der Anschiss, der folgte, war so ungerecht wie unverschämt. Der neue tat mir in dem Moment echt Leid. Ich hätte es ihm sagen können, dass er hätte auf die Kolone Fachkraft zurückgreifen dürfen. Es wäre die Aufgabe vom Meister gewesen sein die Leute zu schicken. Ich hatte nichts zu sagen, das wurde zu meiner besten Waffe.

KRANK MELDUNG

Der Chef hatte es geschafft den Krankenstand hochzutreiben. Auch ich nutzte es aus, einige Wochen Urlaub extra auf Firmenkosten, wenn es so gewünscht wird, sollte man nicht ablehnen. Der Chef tobt dann rum.

„Der Macht doch nur Urlaub auf gelbem Zettel."

Er selber hatte Häuser im Bau und um daran werkeln zu können ließ er sich sehr gerne krank schreiben. Gleiches ist eben nicht dasselbe.

KAFFEE UND KUCHEN

Eine Kaffeepause gab es nicht und durfte es auch nicht geben. Und sah der Chef einen im café sitzen. So stürmte er den Laden und faltete den Mitarbeiter vor Publikum zusammen.

Jeder Firmenwagen hatte Funk an Bord. Kaum hatte der Chef sich ausgetobt. Rief er über Funk seine Freunde ins Büro zum Kaffee und einer sollte Kuchen mitbringen. Handys waren noch nicht gang und gäbe, von dem Tag an, an dem es in jeder Tasche steckte, wurde alles, was die Zentrale nicht wissen durfte, übers Handy erledigt. Denn der Funk wurde in der Zentrale mitgehört.

ALLEINE

Der neue Vorarbeiter hatte sich Urlaub genommen. Und wir hatten einen Mann dazu bekommen. Nun war ich mit dem alleine. Nur war da das Problem, dass ich kein Vorarbeiter mehr bin, also was tun? Ich wurde mit der Begründung Friedrichsen kann das nicht von meinem Posten vertrieben. Also kann ich es auch nicht, logisch oder? Ich hatte dem neuen gesagt, kannst den Bürgersteig fegen. Er tat es und er hatte es nicht eilig. Ich machte eine Ecke sauber, 100 Meter von ihm entfernt, ich hatte ihn aber im Blick. Dann fuhr der beste Freund vom Chef vorbei. Es sollte auch nicht lange dauern da tauchte der Chef auf.

„Was denkst du dir dabei, du kannst ihn doch nicht alleine Arbeiten lassen, das ist unmenschlich." Ich hatte Jahre alleine gearbeitet und einen gesamten Arbeitsbereich abdecken müssen das hatte ihn auch nicht interessiert, aber es ging ihm nur darum mir einen auf den Pelz zu brennen.

Ich reichte schriftliche Beschwerde ein. Dass das ohne Ergebnis bleiben würde, war klar. Der Oberchef tauchte auf. Nach kurzem hin und Her sagte er, da ich in der höchsten Lohngruppe bin, sei ich der Teamleiter. Ich sagte, wenn das so ist, dann entscheide ich auch wer wo was macht. Dann folgte noch ein Lob.

„Ich weiß was sie in ihrem vorherigen Bereich geleistet haben."

Nur Kaufen konnte ich mir dafür nichts. Was fehlte, war eine konkrete Ansage, wer hier der Vorarbeiter ist. Der neue, der extra dafür eingestellt wurde, oder eben doch ich. Zwei, die das Sagen haben? Das geht in die Hose.

Das Endergebnis, ich durfte Kopfsteinpflaster Ecken reinigen. Dazu benutzte ich natürlich meinen 2 Meter Hacker. Kaum hatte ich eine Ecke sauber, schickte der Chef einen Mitarbeiter mit einem Bunsenbrenner los, um die Ecken abzuflammen, die ich gerade verlassen hatte. Ich machte unbeirrt weiter. Ich fragte ihn nicht was das sollte, ich kannte das Ziel. Der Mitarbeiter gab freiwillig auf. Das war ihm dann wohl doch zu blöde. Der Bereich war durchgearbeitet, wir zogen eine Baustelle weiter, der neue Vorarbeiter hatte seinen Urlaub beendet, da kam die Order die Arbeit muss wiederholt werden, weil sie unsauber ausgeführt worden war.

RASEN MÄHEN

Ein Arbeitsbereich wurde von einer Fremdfirma übernommen und zwei Mitarbeiter bekamen wir auf dem Wege dazu. Der Bereich gehörte von nun an zu unserem Aufgabenbereich. Und es stand Urlaub an. Wir waren nun zu fünft. Es gab Mengen an Rasen Flächen. Nur der Rasenmäher Fahrer ging in Urlaub und die Frage tauchte auf, wer soll das übernehmen? Keiner wollte, dann hieß es Friedrichsen kann das. Der Rasen Mäher Mann sagte, das kann er nicht, das lässt seine Bandscheibe nicht zu. Die Flächen sind uneben und jeder Stoß geht ins Kreuz. Ich verschiebe meinen Urlaub, sagte er.

„Keine Widerrede, der macht das." Dieses Gespräch fand ohne mich statt. Es gab ein Attest, in dem wurde von solchen Arbeiten abgeraten und genau deswegen sollte ich es machen. Die folge ich trug wochenlang ein Korsett bis meine Krankengymnastin den Schaden wieder behoben hatte, dafür einen Dank. Ich bin zum Personalchef und habe Beschwerde eingereicht. Ansage an den Chef folgte. „Was Herr Friedrichsen nicht kann, braucht er nicht machen."

Das hatte dem Chef nicht gefallen und gebracht hatte es auch nichts.

RENNEN

Ich hatte mir einige Tage frei genommen. Zufällig war ich in der Stadt unterwegs. Da fiel mir ein Mann auf, der einen Bürgersteig entlang rannte. *Denn kenne ich doch.* Dachte ich. Da sah ich auch einen weiteren Mann, der stand an einen Wagen gelehnt. Unser Meister stand da und sah dem Mann auf dem Bürgersteig nach. Der Mann war ein Mitarbeiter unserer Firma. Mir wurde in meiner Lehrzeit erklärt, dass man Flott gehen muss, aber auf keinen Fall Rennen, es besteht Unfallgefahr.

Es sollten die Bäume in der Straße nach Schäden und Totholz abgesucht werden. Soweit eine sinnvolle Sache. Das aber geht auch gemeinsam und mit dem wagen, die Bäume standen weit genug auseinander, sodass es angebracht wäre. Das Unschöne an dem Gesehenen, der Meister grinste dem Mann hinterher. Es war nicht das Grinsen eines zufriedenen Menschen. Es war verächtlich. „Ich Arbeite nicht, ich lasse Arbeiten" wir erinnern uns. Der Mann rannte von Baum zu Baum und der Meister wartete eine Weile, dann fuhr er weiter um wieder stehen zu bleiben und sich weiter an dem Mann zu ergötzen.

KEINE RECHTE

Mitarbeiter suchten mich auf.

„Wir kommen von der Zentrale, wir haben uns über den Chef beschwert."

Ich brauchte nicht nach dem warum zu fragen, das war Tagesgespräch. Der Chef hat Narrenfreiheit. Wir sind hier nur die Fußabtreter. Sagten die beiden.

„Wir waren schon beim Oberchef, nichts, nun waren wir beim Oberoberchef. Macht einfach eure Arbeit. Das war alles." Wie man Arbeitsbegeisterung abschafft das beherrscht der Chef wie kein anderer.

APPETITLICH ODER AUCH NICHT

Mitarbeiter sind dabei das Gebäude zu verlassen. Da ruft der Chef.

„Kommt mal her."

Jeder würde denken es gibt einen Auftrag oder Anschiss.

„Kommt näher sonst seht ihr nichts."

Sie gingen um den Tresen herum und sahen auf den Bildschirm des Rechners.

„Geil oder?", sagte der Chef.

Er hatte sich einen Porno aus dem Netz auf den Schirm gelegt. Im Nachhinein sagten sie.

„Wie soll man einen Chef ernst nehmen, wen der sich am Tage Pornos reinzieht?"

ENDE DER ARBEIT

Ein LKW-Fahrer ging in Rente. Zum Abschied sagte der Chef zu ihm.

„Gut, dass wir dich los sind, so einen wie dich werden wir nicht wieder einstellen."

WELLE

Es gab den Film die Welle. Der Versuch eines Lehrers seinen Schülern das Entstehen eines Systems, das durch Unterdrückung bestand, begreiflich zu machen. Es geriet außer Kontrolle, aber es zeigte auf, dass Führung, die keine Kontrollinstanz hat, außer Kontrolle gerät. Und genau das Passierte in dieser Firma. Dem Chef werden keine Grenzen gesetzt das zieht sich wie ein Faden durch bis in die Chefetage und die Belegschaft steht im Regen. Nur das hier ist kein Experiment, das ist real.

MEISTER SCHIMPFT

Weder der Chef noch der Meister sind in der Lage Arbeiten zu Delegieren. Einen haben die soweit das der sagte.

„Bekomme ich von euch keine Liebe, bekommt ihr von mir keine Leistung."

In seiner Verzweiflung kam der Meister zu meinem neuen Vorarbeiter.

„Der Typ tut nichts, der sollte für sein Geld mal Arbeiten."

Da muss man doch die Frage stellen. Ist der Meister ein Meister? Das liegt doch an denen nicht am Personal.

Jedenfalls der Meister schickte in seiner Not einen anderen los, der kehrte zurück.

„Nein ich mache doch nicht die Arbeit von dem faulen Sack."

KENNE ICH NICHT

Kenne ich mich nicht mit aus bekam einen Auftrag.

„Kenne ich mich nicht mit aus."

Der Chef bekam einen Tobanfall. Später wird kenne ich nicht einen neuen Arbeitsbereich erhalten und die Firma verlassen.

„Der hat so wie so nur 15 % Arbeitsleistung gebracht."

Wird der Chef dann sagen und das war einst sein Freund.

ÖLPRINZ

Der Fahrer eines vielbeanspruchten LKWs sprach mich an, er war sauer auf unseren Betriebsschlosser. Der hatte ihn zusammengeschissen, weil der LKW für sein befinden zu oft in der Werkstatt sei. Das Wortgefecht zwischen den beiden wurde immer heftiger.

„Du magst ja 150 % an technischer Kompetenz haben. Aber als Mensch bist du ein Arsch."

Das hatte er ihm an den Kopf geworfen. Mit der Meinung war er nicht alleine. Der Schlosser neigte dazu Kollegen in die Pfanne zu hauen, darum wurde er Ölprinz genannt.

HECKENSCHERE

Bei meiner Heckenschere brach der Griff ab, Überbeanspruchung. Ich bat einen Mitarbeiter mir eine neue zu holen. Ich hätte auch selber fahren können. Aber ich hatte mir einen Service aufgebaut. Immer wenn ich was brauchte schickte ich einen Mitarbeiter. Sei es Arbeitsschuhe, selbst wenn ich im Büro war, kaum aus der Tür ließ ich einen Mitarbeiter meine Bitte vortragen.

„Der war doch gerade hier."

Fluchte der Chef jedes Mal. Ich hatte meinen Spaß. Nun er kehrte zurück.

„Der Meister besorgt eine er hatte keine auf Lager."

Zwei Tage vergingen und ich hatte noch keine. Leider lief mir keiner über den Weg, den hätte ich schicken können, musste selber los.

„Oh habe ich vergessen. Fahr zum Händler und hole eine auf Firmen Rechnung."

Ich also zum Händler, nur habe ich ein Problem mit kleinen Buchstaben und Zahlen, ohne Brille geht's nicht. Ich muss schon sehr genau hinsehen, aber so viel Zeit wollte ich nicht verplempern. Ich kannte aber den Namen der Firma, die gutes Geschirr verkauft. Das, was wir an Heckenscheren haben, ist auch gut, aber von minderer Qualität. Und so nahm ich den mit einem guten Namen. Die Schere hatte auch eine Kraftübersetzung.

„Für Firma Xy auf Rechnung." Der Verkäufer hatte sich sowas von freundlich bei mir bedankt, ich hatte Sorge es würde ein Heiratsantrag folgen.

Ich langte die Rechnung dem Meister. Der war gerade dabei ein Eis zu essen. Der Chef klammerte sich an einem Ordner fest, das tat der immer, wenn ich das

Büro betrat. Im Flur angekommen, hörte ich die Höhe der Rechnung, nicht die Zahlen, ein.

„Verdammter Mist."

Erreichte meine Ohren, nun wurde mir klar warum der Verkäufer so freundlich zu mir war. Ein grinsen begleitete mich den Rest des Tages.

CONTAINER

Mein neuer Vorarbeiter ist sonst wo. Der neue Mann und ich hatten einen Firmenwagen ergattert. Das erleichterte uns die Arbeit. Kam der Chef an.

„Was macht der Wagen hier? Ihr bekommt einen Container, da könnt ihr den Krempel reinwerfen." Ich sagte nichts würde ja gleich Arbeitsverweigerung sein. Welchen Sinn dem inne lag? Keine Ahnung. Ich meinte nur.

„Das der Trecker Fahrer den Krempel weg fahren könnte."

Das war ja die Lösung. Der Trecker Fahrer musste seine Arbeit abbrechen, den Firmenwagen stellten wir abseits ab, der Chef war zufrieden, die Arbeit wurde teurer.

ICH MUSS FRAGEN

Unser Meister ist ein Kopf kleiner wie ich. Dass alleine macht ihn nicht klein. Seine unkollegiale Art ist es, die ihn klein macht. Nichts im Hirn. Wenn der Chef anwesend ist schweigt er. Hat man eine Frage an ihn als Gärtnermeister, nicht wenn es um den Kauf eines Firmenwagens geht, das ist Chefetagen Sache. Welche Rose soll geschnitten werden? Nur als Beispiel. Oh da muss ich den Chef fragen. Er ist der Meister und der Chef hat vom Gartenbau nicht den geringsten Schimmer. Und betritt man das Büro mit einer Frage an den Meister, bekommt man die Antwort vom Chef. Nur anfangen kann man damit nichts. Und ein Veto vom Meister kommt nicht.

EIN FENSTER

Eine Frau rief im Büro an. Ein Fenster sei zugewachsen, ob nicht jemand vorbeikommen könnte und es frei schneiden.

Der Meister sprach einen Mitarbeiter an. „Mach du das."

Der Mitarbeiter sagte mir er habe keine Lust dazu, das könntest du doch machen.

Ich übernehme keine Aufträge von Leuten, die die Arbeit ablehnen. Einst tat ich es noch, nur nicht für diesen Sauhaufen. Der Zufall spülte mir die Chefs vor die Füße. Der Chef mit dem Oberchef die hatten sich beim Kiosk ein Eis geholt, sowas rangiert unter der Rubrik unerlaubtem Verlassen des Arbeitsplatzes. Ich fragte wegen dem Fenster nach. „Ja wir klären das." Die Antwort vom Oberchef. Die beiden haben dann mit dem Meister gesprochen, der von einem Fenster nichts wusste. Obwohl er die Anfrage angenommen hatte und sie dem Mitarbeiter weiter gab. Auch am nächsten Tag gab es keine Antwort auf meine Frage, ob ich das Fenster frei Schneiden soll. Drei Chefs und alle unfähig, ein Fenster Freischneiden zu lassen.

Streit

Wir hatten einen Arbeitsbereich eines anderen Betriebes übernommen und auch zwei Mitarbeiter. Nur die zwei mochten sich nicht sonderlich. Der eine ging in seiner Not zu den Büro-Fuzzis und sprach das Problem an. Der Meister, der für ihn zuständig war, schwieg, der Chef begann von Container zu sprechen. Auf die Problematik gingen die beiden nicht ein. Die waren für das Erzeugen von Streit zuständig nicht für deren Beseitigung. Der Mann erklärte mir, dass er das Gefühl hatte das die beiden sich darüber amüsierten das sein Kollege und er sich in der Wolle haben.

Das Ende eines Freundes

Ein Firmenwagen erschien und die Insassen stiegen aus und riefen.

„Hast du schon gehört?"

„Nein was denn?"

„Mitarbeiter Z hat beim Chef angerufen", sagte der eine.

„Bei ihm zuhause in der Nacht",Ergänzte der andere.

„Warum das denn?" Ich bin nicht neugierig, aber ich muss alles wissen.

„Im besoffenen Zustand hat er ihn angerufen und in den Hörer geschrien. Ich hau dich tot. Das hatte er schon einmal getan und eine Abmahnung bekommen."

Der andere fügte hinzu.

„Er hat uns erzählt, dass der Chef sein Leben zerstört hat und er an Selbstmord dachte."

Nun wusste ich etwas, die Folge, nicht aber den Grund. Also fragte ich den Kollegen vom Mitarbeiter Z aus.

Der Chef war täglich gekommen und sei Z auf die Pelle gerückt. Als suchte er nach einem Beweis dafür, dass Z während der Arbeit Alkohol zu sich nimmt. Und die Arbeiten waren unzureichend ausgeführt. Das übliche Lied. Der Chef hatte sie abgefangen und auf eine verächtliche Weise gefragt. „Na Mädels wo kommt ihr den her." Das war der Tropfen gewesen, der das Fass zum Überlaufen brachte.

„Und warum? Ich komme nicht ganz mit."

„Du musst wissen. Mitarbeiter Z hatte sich beim Chef über Ha beschwert. (Ha ist der beste Freund vom Chef und sein Spion) Weil der ständig da auftauchte wo wir arbeiten und dann dem Chef berichtete was wir machen. Er hatte auch den Oberchef angesprochen, der sagte nur, ich will nichts hören vom Tun des Chefs."

Nur zur Erinnerung: Mitarbeiter Ha ist der beste Freund vom Chef, den hatte er ohne Notwendigkeit eingestellt. Mitarbeiter Z ist aus demselben Grund in der Firma wie Ha, nur für Z musste ein anderer aus dem Betrieb gegrault werden, der Mann, den ich vom Tau schneiden musste, wurde für Z geopfert.

Z hatte auch beim Personalchef und beim Vorsitzenden des Personalrates angerufen.

Der Personalratsvorsitzende hatte den Kollegen von Z gefragt was vorgefallen war. Nichts die Antwort. Aus Angst um den eigenen Arsch log er. Hätte er gesagt was war, würde es dem Chef den Posten kosten. Aber so wurde der Chef zum Opfer. Z wurde gefeuert. Ein Freund vom Chef sein ist kein Garant für Sicherheit. Darum ist Ha auch so loyal. Das ist dann der fünfte Strich.

ROTER KOPF

Wir hatten eine Kolonne von vier Mann, die waren sich einig und hielten zusammen. Die mochte der Chef besonders nicht. Zu gerne suchte er die auf. Kommt mit Behauptungen wie. Ihr seid die faulsten im Betrieb und ihr schafft nichts. Die Leute grinsten ihn nur an und gingen weg. Dann steht er da mit den Füßen trampelnd und bekommt einen roten Kopf. Ich dachte, zu schade, dass ich nicht dabei war. Die vier wollten sich beschweren und auch das, was der mit Z gemacht hatte, wollten sie ansprechen.

Das ging aus wie das Hornberger Schießen.

HOFFNUNG KEIMT AUF

In der Zentrale wurde ein leitender Mitarbeiter wegen unsensiblem Umgang mit Untergebenen degradiert. Da ist etwas in Bewegung, so flüsterten die Mitarbeiter hoffnungsvoll. Da setzen wir an. Der Ruf aus der Mannschaft. Die Hoffnung verdorrte wie ein Rosenstrauch ohne Wasser.

STEPPTÄNZER

Die vier machten sich über den Chef lustig und ignorierten ihn zunehmend. Machten gerne in einem café Pause. Der Chef Kam wutentbrannt angerauscht und begann zu Zetern.

„Nun aber an die Arbeit."

Sagte er wütend. Versuchte seine Wut im Zaum zu halten. Die vier bestellten noch einen Kaffee. Dann steht der Chef neben dem Tisch und trampelte mit den Füßen und der Kopf ist Puterrot und die Adern in den Schläfen quollen an. Fortan nannten sie ihn den Stepptänzer.

Die Aufträge für die vier kamen vom Hauptbüro, gehen über den Chef, der hatte nun seine liebe Not mit den Vieren. Die tanzten ihm auf der Nase. Darum gingen die Aufträge in die Mülltonne. Auf Nachfrage vom Hauptbüro.

Kam die Antwort. „Ich habe keine Leute."

Die Reaktion des Hauptbüros. „Den Chef nehme ich mir vor."

Es musste gewirkt haben, die Aufträge wurden weitergeleitet.

DOLMETSCHER

Es war mal wieder an der Zeit, dass ich mich beim Oberchef beschwere, es lag kein besonderer Grund vor, ich hatte nur Langeweile.

„Ich werde mit ihm reden." So der Oberchef, ich war zufrieden.

Dem Chef wurde verboten mich anzusprechen. Nun war aber mein neuer Vorarbeiter im Urlaub. Und wie nun weiter. So hatte der Chef eine tolle Idee. Er sprach über einen Mitarbeiter mit mir. Wir waren an einem Objekt zu Gange, Kam der Chef an. Der Mitarbeiter stand einen Meter von mir weg. Der Chef uns gegenüber. Auch einen Meter entfernt.

„Sag Friedrichsen, BLablabla."

Der Mitarbeiter sagte mir. „Blablabla."

Ich antwortete dem Mitarbeiter. „Blablabla."

Der Mitarbeiter zum Chef. „Friedrichsen sagt, Blablabla."

Der Chef. „Sag Friedrichsen Blablabla."

Das Gespräch ging über Minuten, leider blieb es nicht bis zu meiner Rente so.

ICH SPRACH O AN

O ist im Personalrat. Zum Thema Z fragte ich ihn. Warum der Personalrat nicht auf die Problematik eingegangen sei.

„Man kann nicht beim Chef anrufen und ihn bedrohen, das geht nicht."

Klar geht das nicht. „Der Chef hat das doch heraufbeschworen, er kennt Z doch schon länger und weiß wie der tickt, da die Schrauben richtig stellen ist doch keine Kunst, das hatte der doch geplant gehabt."

„Wir mussten so entscheiden."

Später werde ich mich in den Personalrat wählen lassen und wieder mit O meine Erfahrung machen. Er wird alles behindern was das Thema Personalführung angeht, er stellt sich als Freund vom Chef da.

Ein weiterer Stein zu Z die vier beschlossen gemeinsam in Urlaub zu gehen, damit keiner alleine dem Chef ausgeliefert ist. Sie fragten sich, wer wohl den Zorn vom Chef abbekommen dürfte. Es hatte Z getroffen.

FÜRSORGE

Ich erklärte. „Ihr habt der Belegschaft gegenüber eine Fürsorgepflicht."

Der Chef sagte. „Ich habe niemandem gegenüber eine Fürsorgepflicht."

Ich sah zum Meister, der nickte zustimmend mit dem Kopf.

Bei Personalversammlungen wird gerne gesagt ich habe euch gegenüber eine Fürsorgepflicht, nur hole Worte. Bei Beanspruchung kommt nur heiße Luft. (Ich bin nicht informiert, ich war nicht dabei, ich muss glauben was der Chef sagt) Und weiterer Müll kommt dann.

Das Versagen ist überall. Die France Telekom geriet wegen hoher Selbstmordrate in die Schlagzeilen. Mein Schwager erzählte, dass die Firma, in der seine Frau arbeitete, vom Vater auf den Sohn übergeben wurde. Und schon nach kurzer Zeit krochen die Mitarbeiter zur Arbeit.

Mein anderer Schwager ist durch die Jagd auf ihn zu Tode gekommen.

Ein Freund von mir. Den ich in einer vorherigen Firma kennenlernte, die ich als kollegial erlebte.

Ich sah ihn zufällig nach Jahren wieder.

„Hallo was machst du denn hier?", fragte ich ihn.

„Hallo Ernst schön dich zu sehen, wie lange ist das her." Er reichte mir die Hand. „Ich komme gerade aus der Tagesklinik, mein Chef schikaniert mich."

Der Mann war gleich nach der Schule ins Berufsleben eingetreten, keine Zeitverschwendung mit einer Lehre verbracht. Im Laufe der Zeit wurde er zum exzellenten Ausbilder in der Firma. Ich selber hatte 3 Jahre mit ihm zusammen gearbeitet. Er bildete den Mann aus, der nun sein Chef wurde. Und genau das wurde ihm zum Verhängnis.

Mein Freund berichtete. Das ihm der Chef das Leben zur Hölle machte. Ich traf ihn noch dreimal und hörte mir sein Klagen an, ich war nicht in der Lage ihm zu helfen. Wir sehen uns sagte er als er ging. Drei Tage später, meine Frau las die Zeitung.

„Du kennst doch Xyz von früher?"

„Ja warum?"

„Er ist verstorben, unerwartet und plötzlich, steht hier."

Ich kannte weitere Mitglieder seiner Familie und so erfuhr ich Details. Es war Einkauftag gewesen. Für gewöhnlich fuhr er mit der Familie Einkaufen, nur an diesem Tag hatte er etwas Wichtiges vor. „Fahrt ohne mich ich muss noch was erledigen."

Hatte er lächelnd zu seiner Frau gesagt. Nach dem Einkaufen war der Mann nicht zu finden. Seine Frau fand ihn, erhängt hinter einem Heuhaufen.

Wenn ich den Begriff Fürsorge höre, sehe ich Menschen, die ihr Leben verloren. Nebenbei in Folge des Todes meines Schwagers starb mein Schwiegervater an gebrochenem Herzen. Wer Bossing als Scherz versteht ist ein Vollidiot. Die Kosten trägt der Arbeitnehmer.

ANGST

Der neue Vorarbeiter klagte, dass es ihm nicht gut ginge. Geh zum Art sagte ich ihm.

Es gab eine Fernsehdiskussion zum Thema Arbeitswelt. Es wurde angemerkt, dass sich die Arbeitsbedingungen verschlechtern. Und das die Krankmeldungen rückläufig seien. Aus Angst vor Repressalien des Arbeitgebers, so wie die Angst vor einer Kündigung.

Der neue Vorarbeiter klagte immer öfters über sein Unwohlsein.

Ich sagte immer eindringlicher. „Geh zum Arzt."

Die Antwort glich dem, was die Gesprächspartner des Reporters im Fernsehen sagten.

„Ich habe Angst um meine Arbeit."

Die Beschwerden aber zwangen ihn. Die Diagnose, Darmkrebs. Nicht das er an diesem Arbeitsplatz daran erkrankte, das will ich nicht sagen, der Krebs kann seinen Ursprung in einem anderen Betrieb haben, in dem er mit Giften zu tun hatte. Aber die Angst zum Arzt zu gehen, die ist in diesem Betrieb entstanden, das ist ohne Frage so. Ich bin kein Arzt. Aber würde er keine Angst gehabt haben vor diesem Chef, würde er rechtzeitiger zum Arzt gegangen sein. Ob das sein Leben gerettet hätte? Müßig zu beantworten aber Jahre hätte es bringen können.

In dem Fernsehgespräch sagten die beteiligten, das Arbeitnehmer an seelischen Erkrankungen leiden. Und dass Arbeitnehmer wie Austausch Ware gesehen werden. Und dass Arbeitnehmer wegen Delikten schneller angezeigt werden als Führungskräfte.

Es kam der Tag, an dem er nicht mehr weiter arbeiten konnte. Er hätte vorzeitig in Rente gehen können, er wollte nicht. Er sagte, dass er dann nur noch an den Krebs denken würde. Bei der Arbeit hätte er Ablenkung.

Seine Kräfte schwanden. Die letzten Tage bei uns, waren gezeichnet vom Bewusstsein, ich verliere den Kampf. Er setzte sich immer öfters vor Erschöpfung dahin wo er gerade stand. Er verabschiedete sich bei mir mit den Worten.

„Danke, dass du für mich da warst, ohne dich hätte ich es hier nicht ausgehalten, du warst mein Fels in der Brandung."

Er stieg in sein Auto und fuhr nachhause. Nicht lange danach verstarb er. Ich kann dem Chef nicht die Schuld für den Krebs geben, aber dafür, dass er gewartet hatte, daran ist der Chef allemal schuld.

Ein Telefonat

Mitarbeiter Z ist gekündigt worden. Zum Dank ruft er öfters beim Chef an in der Nacht und das stundenlang.

Ein Geständnis

Ich war alleine, mein neuer Vorarbeiter hatte Urlaub. Es war nur wenige Wochen, nachdem ich von meinem Arbeitsbereich hierher versetzt wurde.

Der Meister erschien und grinste mich an.

„Wir hatten erwartet, dass sie um ihren Arbeitsbereich, um ihre Rechte kämpfen würden."

Ich schwieg ihn nur an, er verduftete auch sofort wieder.

Damit hatte er zugegeben, dass die das geplant hatten. Die beide zerstören geplant das Leben der Mitarbeiter. Und es sagt aus das die genau wissen das es Unrecht ist was die tun. Vieles, was wie Zufall wirkte, wie die Ereignisse um Z und weiteren Mitarbeitern, alles beabsichtigt, das ist Bossing pur.

Und es sagte auch, dass die keine Vorstellung von mir hatten. Ich war nicht in dieser Firma, weil ich nicht anders konnte, ich war hier, weil ich ein Ziel hatte, und das war einen eigenen Betrieb zu haben. Eigentlich wollte ich ja gehen. Nur hatte der Zuwachs bei meinem Lohn auf meine Entscheidung einen negativen Einfluss. Und ich hatte zwischenzeitlich Kinder, deren sichere Versorgung mir am Herzen lag. An meinem Posten wie Vorarbeiter hing ich nicht. Mein Lohn war derselbe nur ohne Verantwortung, könnte es besser laufen. Und um mich wirklich zu verärgern, da fehlte denen der geistige Vorrat. Klar war der Zustand in dieser Firma Nervenbelastend. Ich begann alles zu notieren.

LATTEN

Wanderwege hatten eine Belattung zur Abgrenzung und etliche waren morsch geworden und mussten ersetzt werden. Der Auftrag ging an den Chef. Der besorgte Dachlatten, wegen der Kosten, die vorgesehene Belattung war gehobelt und abgeschrägt und druckimprägniert. Mitarbeiter H bekam die Order und er machte sich an die Arbeit. Da kommt der Auftraggeber und fragt.

„Was ist denn das?"

„Das sind Latten."

„Sofort entfernen und die vorgeschriebenen Latten anbringen."

Dem Chef wurde der Kopf gewaschen. Und Mitarbeiter H zum Chef bestellt.

„Wie kann man nur so blöde sein und die falschen Latten nehmen, das musstest du doch gesehen haben." So schob der Chef die Schuld auf H ab und war fein raus.

TELEFON 3 TEIL

Entlassener Mitarbeiter Z begegnete mir und berichtete das neueste.

„Ich habe beim Chef angerufen, zum Neujahr. Der Chef hat mich daraufhin angezeigt und gleich danach die Anzeige zurückgezogen."

Ich sagte ihm. „Lass ihn ruhig mit dir vor Gericht ziehen, dann kommt die Wahrheit ans Licht."

Der Chef kann sich keinen Prozess erlauben, da würde die Belegschaft über ihn herfallen. In dem Gespräch, das sich hinzog. Sagte Z mir. Das der Chef ihm schon vor längerer Zeit gedroht hatte. „Ärgerst du mich noch einmal schmeiß ich dich raus."

Nun aber streitet er alles ab. Andere Schikanieren macht Spaß Opfer sein scheinbar nicht.

Tags drauf sprach ich einen Mitarbeiter an. Es ging ums Arbeiten. Er berichtete mir, dass er von Z seinem Anruf beim Chef gehört hätte. Ich tat unwissend. Er berichtete.

„Ich wollte meinen Urlaub einreichen, mir fiel auf, dass der Chef sehr nervös war. Ich fragte, ob alles gut sei. Dann hat er mir erzählt das Z zu Sylvester und Weihnachten bei ihm angerufen hatte, ihn bedroht. Er würde ihm das Haus anzünden und ihn verprügeln. Daraufhin hatte er bei der Polizei angerufen. Aber denen sind die Hände gebunden, solange Z nicht handgreiflich wird, können die nichts machen."

Ich hörte mit Genuss zu und dachte. Schön das dem der Arsch auf Grundeis geht, nur eine heilende Wirkung blieb aus.

LANGE WEGE

Der Oberchef taucht auf in Begleitung des Meisters.

„Herr Friedrichsen, mir ist mitgeteilt worden, dass sie lange Wege gehen."

Der Meister stand daneben und machte einen auf Schweigemönch.

Ich sagte gelangweilt. „Die Wege haben ihre Länge und sollten sie die kürzen können meine Zustimmung haben sie."

Ich ging davon aus, da der Mitarbeiter Z gefeuert war, dass der Chef mich nun zum Abschuss fertigmachen wollte. Dass der Oberchef mehr und mehr zur Marionette vom Chef wurde, zeigte der deutlich. Die Wege wurden auch nicht gekürzt.

NICHT GERUFEN

Der Betrieb hatte auch die Aufgabe, bei Eis und Schnee, Straßen und Gehwege zu räumen. Es hatte geschneit und die Rufbereitschaft begann gegen 4 Uhr sich vor zu bereiten. Die Großgeräte wurden gerufen nicht aber die Fußtruppe. Und das waren die meisten. Die warteten zuhause auf das Läuten des Telefons, es schneite unentwegt aber kein Läuten. Es wurde 5 nichts 6 nichts. Es ging auf 7, die Männer begaben sich zum Betrieb. Der Chef betrat das Gebäude und hatte es nun mit einer aufgebrachten Meute zu tun. Die hatten ihn so zur Sau gemacht, dass der den ganzen Tag wutschnaubend durch die Gegend fuhr. Nein gerast ist er. Die Anrufe von Z haben ihn schon nicht zu Ruhe kommen lassen.

Und nun auch noch das, nun müsste Z noch einmal zu-
schlagen und der geht auf dem Zahnfleisch.

.

KAFFEE

Der neue Vorarbeiter lebte nicht mehr und ich war nun
oft alleine. Tauchte der Chef auf.

„Du verbringst eine Menge Zeit im café" warf er mir
an den Kopf.

Eine freche Lüge. Ich biete ihm doch keine Möglichkeit
mir zu kündigen. Ich antwortete nicht ging einfach weg.
Seine Lieblinge verbringen viel Zeit im café, selbst an
viel Befahrenen Straßen bei einem Kiosk sitzen die in
der Sonne. Bei so einem Schwachsinn kommt einem die
Galle hoch. Und das ist auch sein Ziel.

ES SCHNEIT ERNEUT

Mitarbeiter G hatte mir erzählt, das er gewartet hatte
gerufen zu werden. Er hatte gesport und gestiefelt auf
den Anruf gewartet. „Verarschen können die andere nicht
mich" schimpfte er.

Es wurde schlechtes Wetter. Es begann zu Schneien und
Mitarbeiter G hatte Rufbereitschaft. Es war an einem
Wochenende. Und das Handy ging.

„Du musst ausrücken." Der Chef.

„Geht nicht", sagte Mitarbeiter G.

„Warum nicht?" Der Chef verdutzt.

„Ich bin in Dänemark zum Angeln. Und Mitarbeiter A brauchst du auch nicht anrufen, der steht neben mir. Mitarbeiter G legte auf.

Nach dem Gespräch hätte es eine Abmahnung geben müssen, wenn nicht sogar die Kündigung folgen müssen. Aktive Arbeitsverweigerung und Aufforderung zur Arbeitsverweigerung. Nur konnte der Chef nichts machen. Die zwei wären vors Gericht gegangen, nicht, dass sie gewonnen hätten, aber die Vorgänge im Betrieb würden öffentlich werden und das konnte sich die Betriebsleitung nicht leisten.

NICHTE

Meine Nichte sagte. Würden Menschen ihren Charakter im Spiegel sehen können, die würden nicht mehr hineinsehen.

HECKENSCHERE

Mitarbeiter, kenne ich mich nicht mit aus. Erzählte mir eines seiner Erlebnisse. Wie ich schon erwähnte, die Mitarbeiter suchten mich gezielt auf. Er war dabei eine Hecke zu schneiden. Ein kurzes Stück, Arbeitsaufwand 10 Minuten. Dazu nahm er die Handschere. Kommt der Chef, genau in dem Moment vorbei und haut voll in die Bremsen.

„Wir haben für solche Arbeiten eine Maschine." Hatte er kenne ich mich nicht mit aus, angepflaumt. „Wegen dem kleinen Stück lohnt es sich nicht die Maschine zu holen", antwortete er dem Chef.

Die Maschine befand sich in der Firma, 15 Minuten Fahrzeit von der Hecke entfernt. 15 hin und zurück sind schon 30 Minuten. Dann muss der Schlosser noch gefragt werden, der ist in der Regel grimmig, wenn er bei der Arbeit wegen einer Heckenschere, die er unter Verschluss hatte, gefragt wird. Der würde noch die Tankfüllung und die Funktionalität Prüfen noch Mals 20 Minuten. Die Stimme von Kenne ich mich nicht mit aus klang sauer bis wütend. Für ihn und jeden der etwas Denken kann ein Unlogisches unterfangen. Nicht so für den Chef. Alleine in der Zeit die der Chef damit verbrachte ihm zu erklären, wie man das macht, hätte er die Hecke erledigt gehabt. Und dann kommt auch noch einer von einem Gartenbaubetrieb vorbei. Und was machte der Chef.

„Der Mann ist doch zu blöde eine Hecke zu schneiden. Und das er nur unfähiges Personal hat"

Von den Mitarbeitern forderte der Chef rationales Handeln und ist selber zu blöde. Mitarbeiter kenne ich mich nicht mit aus, Kotzte sich richtig aus.

Tage später. Ich war mit kenne ich mich nicht mit aus, in der Salzhalle. Er befand sich in der Tür, ich hinter der Wand, nicht sichtbar. Der Chef ist im Anmarsch und hielt auf kenne ich mich nicht mit aus zu. Die Hälfte des Weges hatte er bewältigt. Da trat ich in die Tür. Der Chef blieb mitten im Schritt stehen und starrte uns an, drehte sich um und verschwand in seinem Büro.

„Was war das denn?", fragte er mich erstaunt.

„Nun der Oberchef hatte ihm verboten mich anzusprechen, Mitarbeiter mussten schon dolmetschen, das hatte ihm nicht gefallen", antwortete ich ihm mit wohligem Gefühl.

„Man hast du das gut, kannst du nicht bei mir bleiben?", meinte er lachend.

FRAGE

Der Vorsitzende des Personalrates lief mir über den Weg.

Denn Beifahrer vom Siebentonner hatte der Chef vom Bock geholt.

Ich fragte ihn, wie das sein kann. Und sagte ihm, dass das nicht ohne Zustimmung vom Betroffenen geht. Ihm war zugesagt worden, dass er den Wagen übernehmen wird, wenn der Fahrer in Rente geht. „Wir mussten zustimmen." Die Antwort ohne weitere Erklärungen.

Ein Personalrat sollte die Rechte kennen und sich für die Betroffenen einsetzen, aber der Personalrat in dieser Firma ist ein Witz, wie ja schon der Gewerkschaftler erwähnte.

DER SPION

Kenne ich mich nicht mit aus ist in einer Ecke der Stadt, die von nirgends einsehbar ist. Und gesagt wo er sein würde hatte er auch keinem. Er hatte keine Lust auf den Chef. Da tauchte der beste Freund vom Chef auf. Wenn einer nichts in der Ecke zu suchen hatte dann der. Kaum ist der weg, kommt auch schon der Chef. Kenne ich mich nicht aus war sauer auf den Freund und gab ihm die Bezeichnung Spion. Ich sagte ihm das wir. Dem Spion gerne Geschichten erzählen. Oder ihm etwas vorspielen, dann landet das beim Chef, der kommt dann an gerauscht und keiner ist da, das macht auch Spaß.

RATLOS

Die Mitarbeiter A1 und A2 stehen neben mir und erzählen von Erlebnissen mit dem Chef. Nichts was ich nicht schon von anderen gehört hatte. Sind aber willkommene Bestätigungen.

Da tauchte der Meister auf. „Gut dass ich euch treffe, ich habe einen Auftrag für euch beide."

Das Wort beide wurde betonnt hervorgehoben. Der Meister begann den beiden den Auftrag zu beschreiben. Ich hatte mich entfernt. Der Meister fuhr wieder ab, ratlose Gesichter sahen mich an. „Was wollte der?", fragte A1 A2. Dann sahen sie mich an.

„Hast du mit bekommen was der wollte?"

„Nee ich kümmere mich um meinen Kram." Ich hatte mich zwar entfernt, aber nur so weit, dass ich noch hören konnte. Der Meister hatte ein Kauderwelsch von sich gegeben ein zusammenhangloses Wortgeflecht.

„Der will Meister sein, das ist ein Ahnungslose Idiot." Schimpften die beiden As, stiegen in ihren Wagen und weg waren die. Ob der Auftrag je abgearbeitet wurde? Keine Ahnung.

PLANLOS

Die Winterdienstler wechselten sich im wöchentlichen Rhythmus ab. Das Telefon läutete. Die Rufbereitschaft begann um 4 Uhr.

„Was ist." Schimpfte der Mann in den Hörer.

„Du musst los zum Räumen."

„ÄH ich?"

„Keine Zeit für Erklärungen." Klack aufgelegt.

Er machte sich auf den Weg, im Büro kein Licht. Das bedeutete, dass jemand anderer die Rufbereitschaft hatte nicht der Chef. Er ging zum Räumgerät. An der Windschutzscheibe ein Zettel. Ich bin im Urlaub, du musst für mich einspringen. Er ging nach dem Einsatz zum Meister.

„Warum wurde ich nicht informiert?"

„Für den Winterdienst bin ich nicht zuständig." Das ist wohl so, aber den Urlaub hatte er genehmigt und dass der Mitarbeiter im Rufmodus war, wusste er auch. Unfähigkeit ist das Wort, das man hier verwenden würde.

Einer meldete über Funk, ich brauche länger, der Schnee ist zu nass. Der Meister nahm den Funkspruch an. Ist gut. Beim alten Meister würde nun Personal los geschickt um zu helfen. Der Meister lässt den Mann alleine im Schnee stehen.

Der Meister ist sagen wir mal 1,60 hoch und bei diesem geistigen Mangel wird er keine 1,80 werden.

STILLE

Der Funkverkehr war still, das bedeutete, der Chef ist im Urlaub, kein dämliches Gelaber. Nur einer, der sich meldete.

„Ich habe mich festgefahren, kann einer mit dem Radlader kommen."

Wann auch immer der Chef im Urlaub ist, lebt der Betrieb auf. Nur einer läuft mit gesenktem Kopf über den Platz, das ist der Spion. Dem wurden schon Schläge angeboten. Angst ist ihm anzumerken. Der Winterdienst ist ein Knochenjob. Und wenn es Dicke kommt, müssen alle ran nur einer nicht der Spion. Der fährt durch die Straßen und schaut ob auch alle Arbeiten. Einer meinte. Alle Frieren nur einer schwitzt.

WINTERDIENST DIE ZWEITE

Es hatte geschneit und es war Räumen angesagt. E hatte beim Meister um frei gebeten, da er zu einer Beerdigung wollte.

„Ja geh nur."

„Kannst du für mich übernehmen?", fragte E. A2.

„Ja kein Ding", sagte A2.

Das Wetter wurde schlechter und E beschloss doch nicht zur Beerdigung zu gehen. Er wollte A2 nicht alleine Räumen lassen. A2 aber ging davon aus das E nun weiter räumt und fragte den Meister ob er frei bekommen kann.

„Ja klar warum nicht." A2 ging nachhause. Schon eine nette Geste. E bleibt um A2 zu unterstützen. Nein E hatte es sich anders überlegt und wollte doch zur Beerdigung und hatte beim Meister gefragt ob er gehen darf. „Ja mach." Das war kurz bevor A2 fragte. Nun waren beide weg und keiner hatte geräumt. Der Meister hätte beiden das Räumen als wichtig erklären müssen. Das gab dicke Luft zwischen E und A2 die mochten sich ohnehin nicht. Nun gingen die sich tagelang aus dem Weg.

Was da noch an Winterdienst Chaos herrschte lasse ich weg. Würde ein Extra Buch ergeben.

TRÄNEN

Die vier, wunderten sich das der Chef scheinbar riechen konnte wo die sind. Sie verlassen das Gelände ohne dem Chef zu sagen wo die sind und doch tauchte der Chef auf. Schnell hatten die vier den Spion unter Verdacht. Und stellten ihn zur Rede.

„Ich bin doch kein Spion."

Die vier setzen den Mann so unter Druck, dass der unter Tränen seine Unschuld beteuerte, nur geglaubt hatte ihm keiner. Männer weinen nicht Weicheier schon.

WINTERDIENST DIE DRITTE

Personal wurde knapp, einer war in Rente gegangen und nun fehlte einer im Winterdienst. So fragte mich der Chef ob ich nicht in den Winterdienst gehen könne, nur für den Notfall. Ich willigte ein, nicht wegen ihm, der könnte absaufen, ich würde ihm noch einen Stein zuwerfen. Für die Kollegen tat ich es. An die Pinnwand wurde die Rufliste gepinnt damit jeder weiß wer mit wem welche Schicht hatte. Nur war meine Telefonnummer falsch. Das hatten wir schon zwei Jahre zuvor, da hatte ich auch Rufbereitschaft. „Meine Nummer ist falsch", sagte ich damals dem Chef.

„Oh dann muss ich das ändern."

Nun hing die falsche Nummer wieder da. A2 hatte es bemerkt. Mir war es auch aufgefallen. Dachte aber, wenn der so dämlich ist, dann ist das nicht mein Problem. A2 sagte es dem Chef es sollte Tage dauern bis die Nummer bereinigt wurde. Dem Rufdienst war es trotz falscher

Nummer gelungen mich zu erreichen. Nach dem Einsatz lief mir der Chef über den Weg und er wirkte sauer. Der Plan, den er gehabt hatte, war nicht aufgegangen.

WINTERDIENST DIE VIERTE

Der Chef wird nicht müde mir über den Winterdienst einen auf den Pelz brennen zu wollen. So musste A2 meine Schicht übernehmen. Nicht das ich im Urlaub sei oder darum gebeten hatte. Nein, ich sei nicht erreichbar gewesen hatte er gesagt. Ich habe mich sofort beim Oberchef beschwert. Noch bevor der Chef seine Finte starten konnte. Das würde noch folgen haben.

SENSIBEL

Mitarbeiter A2 teilte mir mit, ich solle zum Oberchef kommen. Thema Beschwerde wegen Winterdienst. Die Folge folgte. Ich machte mir keinen Kopf über das, was da kommen könnte. Nur war ich mir nicht sicher was ich antworten würde. Mir ist es manchmal nach Spontanität. Aber egal Wahrheit ist das was es immer ist. Ich bin Schuld. Ich kann nicht sagen dass ich mich wohl fühlte.

Der Oberchef erklärte mir ich sei sensibel.

Um was geht es hier. Ein Mitarbeiter, der schon Stunden auf den Beinen ist, durchgefroren, ermüdet. Der muss noch eine Schicht machen. Und ich der ausgeruht ist. Wird nicht gerufen. Fürsorge sieht anders aus. Steigende Unfallgefahr. Sind meine Argumente. Lag ich falsch? Scheinbar nicht den meine Beschwerde hatte dem Chef den Stecker gezogen, der lief motzend über den Platz. Mir hatte der Oberchef Mist erzählt dem Chef aber hatte er den Miststreuer in den Arsch geschoben.

ABFALL

In bestimmten Abständen wird vom Betrieb der Jahresendmüll von dafür ausgesuchten Sammelplätzen abgefahren. Dazu wurden Gitter aufgestellt, damit die Bürger wissen, aha da hin.

Die Zeit, in der das erlaubt ist. Ist beschränkt, nach der Aktion wurden die Gitter wieder entfernt. Neben meinem Bauwagen befand sie ebenfalls ein Gitter. Vor einer Woche wurde das entfernt. Kam erneut ein Firmenwagen. Etwas ratlos sahen sich die Insassen an.

„Ernst, hast du eine Ahnung, wo hier die Gitter sind."

Klar wusste ich, dass die sich auf dem Firmengelände befanden. „Was für Gitter?" „Der Chef hat gesagt wir sollen rumfahren und die Gitter einsammeln, aber wir finden keine."

Ich sah mich suchend um und tue verwundert. „Ja jetzt wo du das sagst." Ich zeigte zum Ort, wo die gestanden hatten. „Die sind weg." Nun ich möchte die Worte, die nun dem Chef galten, nicht auflisten, die waren nicht jugendfrei. Mir war es ein warmer Sommerregen.

LEISTUNGSBEURTEILUNG

Einmal im Jahr ist die Leistungsbeurteilung. Die Begründung am Tage der Einführung. Wer etwas leistet sollte auch belohnt werden. Die Idee nachvollziehbar, die Umsetzung hängt am Beliebtheitsgrad, der Spion lag bei 120 Prozent, Norm war hundert.

Nun mein Gespräch begann damit, dass der Chef fluchtartig das Büro verließ. Ihm steckte wohl noch der Miststreuer im Arsch. Mir wurden 100 Prozent bekundet. Der Mitarbeiter A1 war 6 Monate krank gewesen, nicht seine Schuld er hatte 106. A2 erreichte 115. Wie das geht? Bei der Arbeit nicht ins Schwitzen kommen. Dann erklärte mir der Meister, dass einer in meiner Gruppe Intrigen gegen mich treibt. Wenn man als Meister das bemerkt hat man es sofort zu unterbinden und nicht mich gegen meine Mitarbeiter aufhetzen. Wohin das führen sollte lag auf der Hand Streit zwischen uns erzeugen, nur war mir das Gelaber von wem auch immer scheiß egal. Denn ich wollte ja ohnehin gehen. Ich hatte das Gefühl der Meister redete im Auftrag vom Chef. Über den Winterdienst hatte er mich nicht erwischt. Nun versuchte er einen Keil zwischen mir und den Mitarbeitern zu treiben. Indem er den anderen einen hören Zuschlag gibt und mir Scheiße ins Hirn pflanzen lassen. Ich vermutete, dass die Deichsel des Streuers im Anus steckte, sonst hätte ich an der Zapfwelle gedreht.

DANKESESSEN

Vor einem Jahr hatte ich nach einem Gespräch mit dem Oberchef entschieden ein Buch über das Erlebte zu schreiben. Und habe natürlich jedem davon erzählt. Und die meisten Beschwerden hatte ich schriftlich an den Oberchef gegeben. Nur wenn es mir unter den Fingernägeln brannte, bin ich persönlich zu ihm. Nicht dass er sich darüber freute, aber ich brauchte Material für mein Buch.

Die Firmenleitung hatte beschlossen ein Dankesessen zu geben. Der Winter war hart gewesen und die Leute gute Arbeit abgeliefert. Wenn man solches Chaos als gut bezeichnet, möchte ich nicht wissen wie hier Hochleistung ausschaut.

Mitarbeiter A2 benötigte meine Hilfe und so war ich mit ihm unterwegs. Es war ein Tag vor dem Essen. Und ich hatte nicht die geringste Lust dazu. Es war eine Ansage von oben und damit Zwang. Aber ich mag meinem Chef zu gerne eine Freude bereiten. So bat ich A2 den Chef zu fragen ob ich dabei sein muss. Nun sein grinsendes Gesicht sagte auf die Visage bin ich gespannt. Er stellte den Wagen so ab, dass ich ins Büro sehen konnte und dem Chef ins Gesicht. Der Meister saß an seinem Schreibtisch.

Mitarbeiter A2 betrat das Büro von was weiß ich. Dann kam der Chef aus seinem Stuhl und fiel zurück und kam erneut hoch. Das wiederholte sich einige Male. Die Frage war gestellt, leider konnte ich nichts hören. Der Chef wedelte wild mit dem rechten Arm in meine Richtung zeigend. Ich hatte das Gefühl die Schädeldecke vom Chef schwoll an. A2 verließ das Büro, blieb in der Tür stehen und sagte noch etwas, das schien selbst dem Meister auf den Magen geschlagen zu sein, denn der drehte sich plötzlich zu mir um. Und der Kopf vom Chef ging kreisend von A2 zu mir. Lachend setzte A2 sich ans Lenkrad und fuhr vom Hof.

„Du musst. Sagt der Chef. Der war sauer, er wollte raus gehen und es dir selber sagen. Den hast du zum Kochen gebracht, der war kurz vorm Kollaps. Ich kann ihn auch rausschmeißen, hat er auch noch gesagt. Ich habe ihm noch gesagt, dann kann Friedrichsen ja wieder einen Brief an den Oberchef schreiben."

Das hatte ihm absolut nicht gepasst. Um beim Miststreuer zu bleiben, ich glaube, ich habe doch an der Zapfwelle gedreht. A2 hatte nach Feierabend seiner Frau die Geschichte erzählt. Sie sagte, dann hat Ernst ja wieder was für sein Buch.

VERSTECKSPIEL

A2 hatte eine Frage. Der Meister war im Urlaub. Ich durfte mit A2 zusammen arbeiten. 7,30 Uhr A2 fuhr aufs Firmengelände. Spion saß im Büro bei Kaffee und belegten Brötchen. Der Chef stand neben einem Bagger, an dem ein Mitarbeiter seine Einweisung erhielt. A2 fuhr nahe den Chef heran. Ich sah dem Chef in die Augen. Der versteckte sich sofort hinter dem Bagger. Dann hat er sich bei A2 darüber beschwert, dass ich bei dem Leistungsorientierungsgespräch kein Wort zu ihm gesagt hatte. Er war es, der aus dem Büro rannte.

Wenn ich während des Tages das Firmengelände befahre und ins Büro muss. Dann verschwindet der Chef. Er rennt aus dem Gebäude, in die erste Werkstatt, das ist die Tischlerei, ist die Tür zu, Schlosserei zum Ölprinzen eine Tür weiter. Schafft er das nicht, rennt er die Treppe zum Boden hoch. Und bemerkt er mein Eintreffen erst, wenn ich in der Tür stehe. Dann starrt er auf den Bildschirm vom PC und hat er den nicht an, dann klammert er sich an einem Bogen Papier fest und sitzt da wie in Beton gegossen.

HASS

A2 hatte Urlaub und ich musste seinen Wagen übernehmen. Ich hatte angemerkt, dass ich mit meinen Aufgaben ausgelastet sei. War eine Zwecklüge, der Wagen
kam mir gelegen, nur so kann man eine Stadt erkunden.
An einer Kreuzung, die ampelgesteuert war, musste ich
halten und stand in einer Fahrzeugschlange. Der Chef
stand in der Schlange einer einmündenden Straße. Er
hatte grün und fuhr mir entgegen. Den Wagen, den ich
fuhr, ordnete er A2 zu und schob den Arm aus dem Seitenfenster um ihn zu grüßen. Als er aber sah, dass ich
am Lenkrad saß, wandelte sich sein freundliches Grinsen in ein hasserfülltes Gesicht. Ich hatte ihm keine Beachtung gewürdigt.

QUERULANTEN

A2 erzählte mir, dass ihn der Chef angesprochen hatte, er
habe ihm erklärt und dabei habe er gegrinst. „Es ist mir
gelungen alle Querulanten aus der Firma zu entfernen."
    Nun ich war noch da. Ich meinte. „Die, von denen
er redet, waren keine Querulanten, die hatten Berufserfahrung und waren eingespielt. Das einzige, was der
erreicht hat, ist es, den Betrieb in zwei Lager zu teilen.
Jede Neubesetzung ist ein Freund von ihm und damit
hat er das wir Gefühl aus dem Betrieb entfernt."

Du wollen Rose kaufen

Die Weihnachtsfeier ist beendet und der Chef und sein Spion gingen noch in ein Lokal zum weiter Saufen. Ein Mann betrat das Lokal, unterm Arm ein Bündel Rosen. Er ging von Tisch zu Tisch und bot den Gästen die Rosen zum Kauf an. Der Spion nahm dem Mann die Rosen aus dem Arm und riss die Blüten ab.

„So nun kannst du die verkaufen", sagte er lachend.

„Die musst du bezahlen."

„Verschwinde." Der Chef und sein Spion fanden das lustig. Der Mann ging wutentbrannt aus dem Lokal. Kehrte aber mit einem Freund zurück. Der Mann zeigte auf Spion und der Freund vom Rosenhändler, schlug ohne langes Reden auf Spion ein. Der Chef, sein bester Freund ergriff die Flucht und ließ seinen Freund im Stich. Eine feige Sau.

Eigentlich wollte ich ja gehen

25 Jahre bin ich nun hier. Die einen nannten es Firma, andere nannten es Saftladen. Ich war nicht der Einzige, der seinen 25-Jährigen hatte. O sammelte für ihn. Es war für Kaffee und Kuchen und einen Blumenstrauß. Nun ich gab 3 Euro. Und erklärte ihm dass, für mich nicht gesammelt werden sollte. Keinen Kaffee und keinen Kuchen und auch keine Blumen. Und die Urkunde könne man mir mit der Post schicken. Eine Betriebsführung, die ihre Mitarbeiter nicht würdigt, braucht keinen auf schön, dass du da bist machen. Zwei Tage später tauchte W auf.

„Du sollst am 1 zum Kaffee ins Büro kommen", sagte er.

Ich antwortete. „Ich sagte schon zu O, dass ich auf das Theater keinen Bock habe."

Etwas später erschien der Meister. Der Oberchef hatte ihn geschickt. „Der Oberchef will wissen, ob er zu ihrem Jubiläum kommen soll?"

„Nein es gibt kein Jubiläum." Aufgetaucht sind die dann doch mit einem Blumenstrauß.

HOSE ADE

Der Chef hatte einen Laden für Bekleidung übernommen.

Die Firma braucht Arbeitskleidung.

A1 hatte eine neue Hose. Er hatte sie vom Meister bekommen. Es war nicht die übliche Marke. Ich sagte ihm.

„Die ist garantiert aus dem Laden vom Chef." Ich hatte es kaum ausgesprochen tauchte der Meister auf. „Die Hose muss zurück, die ist aus dem Laden vom Chef und das darf nicht sein, Anweisung vom Oberchef."

RUNDFAHRTEN

Bei einem betrieblichen Fest. Der Spion stand am Grill und gab die Bratwurst aus. A2 war an der Reihe und streckte ihm den Teller entgegen.

„Ah da ist ja der Spazierfahrer."

„Nur wenn ich hinter dir herfahre."

E erklärte das die beiden As reichlich unkollegial seien. Es war wie immer ein Hackenbeißen. Und ziellos in der Stadt rumgeistern tun die meisten.

PROVOKATIV

Ich reize die Chefs gerne, nur dieses Mal hatte ich den Bogen überspannt. Da der Chef mir auf den Sack geht, habe ich die Gelegenheit genutzt mir Sonderurlaub auf gelben Zettel zu erlauben. Es ist, das muss ich nicht sagen, Vorschrift sich zurückzumelden, wenn die Krankschreibung beendet ist.

Ich tat es nicht. Mein Fehler. Ich bin an meinem Einsatzort und habe die Arbeit aufgenommen. Kam der Meister an.

„Sie müssen sich gesund melden."

Womit er Recht hatte. Nur ist es so, dass die Lieblinge von ihm das nicht müssen. Es gab also einen Unterschied. Ich gab ihm eine freche Antwort. Der Meister sagte zu A1.

„Mit der Antwort von Friedrichsen bin ich nicht einverstanden."

W sprach mich an. „Du bekommst eine Abmahnung, weil du dich nicht zurückgemeldet hast und du solltest besser bedenken was du sagst. Der Chef hatte gesagt, dass deine Antwort aufsässig und widerspenstig sei."

Damit hatte ich dem Chef eine Steilvorlage gegeben. Ich dachte ein Gespräch mit dem Meister würde nicht schaden. Im Büro angekommen grinste der Chef mich siegessicher an. Ich fragte den Meister, ob es ein Problem gäbe, über das man reden sollte.

„Nein es gibt kein Problem." Der Meister hatte dem Oberchef erzählt ich hätte gesagt, er sähe ja, dass ich da bin. Das war eine Lüge und das führte zu einem Gespräch mit dem Oberchef und dem Meister das ich erzwang. Da musste ich mir zunächst anhören, dass ich mich zurückzumelden habe. Ich gab dem Oberchef Recht. Erklärte ihm, dass es außer mir keiner muss, woran das den läge?

„Ich weiß, dass die da sind", sagte der Meister, dessen Kragen ihm nun drückte.

„Woher wollen sie das wissen?", fragte ich nach.

„Ja von nun an müssen sich alle zurück melden, aber die Abmahnung bleibt bestehen", sagte der Oberchef. Ich hatte verloren und doch einen Teilerfolg erzielt. Und Abmahnungen habe ich von nun an gesammelt, damit könnte ich mein Zimmer tapezieren. Der Personalchef wird mir in der Zukunft erklären, dass ich Abmahnungen sammle. Ich werde ihm antworten.

„Es ist schön was man mit der deutschen Sprache alles machen kann."

Der Personalchef wird von da an ins Schweigen fallen.

SAUER

E machte Frühstück im Bauwagen einer anderen Kolonne. Die waren auch gerne auf der Liste vom Chef.

„Kannst du uns sagen warum Mitarbeiter L machen kann was er will? Was weiß der über den Chef?" (Nun ich könnte die Frage beantworten. Der Chef hatte L zusammenscheißen wollen. L sagte ihm, dass er zum Oberchef gehen wird und ihm einige Wahrheiten erzählen, wenn er ihn noch einmal anmacht) Aber mich fragt ja keiner. Und hier erzählen ist mir nicht erlaubt.

Weiter sagten die Mitglieder der Kolonne.

„Und die beiden As fahren nur im Kreis und Friedrichsen macht die ganze Arbeit alleine und wird ständig vom Chef belästigt, was ist los?"

Nach dem Frühstück kam E zu mir und schimpfte auf dem Chef herum. Es dauerte nicht lange da wusste ich um was es ging. E hatte den Chef gefragt, ob er einen PKW-Anhänger leihen könne. Der hatte geantwortet, dass das nicht gehe, die gehören der Firma und dürfen nicht für private Dinge benutzt werden. Das hätte E auch akzeptiert, wenn da nicht der Umstand wäre das, betriebsfremde Personen mit genau diesen Anhängern gesichtet worden wären.

„Wie kann das sein?", fragte er mich. Ich machte mit den Fingerspitzen eine Bewegung.

„Klar", sagte er und ging.

UMERZIEHUNG

Der Chef erklärte A2. „Den Friedrichsen werde ich umerziehen."

Die Frage ist nur zu was? Will er mich umerziehen. Er meinte Knechten. Und mein Erziehungsberechtigter ist der beileibe nicht. Und man muss bedenken, ich bin Friese und Friesen hat noch keiner geknechtet. Und damit hatte er zugegeben, dass es ihm nicht um die Arbeit ging, sondern mich persönlich meint.

EIN MANN VON DER ROLLE

Ich hatte einen Begleiter bekommen, da A1 zu A2 versetzt wurde. Ich hatte schon in der Vergangenheit mit dem Mann gearbeitet und hatte ihn als ausgeglichen kennengelernt.

Die ersten Monate waren entspannt, dann begann der Mann sich zu verändern. Nervös zu werden, das Arbeitsgerät wurde nur unwillig genommen.

(Ich raffe die Ereignisse zusammen)

„Du willst nicht, dass ich hier arbeite", warf er mir an den Kopf aus einem Schweigen heraus.

Alles Gegengerede von mir und mein Wohlwollen sicher zu sein half nichts.

Sein Tun wandelte sich vom mit mir zum mich Provozieren zu wollen. Er durfte mit der Heckenschere arbeiten, was er immer gerne Tat. Nun setzte er die Maschine ab und fragte. „Was soll ich nun." Ich sagte die Hecke ist noch länger, immer weiter bis zum Ende. Ich blieb ruhig. Er schnitt einen Meter. Die Maschine ging aus. „Was soll ich nun?" Ich blieb ruhig. Einen Meter weiter die Maschine aus. „Was soll ich nun?" Ich blieb ruhig. Einen Meter weiter die Maschine verstummte. „Was soll ich nun?" Noch einer und noch einer. Da hatte ich die Faxen dicke und riss ihm die Maschine aus der Hand und schnitt die Hecke fertig. Ich kannte den Mann nicht mehr wieder.

Der Meister übertrug ihm eine Aufgabe. Ein Bauwagen wurde hingebracht. Das Wetter war bestens, er rührte keinen Finger. Und kein Meister oder Chef kümmerte das.

Er durfte mit den As arbeiten. Es war nicht das erste Mal, der Mann kannte die Bereiche, die zu bearbeiten waren, genau. Plötzlich wusste er nicht mehr wo was ist oder er verstand die Sprache nicht. Die zwei schoben ihn zu mir zurück.

Es war Herbst und auf einem Rasen lag Laub, das es zu beseitigen galt. Uns wurde ein Kleinlaster zu Verfügung gestellt. Ich hatte den Laubbläser und blies das Laub zum Laster. Der Mann brauchte nur mit der Forke unters Laub fassen und es auf die Ladefläche werfen, er brauchte keinen Schritt machen. Er aber stand am Laster gelehnt und wartete. Ich hatte das gesamte Laub zum Laster geblasen und wollte die zweite Forke greifen. Da steigt der Mann in den Laster und fährt ihn ans andere Ende vom Rasen und kommt mit einer Forke zu mir und begann das Laub auf den Laster zu laden, nur dazu musste er nun über den Platz laufen. Er sah mich herausfordernd an, ich setzte mich auf eine Bank und sah ihm zu. Dann schrie er mich an.

„Ich soll arbeiten damit du mehr Geld verdienst."

Auf meine Frage wie der auf die Idee käme?

„Das hat mir ein Kollege erklärt."

Es war nicht möglich ihn vom Gegenteil zu überzeugen. Daraufhin habe ich die zusammen Arbeit mit dem Mann aufgekündigt. Er brachte es fertig 3 Monate am Stück auf einer Stelle zu stehen. Ich fragte den Meister, was das ist. Er sagte mir. „Der Mann ist besonders gründlich."

Die Spitzenleistung von dem Mann war 2 Jahre im Bauwagen sitzen. Keinen Meister und keinen Chef hatte das interessiert. Wir mussten Täglichen Bericht anfertigen und dann am kommenden Montag abgeben. Der Mann hatte keinen angefertigt. Wer keinen abgab bekam Ärger vom Meister. Wie das mit dem Mann war. Ich kann nur ahnen, der Meister hat seine Personalnummer in meinen Bericht eingefügt. Ich hatte die Faxen nun endgültig dicke.

„Ich kann mich im Bauwagen zum Schlafen legen, dagegen kannst du nichts tun", furzte er mir an den Kopf, als ich ihn aufforderte den Bauwagen zu verlassen. Ich bin ins Büro und habe mich über ihn beschwert. Ich bekam die nächste Abmahnung. Ich hätte mich unschicklich verhalten. Ich forderte daraufhin dass der Mann gegen einen anderen ausgetauscht wird.

„Man kann sich seine Kollegen nicht aussuchen." Die Antwort.

Gleich nach mir ging der Mann ins Büro mit derselben Bitte. Er sagte. „Ich kann mit Friedrichsen nicht arbeiten." Fast dieselben worte die ich gebrauchte, nur ich sagte Seinen Namen. Der Mann wurde im selben Moment versetzt und ein anderer an seiner kam zu mir.

Abmahnung

Ich brauchte nichts weiter tun als Widerworte, schon hatte ich eine Abmahnung. Kaum hatte ich eine, habe ich ein Zeugnis angefordert. Die Abmahnung besagte unsauberes Arbeiten und aufsässig. Das Zeugnis bescheinigte mir beste Leistung. In irgendeinem Blatt hatte ich gelesen, dass nach der dritten Abmahnung die Kündigung folgt. Ich hatte einen Ordner angelegt, abwechselnd mit Zeugnis. Hätten die mich gefeuert, ich wollte ja ohnehin gehen. Würde es unweigerlich vors Arbeitsgericht gehen und das konnte sich der Arbeitgeber nicht erlauben.

Hetze

W sagte mir, dass der Chef den gesamten Betrieb gegen mich aufhetzte.

Der Oberchef war im Büro. Ich machte mich sofort auf den Weg. Ich habe es dem Oberchef brühwarm auf den

Tisch geknallt. Der Oberchef plumpste in einen Stuhl ich wurde aus dem Büro komplimentiert. Die Hetze blieb.

ZU FRÜH

Feierabend war 16,30 Uhr. Ab dem Punkt an dem ich arbeitete bis zur Kreuzung, an der ich abbiegen muss um auf eine Hauptverkehrsader zu kommen, benötige ich 5 Minuten. Ein anderer Mitarbeiter wohnt in einem Dorf genau hinter der Einmündung. Von seinem Arbeitspunkt benötigt man 15 Minuten bis zu der Einmündung. Ich sah ihn vor mir, daraus könnte man folgern, dass er die Arbeit gegen 16 Uhr niedergelegt hatte. Mir persönlich ist das schnuppe. Nur er verpfeift gerne Mitarbeiter an den Chef.

SORGEN

Ein Mitarbeiter fuhr an mir vorbei. Er bremste und entstieg seinem Fahrzeug.

„Was ist mit U? Ich sah ihn und er wirkte niedergeschlagen. Ich machte mir Gedanken, dass er krank sein könnte." Ich erklärte ihm, dass der Mitarbeiter versucht hatte sich das Leben zu nehmen und ich ihn vom Tau geschnitten hatte. Der Mitarbeiter wurde wütend.

„Warum wird der Chef nicht gefeuert. Ich mache mir Sorgen um euch." Ich wollte ihm sagen das sich Krähen nicht gegenseitig die Augen aus Kratzen, aber was hätte das gebracht?

DER ENTLASSENE MITARBEITER

Z sprach den Personalrat an. Er möchte wieder eingestellt werden. Haben die natürlich abgelehnt. Würde auch am Chef scheitern, das würde voll in die Hose gehen. Er ist Opfer ohne Frage. Aber er hatte nun den Fehler gemacht und beim Personalchef angerufen und beim Personalratsvorsitzenden. Und sie beleidigt. Im Suff zwar aber es ging zu weit. Zum Dank für die Absage rief er bei der Frau vom Chef an und belästigte sie. Der Personalrat hätte zu Beginn der Ereignisse Handeln müssen. Dann hätte man das Schlimmste verhindern können, nun aber liegt der Krug in Scherben.

ROTE KLINKER

Ein Mitarbeiter wohnte in einem Haus, das der Firma gehörte. Er möchte den Eingangsbereich verschönern. Die Zuwegung zur Eingangstür mit Roten Klinkersteinen auslegen. Er hatte bei der Firmenleitung nachgefragt. Der Mitarbeiter hatte für gewöhnlich eine Kotter Schnauze. Die Firmenleitung sagte, mach, der Chef soll bestellen. Der Mitarbeiter zum Chef.

„Ich darf rote Klinker in den Weg legen."

„Davon haben wir einen Haufen auf dem Freilager liegen. Hol dir so viel du brauchst."

Stimmt, hatten wir. Die aber waren alt und verkratzt und Ecken abgeschlagen, zerbrochen.

„Nein, ich will neue, nicht den Müll."

„Gut bestell ich dir." Geliefert wurden Zementpflastersteine. Aus reiner Niedertracht. Die Kotterschnauze aber schwieg.

KAFFEEPAUSE

Der Chef kannte die Macken der Leute. So wusste er auch, dass in einem Bauwagen zu einer bestimmten Zeit, sich Mitarbeiter zur Kaffeepause trafen. Kaffeepause, wie schon erwähnt, gab es bei uns nicht. Er reißt dann die Tür auf und schimpft einem Rohrspatz gleich.

„Sofort raus an die Arbeit." Wo er Recht hat, da hat er Recht, es rührte sich nur keiner. „Ich sagte Raus." Nun noch lauter.

„Du rufst deine Freunde über Funk zum Kaffee und Kuchen, stell das ab, dann kannst du wieder kommen und nun Tür zu."

Der Chef machte auf der Hacke kehrt und raste davon.

HOSE FÜR EIN PFERD

Ein Mitarbeiter, der kurz vor der Rente stand, brauchte eine neue Arbeitshose und fragte den Chef. Die Antwort. „Würdest du einem toten Pferd noch Hafer geben?"

Der Mann musste bis zur Rente mit einer kaputten Hose arbeiten.

AUFGELAUERT

Wir waren zu viert und hatten den Auftrag ein Objekt zu reinigen. Kaum das Arbeitsgerät in der Hand, stand der Chef neben uns. Er hatte sich in einem Buswartehäuschen verborgen um uns aufzulauern. Er bemerkte, dass es keinen in der Gruppe gefallen hatte. Er meinte er warte auf Mitarbeiter E. Es antwortete keiner. An seiner Körperhaltung war beleidigt zu lesen. Nach seinem Abgang fragte einer.

„Was war das denn?"

Ein anderer meinte. „Der gehört in die Klapse."

LOHN ZU HOCH

Mitarbeiter E sprach mich an.

„Die im Büro sind sauer auf uns." Und er sah besorgt aus.

„Warum das?" „Weil wir beide den höchsten Lohn haben und nicht das leisten, was für den Lohn erforderlich sei." Mitarbeiter E war es ähnlich wie mir ergangen. Er wurde ohne Rücksprache von seinem Posten entfernt. Ich sagte ihm, dass die das so wollen. Und dass die von mir nichts bekommen werden was denen gefällt. Und wenn die sich darüber ärgern, dann ist dass das Beste was passieren kann. Er lächelte erleichtert und meinte.

„Von der Seite habe ich das nicht betrachtet." Ich muss eingestehen, dass ich ein sehr schönes Zufriedenheitsgefühl entwickelte nach dem E mir das erzählte.

MEIN SCHWAGER

Er arbeitete nicht in dieser Firma, aber die Zustände in seiner Firma gleichen dem in diesem Betrieb. Ihm ging der Zustand an die Gesundheit, bei einem Autounfall verstarb er. Ein Traktor hatte ihm die Vorfahrt genommen.

Nun brauchte ich Urlaub für die Beerdigung. Ich ging ins Büro. Der Meister saß an seinem Schreibtisch. Vom Ableben meines Schwagers wusste jeder Bescheid. Vom Meister kein Beileid. Auf dem Weg zu meinem Auto trabte mir der Chef entgegen, das war Zufall keine Absicht. Nun galt es Beileid bekunden. An seinem Gesicht konnte ich absolutes Unbehagen lesen. Zu seinem Glück latschte einer über den Platz. Er drehte sich zu ihm und hatte ungeheuer wichtiges zu bereden. Die Mitarbeiter, die nicht zu seinen Freunden zählten, Kondolierten, seine Freunde mieden mich tagelang. Auch Tage nach der Beerdigung tauchte kein Chef bei mir auf.

REDE GEHALTEN

Eine Maschine fehlte. Sie war auf dem gesamten Firmengelände nicht zu finden. Wer konnte schuld sein? Natürlich die Belegschaft. Also musste der Chef eine Rede halten. Aber keiner nahm Notiz von dem Gesagten. Da jeder weiter plapperte wurde der Chef lauter. Und wieder reagierte keiner auf ihn. Er liebt es den großen Boss raushängen zu lassen. Nur heute war er Luft. Ich war leider nicht dabei, das hätte mir gefallen. Nun stand er da wie einer alleine auf dem Bahnhof und es kommt kein Zug. Also wurde er noch lauter. Und keiner sah zu ihm. Keiner antwortete auf seine Rede. Der Mann war so fertig, dass er sich krank meldete. Die Maschine hatte er selber an eine betriebsfremde Person verliehen nur vergessen.

Verstopftes Rohr

Ein Ablauf war verstopft, die Reparatur wurde an eine Fremdfirma vergeben, da dem Betrieb die benötigten Maschinen fehlten. Das wurde mit der Zentrale abgesprochen. Der Tag wurde festgelegt und das benötigte Material sollte unsere Firma anliefern. Alles war auf die Minute durchdacht. Die Großgeräte rückten an, das Fachpersonal stand bereit, nur die Arbeiten konnten nicht beginnen. Da unsere Chefs kein Material Anliefern ließen. Der Bauleiter rief beim Meister an.

„Wir brauchen sofort das Material, jede Minute kostet Geld."

„Sofort gibt es bei uns nicht."

Über andere Herziehen und selber zu nichts zu gebrauchen und wie war das mit den patzigen Antworten.

Sehtest

Die LKW-Fahrer mussten ab dem 50. Geburtstag zum Sehtest, damit die Fahrerlaubnis nicht verfiel. Nun holte sich der Mann einen Termin beim Betriebsarzt. Da es für ihn auf die Rente zuging, meinte der Chef. „Wir brauchen dich ohnehin nicht, also brauchst du auch keinen Sehtest. Und sagte den Termin ab. Nun fuhr er Wochen ohne Sehtest. Er sprach den Oberchef an. Der besorgte ihm unverzüglich einen Termin.

Kaffeepause die 2

Die Kaffeepause zu sprengen gelang dem Chef nie. Aber stören konnte er und das tat er nur zu gerne. Und dann kam der Tag des Erfolges. Der Bauwagen war verlassen und die Leute bei der Arbeit. Er war zufrieden. Er hatte es nicht erreicht die Kaffeepause zu verhindern, die Männer hatten sie vorverlegt.

Rundfahrt

Der Personalbestand ist alt um das mal salopp zu umschreiben und damit geht ein Personalwandel von Statten.

Mir war es aufgetragen worden in einem entlegenen Bereich nach dem Rechten zu sehen. In einem Stadtteil, in dem wir keinen Auftrag hatten, begegnete mir ein Firmenwagen. Zwei neue Gesichter, die zwei hatten den Arbeitsbereich derer übernommen, die in Rente gegangen waren. Die fuhren auch gerne durch die Stadt. Neue Leute alte Gewohnheiten. Wie die beide mich erblickten versuchten sie durchs Bodenblech den Wagen zu verlassen. Der Chef meinte dass er nur noch Junge Leute einstellen wird da diese Arbeiten würden. Die waren wohl schon zu alt knappe 30.

Personalrat kocht

Der entlassene Mitarbeiter Z hatte in der Nacht den Personalratsvorsitzenden aus dem Schlaf geholt und die Nacht über wach gehalten. Am folgenden Tag hat er den einstigen Vorarbeiter von Z zur Sau gemacht. Und ihm die Verantwortung in die Schuhe geschoben. Das ist typisch für ihn, selber keine Verantwortung übernehmen. Dem Mann ist das Treiben vom Chef mehr als bewusst, er ist selber oft genug Opfer. Und doch unterschreibt er jeden Mist, der vom Chef kommt. Und wenn es haarig wird dann kocht er und gibt anderen die Schuld.

HASS OHNE ENDE

Wir erinnern uns? Meine Einstellung ist mittlerweile mehr als 25 Jahre her. Und zu Beginn hatte der Onkel eines Mitbewerbers mir den Tag versauen wollen. Nun nutzt er die Tatsache aus, dass der Chef Jagd auf mich macht. Der Typ hetzte einen Mitarbeiter, dem er Freundschaft vorgaukelte, gegen mich auf. Und das mit Erfolg, nicht mit Wirkung auf mich, sowas prallt an mir ab, da ich ja ohnehin gehen wollte. Nein, der Mann den er aufhetzte, litt darunter, ich versuchte ihn zu beruhigen, aber ohne Erfolg. Diese ungute Stimmung wurde wiederum vom Chef aufgegriffen.

GUTE ARBEIT

Eine Hecke wurde zum Verkehrsrisiko und musste in Form gebracht werden. Ich war zufällig in der Nähe und erledigte es. Mein lustloser Begleiter murrte mich an.

„Dafür haben wir keinen Auftrag." Er wollte nicht, war mir wurscht.

„Wir haben einen Firmenauftrag. In dem lautet es einer erkannten Gefahr das Risiko zu entziehen und die

Hecke ist ein Risiko." Also hatte ich das kurzerhand erledigt. Nachdem ich weitergezogen war, fährt der Meister an der Hecke vorbei und ist vollends zu frieden.

Und fährt zu den As. „Das habt ihr perfekt erledigt", sagte er voll des Lobes.

„Das waren wir nicht, das hat Friedrichsen erledigt."

Die Gesichtshaut rutsche ihm in die Schuhe, mir wurde kein Lob ausgesprochen.

ZAHN IM BRÖTCHEN

Der entlassene Mitarbeiter musste wohl Langeweile haben. So nutzte er die schlaflose Nacht dazu beim Chef anzurufen, der soll Mordio geschrien haben. Und hatte tags drauf sehr ungute Laune. Mitarbeitern, die sehr ortskundig waren, lief der Ehemalige über den Weg, sie haben ihn nicht angesprochen, aber sie hatten gesehen, dass ihm ein Vorderzahn fehlte. Daraus mutmaßten sie, dass der Chef ihm aufgelauert hatte und ihm den ausschlug. Am folgenden Tag lief er mir über den Weg. Auf mein Nachfragen erklärte er. Er hatte aus Wut beim Chef angerufen und im Nachhinein täte es ihm leid, den Zahn hatte er beim Frühstücken verloren beim Reinbeißen in ein Brötchen ist der abgebrochen.

ANRUF

Kurz vor Feierabend läutete mein Handy. Der Meister ist dran.

„Sie haben ab morgen Winterdienst." Und legte wieder auf.

Ich dachte warum ruft er mich an, das weiß ich doch, ich stehe auf dem Bereitschaftsplan. Ist ebenso und wollte ich auch nicht in mein Buch aufnehmen. Das änderte sich am folgenden Tag.

A1 erzählte mir, dass der Meister ihn in einer aggressiven Art beauftragte mich anzurufen und mir mitteilen sollte, ich sei ab morgen im Winterdienst.

A1 „Ich sagte ihm ruf doch selber an, du hast doch die Nummer von Friedrichsen. Ich habe sie nicht und sehen werde ich ihn heute auch nicht mehr."

Verärgert hatte der Meister gesagt. „Muss ich dann ja wohl." So tat er es dann auch.

In seiner Stimme klang Unbehagen. Mir war in letzter Zeit so, als habe der Meister Angst vor mir. Ich reagierte nicht so, wie die es gerne hätten, ich raste nicht aus und habe mich länger nicht beim Oberchef beschwert. Wenn die sich in Bezug auf mich unbehaglich fühlen? Ist das mein Problem? Außerdem ein Führungsstil, der auf Unterdrückung und Einschüchterung und Lügen aufbaut, hinterlässt auch bei den Tätern seine Spuren. Unbehagen dem Opfer gegenüber weil der nicht das Gespräch sucht. Würde ohnehin zum Beschuldigen ausgenutzt werden somit nutzlos. Das aber steigert die Wut der Täter, da das Erreichen des Zieles nicht erkennbar ist. Also wird nachgelegt. Und so paart sich die Wut mit der Angst. Das Opfer könnte rabiat werden. Die Telefonanrufe von Z Erzeugen auf ihre Art ein Mitschwingen der Gedanken. Die haben Angst, das ist deutlich zu spüren. Auf diesem Wege versuchten die aus mir einen Täter zu machen. Dem Meister war eine deutliche Erwartungshaltung an zu merken.

Planen die etwas? Habe ich Schuld? Wenn solche Gedanken aufkommen wird es kritisch. Weil man dann in einen Zyklus abrutscht, aus dem man nicht entkommen kann. Solltet ihr je in eine solche Lage kommen, tut euch einen Gefallen, glaubt nie ihr habt Schuld, lasst euch das nicht einreden, dann zerbrecht ihr.

PLANLOS

Heute muss Wandertag sein. Innerhalb einer Stunde rollten drei Firmenwagen an mir vorbei. Eines hielt am Kiosk an, der Kaffee war alle, die Gelegenheit musste genutzt werden.

Die Männer plauderten los ohne dass ich Fragen musste. Man habe mit dem Chef und dem Meister den Arbeitsablauf besprochen und Geräte angefordert, die zur Erledigung erforderlich waren. Alles stand bereit und das Gerät war im Anrollen. Ging der Funk. Der Chef orderte das Gerät zurück zur Firma. Er hatte Aufträge an eine Fremdfirma vergeben und die benötigten das Gerät. Nun waren die Männer ohne Auftrag und darum sei Stadterkundung angesagt. Es folgten Wut Attacken gegen den Chef. Von Arbeitseinteilung keine Ahnung, wie kann so einer Chef sein? Und der Meister ist genauso Blöde. Ständig geht der Funk. Ihr müsst dahin, kaum angekommen, ihr müsst unbedingt dahin. Wir haben noch nicht das

Ziel erreicht, geht es schon woanders hin. Wir sagen nur noch ja holen uns einen Kaffee. Das erzählten sie. Dabei sind die beiden Chefs voll des Eigenlobes. Wie gut ihre Planungen sind. Hört sich aus den Mündern der Männer anders an. Einer meinte. Gäbe es einen Wettbewerb für Chaoten, die zwei lägen auf dem ersten Platz. Dann mussten sie los den Kaffee abliefern bevor der kalt ist. Treffpunkt war der Strand beim Nordsee Hotel.

VORAHNUNG

Ich hatte es kommen sehen, aber man lachte nur. Nun war es fast soweit. Ich kündigte an, dass dem Chef noch die Schnauze poliert werden wird. Es ist nun ein Jahr her, dass Z entlassen war. Und an diesem Tag sollte ich Recht behalten. Punkt 7 Uhr war Z auf dem Platz und lauerte dem Chef auf. Das Ziel ihm den Arsch voll Hauen. Nur hatte er es falsch vor und so wurde er von einigen Mitarbeitern abgefangen und nach Hause geschickt. Ich hätte ihn machen lassen. Ich bin nämlich Pazifist, wenn der Chef Haue bekommt kann ich nicht helfen, ich könnte dem Chef auf die Beine helfen und die Hände halten damit er keine Gefahr für andere ist. Aber dem anderen kann ich nicht auch noch die Hände halten. Schade kann man nur sagen, so eine Schöne Abreibung hätte ihm gut getan.

Zu einem späteren Zeitpunkt hatte Z beim Oberchef angerufen. Er bleibt am Ball. Leider immer im besoffenen Zustand.

Im Büro

Ich wollte Urlaub nehmen und bin ins Büro. Wenn man das Büro betrat, saß der Chef rechts von der Tür. Der Meister gerade aus am Fenster. Der Meister saß an seinem Schreibtisch, der Chef an seinem. Ich beachtete ihn nicht, sah nicht zu ihm. Als sei der Stuhl leer. Aber im Augenwinkel hatte ich ihn. Seine Körperhaltung, der Gesichtsausdruck selbst die Handbewegungen, wie er einen Bogen Papier griff, alles war voller Zorn. Ich drehte mich über den linken Fuß zum Ausgang, so musste ich nicht in seine Richtung sehen. Im Flur stehend konnte ich ihn Fluchen hören. Das ich grinste sage ich nicht.

Noch einmal Z

Z hatte ein Gespräch mit dem Oberchef. Der Chef hatte die Freundin von Z beleidigt und nun packte Z aus. Brachte nichts. Der Oberchef sagte zwar, das habe ich nicht gewusst.

Aber auf einem ausgetrockneten Acker wachsen keine Kartoffeln.

So blieb es wie es ist. Z erzählte mir, dass er mit O gesprochen hatte. Der hatte ihm erzählt das Ha hinter den Kollegen her spioniert. Aber das wusste ich schon. Ich hatte auch ein Gespräch mit einem Rechtsanwalt, das erste in meinem Leben. Der sagte mir, dass man da nichts machen kann.

VOM TÄTER ZU OPFER

W stoppte mich, er müsse mit mir reden. Er begann mir zu erzählen, dass er es nicht verstehen kann, dass der Chef so ist. Er kenne ihn von der Schulzeit und in einem anderen Betrieb waren sie Arbeitskollegen. Da war er ein sympathischer Typ.

Ich erklärte ihm was ist.

„Der war schon immer so, nur hier gibt es keinen der ihn bremst, er bekommt nie seine Grenzen aufgezeigt. Und Allmacht macht Tyrannen."

Dann erwähnte er die Geschichte mit Z. Die Kollegen verstanden nicht was vorgefallen ist. Und das Z selber Schuld habe und die ewigen Anrufe beim Chef, der Chef konnte doch nicht anders als ihn rausschmeißen.

Z wurde zur Lachfigur und der Chef zum Opfer.

A2 UND ARBEIT?

Zum Firmengelände wurde eine LKW-Ladung Sträucher geliefert die mussten abgeladen werden. Der Meister funkte A2 an. „Komm zum Abladen." Er tauchte auf als der Laster leer war.

„Na keine Lust gehabt?", fragte der Meister.

„Ja." Die Antwort. Ich denke ich muss nicht erwähnen was los wäre hätte ich so geantwortet.

Schwiegermutters Geburtstag

Sie wollte ihre Familie zum Kaffee und Kuchen einladen, nur ihre Wohnung hatte nicht den benötigten Platz. So reservierte sie einen kleinen Saal in einem Lokal. Die Familie begann mit dem Kaffee. Ich saß so, dass ich auf einen Tisch im benachbarten Raum sehen konnte. Wer kam an und setzte sich genau an den Tisch? Richtig der Chef. An einem Sonntag und mir genau gegenüber. Beim Hinsetzen sah er mich und nickte kurz mit dem Kopf. Er hatte mich nicht erwartet, er wusste, den kenne ich doch. Im Setzvorgang wurde ihm bewusst, dass ich es war. Und aus der Setzbewegung wurde ein Erheben. Und er verschwand mit seiner Frau in einen anderen Teil des Lokals. Das erzählte ich einem Mitarbeiter. Der Erzählte das er etwas ähnliches erlebte. Nur das war in einem Supermarkt. Da begegnete ihm der Chef in den Gängen, der ging sofort auf die Flucht und ließ seine Frau im Markt stehen. Einem anderen begegnete er im Urlaub auf Malle. Auf dem Flugplatz, der Mitarbeiter hatte seinen beendet, der Chef betrat die Insel. Der Mitarbeiter hatte dem Chef die geballte Faust entgegengestreckt. Ein anderer verbrachte zur selben Zeit wie der Chef seinen Urlaub im selben Hotel. Nur ahnte er es nicht, bis seine Frau ihm von seinem Chef einen Gruß ausrichtete.

Neuer Mann die 1

Es verging kein Jahr, in dem nicht einer in Rente ging. Die nächste Verrentung stand an und der Posten ist gelinde gesagt ein stinkender Job. Den würde ich ums Verrecken nicht haben wollen. Aber zwei Mann hatten einen Plan. Mein Mitarbeiter, der sich nicht zu bewegen wagte. Und sein Freund, der mit einem Mitarbeiter zusammen ist, der die Arbeit auch nicht erfunden hatte, für seinen Mitarbeiter aber Vollbeschäftigung erzeugte.

Es wurde eine Sitzung einberufen. Der Oberchef war angereist, der Chef sowieso, der Meister und der Personalratsvorsitzende.

Nur wollte der Bequemlichkeitserfinder, seinen Mann nicht loswerden und hatte schon die Weichen geölt. Und der Chef hatte auch seine Pläne. Mein Mitarbeiter, das muss man wissen, hatte nur Zeitverträge. Von einem zum anderen Jahr erneuert mit der Zusage auf eine Festeinstellung sollte ein Posten frei werden. Dem Chef war das ein Dorn im Auge, also hatte er das Geburtsjahr vorverlegt, damit war der Mann schon mal zu alt. Da eine Neubesetzung nach so kurzer Zeit nicht erwünscht war. Und dem Oberchef wurde es nicht zu viel eine Frage wie eine Dauerschleife zu wiederholen. „Warum wollen sie das?" Das trug nicht zur Verbesserung des Betriebsklimas bei. Da platzte dem einen der Kragen. Und hatte vom Leder gezogen.

„Die As fahren den ganzen Tag nur spazieren und er muss im Hubwagen arbeiten und hat keinen Hubwagenschein."

Das war was für den Oberchef.

„Dann dürfen sie nicht mehr mit dem Hubwagen arbeiten."

Klare Ansage, am kommenden Tag stand er wieder im Korb des Hubwagens.

HÖHENANGST

Es blieb wie es war und wurde doch anders, für den der
in Rente ging, wurde einer gefunden, der hatte auch einen Sägeschein, das war Bedingung. Da wir eine Unzahl
an Bäumen zu pflegen hatten. Nur wenn es ans Sägen
in luftiger Höhe ging, hatten von fünf Sägemänner drei
Höhenangst, konnten nicht die erste Stufe einer Leiter
erklimmen. Ein Trauerspiel.

Z

Z hatte mal wieder einen über den Durst gesoffen und
hatte das Telefon für sich entdeckt. Nur dieses Mal ging's
nach hinten los. Er wurde von der Polizei abgeholt und ins
Trockendock verbracht. Schade dachte ich, er ist der einzige, der Abwechslung in das Nachtleben vom Chef bringt.

A1 HAT GEBURTSTAG

E kam zu meinem Bauwagen. „B du musst mitkommen,
wir sollen einen Wagen tauschen."

In dem Moment fuhr der Meister vorbei. 2 Minuten
später klingelte das Handy von E. Der Meister ist dran.

„Sag Friedrichsen A1 hat einen Tag Urlaub, er hat
Geburtstag."

E schaute mich an. „Was war das denn?"

„Was war was?", fragte ich.

„Das war der Meister, ich soll dir sagen, dass A1 Geburtstag hat und einen Tag Urlaub genommen hat. Der

146

ist doch gerade vorbeigefahren, warum kommt der nicht her und sagt es dir selber?"

Ich lächelte ihn an. „Die haben meine Nummer, die könnten anrufen."

„Was sind das denn für Vollidioten?"

„Die sind einfach zu schüchtern", sagte ich. Ich glaube E hatte noch nie so einen Lachanfall.

DER NEUE MANN DIE 2

Die beiden Freunde hatten vergeblich um den Posten gerungen. Der neue sollte schon angefangen sein. Der alte war schon länger in Rente. Nur hatte der neue noch einen Arbeitsvertrag, der noch nicht beendet war. Und schon machten Geschichten die Runde. Der neue sei schon Tage zuvor beim Chef gewesen. Der Posten war schon weg als die zwei Freunde sich bewarben. Die Chefs hatten die beiden nach Strich und Faden verladen. Die alte Geschichte von Schnecke und Hase. Schleimen muss man können.

FALSCHER FÜNFZIGER

Der Chef hatte Geburtstag und groß angekündigt der Belegschaft ein Essen zu spendieren. Eine großzügige Geste. Und es wurde schön gefeiert. Nur Tage später stellte sich heraus, dass von der Zentrale ein Dankeschön in Form einer Sonderzahlung an den Betrieb gegangen war, mit dem Geld hatte der Chef die Feier bezahlt.

H IST SAUER

Ein Team hatte die Ruhe weg. Aufträge für fünf Jahre auf dem Zettel aber keinen Finger krumm gemacht. H kam viel herum und so sah er auch den Wagen der beiden. Nur saß immer einer drinnen einer am Vormittag und am Nachmittag der andere ohne Geschirr auf der Ladefläche. H sprach die Chefs an, kein Kommentar. H war sauer auf die Chefs und die beiden.

SPION IM SUFF

Wegen Saufens fiel der Spion für zwei Tage aus. Ein Vertrauter sagte, dass Spion ein schweres Alkoholproblem habe.

KEINE LUST

Sobald einer stand hagelte es Granaten. Faule sau war noch das Harmlose. Spion sollte Schilder bekleben.

„Nee keine Lust", seine Antwort.

Ein anderer musste es erledigen.

UMBAU

Es wurde von der Zentrale ein Umbau genehmigt. Und unsere Leute begannen mit den Arbeiten. Der Chef mit seinem Fachwissen mitten drinnen.

Einer schrie ihn an. „Halt die Schnauze du ahnungsloser Sack."

„Würde der die Schnauze halten, würde der Bau gelingen." Ein anderer.

Der Chef hatte Zimmermann gelernt nur vom Nagel in die Wand keine Ahnung.

ANGESCHLICHEN

Wir hatten einen Auftrag bekommen. Eine Ecke war zum Verkehrshindernis geworden, die sollten wir absenken. Diesen Auftrag hatten wir uns auch schon gegeben, aber wir ließen dem blinden Huhn das Korn. So machten wir uns an die Arbeit. Aus einer Nebenstraße schlich sich der Chef an uns heran und wollte uns beobachten, nur ist er kein Indianer, sondern ein Blödmann. So entdeckten wir ihn. Und er Schlich sich davon.

UMBAU DIE 2

Das Werk war vollendet und die Mitarbeiter zeigten mir ihr Werk.

„Etwas Winsch." Merkte ich an.

„Der Chef hatte die Bauzeichnung gemacht und mit Hand angelegt. Was hast du erwartet, einen Palast?"

„Nein das nicht, aber dass man den Untergrund begradigt und eine Wasserwaage benutzt."

„Der Chef ist Zimmermann und da ist eine Wasserwaage doch nur im Wege."

Der Chef wurde nicht müde den krummen Zustand des Baues den Mitarbeitern in die Schuhe zu schieben. Die seien einfach zu blöde eine Wasserwaage zu benutzen. Im Laufe der Zeit gewöhnte man sich dran.

Der Umbau hatte eine Vorgeschichte wie ich hörte.

Das Baumaterial musste geholt werden, so wurde Mitarbeiter H losgeschickt.

„Ich brauch die Adresse?"

„Sieh im Telefonbuch nach."

Damit begann die Auseinandersetzung. Das setzte sich während des Baues fort, H habe Schuld dass die Wände krumm sind und so weiter. Bis H der Kragen platzte und zum Oberchef wollte. Da entschuldigte sich der Chef. Noch einen der sich beim Oberchef beschwert konnte er nicht gebrauchen. Das hätte im Kontor gekracht.

LOCH IM KOPF

Mein Bauwagen musste umgestellt werden. Ich sagte es dem Meister, es war Sieben Uhr fünf Minuten.

„Ja geht klar, ich sag's sofort dem LKW-Fahrer." Neun Uhr fünf. Ich warte immer noch. Ich zum Büro, stellte mich an den Tresen und sagte nichts. Es dauerte Minuten bis beim Meister der Groschen gefallen war.

Der Rasenmähermann sollte einen Rasen mähen. Kam aber nicht auf den Platz, weil ihm eine Kette mit Vorhängeschloss den Weg versperrte. Der Meister sagte. „Fahr schon mal hin, ich komme mit dem Schlüssel nach." Acht Uhr war die Ansage, 10 Uhr erschien der Meister. „Ich hatte es vergessen."

Meister machte Urlaub in Norwegen, eine kleine Hütte am See zum Angeln und die Natur genießen, nur die

Angel hatte er zu Hause vergessen. Hat ein Loch im Kopf,
meinte einer.

GEKOCHTE EMOTIONEN

Ein Mann hatte eine Hecke geschnitten und den Schnitt
in den Rinnstein gekehrt. Der Mann war Nachbar, der
Mutter vom Chef. Man kennt sich, ich darf das. Geht
aber nicht. Und es war ein regnerischer Tag.

Der Mann, der für das Reinigen des Rinnsteins zuständig ist, naht. Und machte einen Bogen um den Hecken-
schnitt. Der Mann rannte los und stoppte den Wagen.
„Eh warum nimmst du das nicht mit?" „Das verstopft
die Maschine und der Chef hat's verboten."

Dem Nachbarn gelang es Worte zu finden, die benutzt
man nicht. „Ich beschwer mich beim Chef, das wollen
wir doch mal sehen." Der Mann setzte sich aufs Fahrrad
und radelte durch den Regen. Kam durchnässt im Büro
an. Hatte den Weg dazu benutzt neue Worte zu ersin-
nen. Der Fahrer wurde über Funk ins Büro gerufen. Und
da wurde ihm vom Chef und dem Nachbarn. Vorwürfe
wie Arbeitsverweigerung geboten. Es kam zum Streit.
Im Büro saß ein Mann, der zum besten Freundeskreis
vom Chef gehörte.

Der sagte. „Ich fahr da mal hin und sehe mir das an."
Der Mann nebenbei angemerkt, gehörte nicht zum Betrieb
und der war Rentner. Der machte Fotos und das brachte
die Emotionen so richtig zum Kochen. Dem Fahrer des
Reinigungswagens langte das und ging zum Oberchef.
Und erklärte ihm, dass der Rentner sich in Personalan-
gelegenheiten einmischt und das keine persönlichen

Gespräche gibt, bei denen der nicht mithört. Der Oberchef verbot dem Mann sich zur Arbeitszeit im Büro auf
zu halten. Geändert hatte sich nichts.

KEINE AHNUNG

Der Halbjahresbericht war fällig. Und der Meister fügte
die Rechnungen zusammen und die Bestelllisten, Kosten,
Ausgaben, Einnahmen. Und die Hälfte fehlte. Er konnte
die Unterlagen nicht finden.

„Ich habe keine Ahnung wo die Papiere sind." Der
Mann hat ein Gedächtnis wie ein Sieb. Er suchte in allen Schubläden und Ablagen.

ES HAT GEKRACHT

Der Fahrer des LKW. Mitarbeiter H hatte gefragt wo
die Firma ist. Das hatte dem Chef nicht gefallen, da er
die Anschrift verlegt hatte und bei seiner Unfähigkeit
ertappt worden war. Das konnte der auf den Tod nicht
ertragen. Das führte dann zum Streit. Und der kochte
Tage später noch einmal hoch. „Du bist eine faule Sau",
erklärte ihm der Chef.

Das H im Gegensatz zu mir kein Pazifist war, wurde
dem Chef deutlich und so Entschuldigte er sich schleu-
nigst.

AUSRANGIERT

Die Firma lagerte einen Arbeitsbereich aus und eine Maschine wurde überflüssig. Der Schlosser Bereitete die Maschine auf, sie sollte verkauft werden. Der Bruder eines Mitarbeiters hätte die Maschine gerne gehabt. Und so fragte der Mitarbeiter den Chef. Im Auftrage des Bruders.

„Nein das geht nicht, interne Geschäfte sind verboten."

Beim Abholen der Maschine ging es ungemein vertraut zu.

ÜBER LAND

Die Firma leiht auch Maschinen. So musste ein Gerät geliehen werden, scheinbar gab es in der Stadt keine Firma die preiswert war. So wurde die Maschine in einer Gemeinde geordert, die 20 KM von der Firma entfernt war. Nur die Firma konnte sie nicht anliefern, da ihnen das Transportmittel fehlte. Und auf eine Transaktion über diese Entfernung waren sie nicht vorbereitet. Aber wir hatten alles. Und so wurde der LKW losgeschickt.

Angekommen Verwunderung. „Wie willst du das Ding transportieren, wo ist der Trailer?"

Der Chef hatte nichts von einem Trailer gesagt. Also zurück, so wurden es 80 Kilometer. Der Chef tobte vor Wut. Ihm klar machen, dass er es verbockt hatte ging nicht, er ist unfehlbar.

DER NEUE MANN DIE 3

Die beiden Freunde hatten sich beworben und wurden wie Trottel behandelt und waren nun sauer. Nun war er da der neue. Und schon bei der Vorstellung durch den Chef wurde klar, es ist ein Freund. Es dauerte auch nicht lange, da wurde der Einstellungsweg erklärt. Die Chefs frühstückten gerne in der Cafeteria eines größeren Betriebes, da war der Kaffee besser und kein Mitarbeiter, der denen über den Weg laufen würde. Und in dem Betrieb hatten der Chef und der Meister den Mann kennen und lieben gelernt. Der Posten war schon vergeben, ein Jahr vor der Verrentung.

Der Oberchef wird mir in der Zukunft erklären, dass er die Einstellungen vornimmt und nicht der Chef.

Der neue verbrachte viel Zeit im Büro und sein Mundwerk kannte keine Pause. Ein weiterer Spion war geboren. Er trug ein Shirt, auf dem der Name eines Fuhrbetriebes gedruckt war. Also was macht man? Genau A1 hatte einen Nachbarn, der in dem Betrieb arbeitete. Und so wussten wir schnell alles was man wissen muss. Der neue arbeitete in dem Betrieb als Aushilfsfahrer und war auch in dem Betrieb wegen der Nähe zum Chef nicht gerne gesehen, er wurde in dem Betrieb unter der Bezeichnung Hochverräter geführt.

DER ALTE CHEF

Ein Mitarbeiter traf auf den alten Chef.

„Wie geht es dir?" „Gut, ich nutze die Rente für Dinge, die mir Spaß machen." Man unterhielt sich über Gott und die Welt. Kein Wort über den neuen Chef, das hatte den alten nicht interessiert. Da die Stadt viele Ohren und Münder hatte, dürfte er ohnehin auf dem Laufenden sein.

Der Mitarbeiter erzählte es dem neuen Chef.

„Das hast du zu unterlassen." Wutentbrannt schrie er den Mitarbeiter an. Er hatte den Mann unangespitzt in den Boden gerammt. Der Mitarbeiter wollte nun von mir wissen was er falsch gemacht hätte.

„Du könntest dem alten erzählt haben, wozu der neue seinen Posten nutzt und das soll doch keiner wissen."

„Der hat doch einen gestörten Geist im Hirn", sagte er und ging.

FEIER

Ein Fest wurde gegeben, es waren sehr viele Leute anwesend, nur wenige vom Betrieb. O war auch hingegangen und erspähte die Mitarbeiter, alle saßen an einem Tisch der Chef mittendrin. O hatte keine Lust auf ihn, aber sich abseits setzen sähe auch blöde aus, so setzte er sich dazu. Die Männer am Tisch waren die, die jeden Tag rumjaulten, der Chef muss weg, das ist ein Tyrann, drohten ihn zusammenschlagen zu wollen und waren immer zum Oberchef gelaufen und sich aufgeregt und hier hingen sie an seinen Lippen und beklatschten sein dämliches Gelaber. Das konnte er nicht ertragen und ist gegangen.

NUN WIRD DER GEFEUERT

Zwei Mitarbeiter sagten. „Wir haben genug Material gefunden um den Chef los zu werden."

Und wollten zum Oberchef damit. Siegessicher sind die los gezogen. Gewirkt hatte es nicht. Die Rache sollte folgen.

EINER STIRBT IMMER

Wir saßen beim Frühstück, kam A2 angefahren. „Habt ihr schon gehört LI ist gestorben."

Die Geschichte zu LI. Der Chef hatte U zu mir in meinen Arbeitsbereich versetzt. Das war ihm nicht genug, er musste noch nachtreten. So ging er auf U los. Ich ging dazwischen.

Ich sagte. „Wenn du Kritik an U vorzubringen hast, dann wende dich an mich." Das hatte dem Chef nicht gefallen und so wurden die Belästigungen eben auf mich ausgedehnt.

Zum anderen hatte es ihm nicht gefallen, dass wir uns in der Zentrale über ihn beschwerten. Das zahlte er uns heim. U meinte, dass man mit LI reden kann, der sei ein Mensch. Und hatte einen Termin vereinbart. LI hatte einen Mann der Gewerkschaft dazu gebeten. Das konnte uns nur recht sein.

Kurz gesagt das ging nach hinten los. Oh der Mann hatte uns zugehört, mehr U, da er das meiste sagte. Der Mann der Gewerkschaft erklärte uns, dass wir kein Recht hätten gegen den Chef so schwere Vorwürfe zu erheben. LI schwieg. Und so hatten wir nur eines bewirkt, dass der Chef noch saurer wurde. Nun ist LI ins Himmelreich ausgewandert.

A1 sagte „Li? Den kenne ich, ich hatte seinen Garten gereinigt.“

„Bevor du bei uns gearbeitet hast?“

„Nein, der Chef hat mich zu Li geschickt, nach der Arbeit habe ich ihn gefragt, ob das so in Ordnung sei, es habe ja kein Auftrag vorgelegen? Darüber reden wir nicht mehr, das ist Geschichte.“ Hatte er geantwortet. Wie er das so erzählte, hatte ich eine Erinnerung. Ein Mitarbeiter hatte mir schon vor zwei Jahren erzählt, dass er den Garten eines Führungsmenschen bearbeiten durfte auf Anweisung vom Chef. Da braucht man sich nicht wundern, dass man in der Chefetage kein Gehör findet.

ÜBERLASTET

Ein Mitarbeiter begann schon morgens um 5 Uhr mit der Arbeit der Rest um 7 Uhr. Und um 3 hatte er Feierabend der Rest 16,30 Uhr. Der Mann brauchte freie Straßen für seine Arbeit. Damit hatte der Chef scheinbar ein Problem. Er erteilte ihm zusätzliche Aufträge, das war aber nicht mehr zu schaffen. So wuchs in dem Mann der Zorn. Er musste es loswerden und so tauchte er bei mir auf. Er wollte sich die Seele entlasten bevor er zum Chef geht. Er wollte ihm deutlich sagen, dass er das nicht schaffen kann. Und jemand anderer kann ja bis Feierabend weiter machen. Das Fahrzeug steht ja im Schuppen.

Ich sagte ihm. „Du darfst auf keinen Fall sagen, dass du das nicht schaffst, das legt der dir als Arbeitsverweigerung aus.“ Da ging die Post ab.

„Die faule Sau tut den ganzen Tag nichts, selbst die Arbeitsberichte muss der Meister durcharbeiten und seine Freunde die faulen Hunde fahren nur im Kreis", schoss es aus ihm heraus. Dann beschloss er nicht zum Chef zu gehen. Ich sagte ihm geh zum Oberchef und besteh auf einen Personalführungskurs.

„Da war der doch schon und hatte auch nichts gebracht", meinte er kopfschüttelnd.

„Ich weiß aber stell den Antrag dennoch." Er begann zu lächeln und tat es. Und es war eine Freude zu sehen wie der Chef tagelang kochend über den Platz schlich.

GEBURTSTAG

Bei Geburtstagen, das sagte ich ja schon, hatten wir einen halben Tag frei bekommen. Das hatte der Chef abgeschafft und das gleich im ersten Monat seines Daseins. Nun hatte der Meister Geburtstag und hatte den Nachmittag frei bekommen. Das gab Diskussionen vom Feinsten.

LOSER KOPF

Ich durfte mit einem Mitarbeiter mitarbeiten. Wir hatten einen Firmenwagen. Und er musste zum Büro etwas erledigen. Er parkte den Wagen so vor dem Büro, dass ich freie Sicht auf den Chef hatte. Der Chef hatte eine Macke. Wenn er mit jemandem redete, dann wurde der Kopf zur Bestätigung des Gesagten eingesetzt.

Bei einem, das ist so. Ging der Kopf vor.

Und musste er etwas abstreiten, so ging der Kopf von der linken Schulter auf die rechte.

Ich hatte das Pech nicht hören zu können um was es ging, aber der Kopf war mächtig in Bewegung. Es war mehr werfen als bewegen und er wurde immer hektischer. Es dürfte nicht viel gefehlt haben dann würde die Rübe abfliegen. Das ein Genick das aushalten kann schon erstaunlich. Dass ich ihm dabei zusah dürfte seine Erregung noch gesteigert haben. Ich hatte eine behagliche Wärme in mir.

AUF UND DAVON

Mitarbeiter K ist in der Stadt unterwegs, schlenderte so durch die Straßen, es ist Wochenende und die Sonne schien. Begegnete ihm der General Direktor. K hatte sich bis zur obersten Spitze des Betriebes beschwert mit einem Rechtsanwalt in Begleitung und man hatte Abhilfe versprochen. Geschehen war nichts. Er wurde nach wie vor vom Chef belästigt.

„Ach Herr K, wie geht es ihnen, ich hoffe gut?" Eine freundliche Frage. Nur K fühlte sich in dem Moment verscheißert und es platze aus ihm heraus. Alles, was sich an Wut aufgestaut hatte, ergoss sich über den Generaldirektor. So schnell hatte er noch keinen Flüchten sehen, erzählte er mir lachend.

WETTE

Mitarbeiter K ist mittlerweile in Rente und stand mit seinem Nachbarn vor seiner Tür. Da kam der Oberchef an. Sein Anliegen war es eine Auftragsausführung zu Überprüfen. K sagte zu seinem Nachbarn.

„Wenn der auf meiner Höhe ist steckt er sich eine Zigarette an."

„Quatsch."

„Wetten um 20 Euro."

Der Oberchef ging auf K zu und das erste, was der machte, er steckte sich eine an. Der Nachbar gab K 20 Euro.

K sagte schön laut damit der Oberchef es auch hörte. „Wette gewonnen."

„Welche Wette?", fragte der Oberchef. K erklärte um was es ging. Ein Gesicht, das Gefallen ausdrückt, sieht anders aus. Der Oberchef muss immer, eine rauchen wenn es kritisch wird. Und die Sache mit dem General Direktor war noch nicht lange her. Davon dürfte der Oberchef gehört haben. Mitarbeiter K hatte viel Zeit im Büro vom Oberchef verbracht. Aus Angst musste die Zigarette her. Eine Übersprunghandlung nennen das die Psychologen. Er fühlte sich von K vorgeführt und trabte wütend davon.

GLOCKEN IN DER SONNE

Wir hatten schon putzige Mitarbeiter. Alleine darüber müsste man ein Buch schreiben.

Eine Geschichte für sich. Dem einen war es peinlich während andere genauer hinsahen.

Es war brütend heiß in der Woche. Ein Mitarbeiter hatte die Angewohnheit nur in gebückter Haltung zu arbeiten. Nichts mit hinhocken oder in die Knie gehen, um den Rücken zu entlasten. Nun hatte er die Idee die Hosenbeine der Arbeitshose einzukürzen. Gedacht getan nur hatte er es zu gut gemeint. Und wie gewohnt arbeitete er in gebückter Haltung die Beine gespreizt. Nicht dass er schöne Beine hatte, die waren zu dürr und reichlich behaart. Seine Glocken rutschten raus. Nur bemerkte er es nicht. Einige Frauen blieben stehen und betrachteten das Gehänge neugierig.

RENTNER-RUNDE

Mitarbeiter K ist nun in Rente und möchte seinem ehemaligen Chef eine Freude bereiten. So fuhr er zum Betrieb und kurvte einmal am Büro vorbei, damit der Chef ihn sieht. Der Chef erzählte seine Sicht auf den Besuch. K sei zum Betrieb gekommen um Gartenabfälle los zu werden und als er mich sah, ist er stiften gegangen. K meinte, der dreht sich die Welt so hin, dass er reinpasst.

URLAUB

Ich hatte mir Urlaub genommen und heute ist der Arbeitsbeginn und damit die Chefs wissen Friedrichsen ist wieder da, warte im Wagen sitzend auf das Eintreffen der beiden Dödel. Im Rückspiegel betrachtete ich die Mitarbeiter, die nach und nach auftauchten. Und dachte so bei mir. Ich habe hier nun 27 Jahre hinter mir und die

Leute kenne ich schon eine Ewigkeit und doch ist es, als würde ich den ersten Tag in einer fremden Firma sein.

Bevor ich in Urlaub ging hatte ich dem Meister noch gesagt, dass der Mann, den ich bei mir hatte, zu einem Mitarbeiter verlegt werden müsse, da er, sobald er alleine ist, keinen Finger mehr rührt. Nicht dass es mir wichtig war, aber die Leute reden und sitzt einer im Bauwagen, heißt es schnell das ist Friedrichsen. A2 erzählte mir, dass er den Mann für eine Woche mit hatte und ihn abgeben musste, da er eine Maschine zu fahren hatte. Auch er hatte dem Meister erklärt, dass der Mann unter Führung stehen müsse, da der keinen Finger rührt, aber das hatte den Meister nicht interessiert. Der Mann hatte während meines Urlaubs im Bauwagen gesessen.

Und die Zeit wurde vom Chef und dem Onkel dazu genutzt dem Mann brennendes Brikett in den Hintern zu schieben. Nichts kann schöner sein als Menschen, die den ganzen Tag zusammenarbeiten müssen, gegeneinander aufzubringen. Dass die Chefs mir auf den Senkel gehen ist mir wurscht. Ich arbeite nicht für die und nicht wegen denen. Meinen Arbeitsvertrag hatte ich mit meinem Arbeitgeber nicht mit denen. Die beiden sind nur Fußvolk mit großen Schuhen. Aber aus denen kann man leicht kippen. Die konnten mir für eine Minute die Laune verderben, aber der Mann ging mir auf den Senkel.

Eines seine Spitzenleistung brachte er während der Frühstückspause. „Was sollte das?", fragte er voller Wut in der Stimme. Ich blieb ruhig und gelassen fragte ich.

„Was meinst du?"

„Vor dem Frühstück die Ecke machen."

Ich hatte Schwierigkeit seinen Gedanken zu folgen. Die Arbeit war so gering, dass ich es in die Länge gezogen hatte. Und der redete vom Gehetze. Das ging über Tage so weiter. Er warf mir vor, ich würde arbeiten. Das war mal was anderes, ich hörte sonst nur ich würde nicht arbeiten. Ich dachte, noch 6 Jahre und endlich Rente.

Bei dem half meine ich wollte ja ohnehin gehen Strategie nicht.

Er merkte an meinem Verhalten, dass er es übertrieben hatte, und begann sich an mich ran zu schmusen.

A2 hatte wegen dem Mann mit dem Meister gesprochen und ihm seine Erfahrung erklärt. Er sagte dem Meister.

„Der Mann will nicht so richtig."

A2 sagte den Namen des Mannes um jede Verwechslung zu vermeiden, laut und deutlich.

Der Meister antwortete. „Was Friedrichsen?"

Die verstehen nur das, was die wollen. Und wenn es gegen mich verwendet werden kann, saugen die das auf wie ein Schwamm. Geht es um deren Freunde sind die taub wie ein Stein.

Aber A2 hatte weiter gebohrt, denn auch ihm ging der Mann auf den Zeiger. Der Mann selber konnte nichts dafür. Er wurde vom Onkel und dem Meister und dem Chef benutzt. Nur hatte er keine Chance das Spiel zu durchschauen, dazu müsste er die Zusammenhänge kennen. So wurde er zum Opfer. Dem Meister blieb letztlich nichts anderes als den Mann durch die Firma zu reichen. Den Mann hatten die versaut.

MEISTER GEKOCHT

Ich war mit A2 unterwegs. „Ich muss noch zum Schlosser wegen dem Rasenmäher." Das war ihm gerade eingefallen.

Vor der Werkstatt hielt er an und ging zum Schlosser. Vom Büro aus konnte man den Hof einsehen. Kam der Meister an geschlurft. Und versuchte mir den Mann an zu drehen. Ich sagte ich habe keine Verwendung für ihn. Der Meister wurde schon sauer. Dann kam A2 aus der Werkstatt und der Meister auf ihn zu. Und versuchte nun über ihn den Mann zu mir zu schieben. Ich ging sofort dazwischen. Da kochte der Meister so richtig auf. Wutentbrannt verschwand der im Büro. Das geschah an einem Freitag nach dem Frühstück. Kurz vor dem Mittag, wir saßen im Bauwagen, den Wochenbericht anfertigend. Der muss am Montag abgegeben werden. Das Handy von A2 geht.

„Seid ihr im Bauwagen?", fragte der Meister. Und schon war er da. „Ich wollte nur die Berichte abholen, die muss ich zum Oberchef bringen", sagte er und ging. Der kochte immer noch und die Berichte will der Oberchef nicht haben. Das war nur für mich, ich sollte wissen, dass er zum Oberchef geht.

Am Montag, wir sind dabei den Bauwagen zu verlassen, tauchte der Mann auf. „Ich soll euch helfen." A2 und ich im Stereo, „ist mir egal." Ich gab ihm eine Arbeit, die konnte er machen oder auch nicht. Wir hatten unseren Auftrag und in den Firmenwagen hatten nur zwei Mann Platz. Kam auch schon der Meister an. Und sowas von freundlich, das es schon gefährlich ist. Wenn die freundlich werden brennt der Wald. Keiner wollte mit dem Mann arbeiten, er war froh, dass ich ihn nicht zum Büro zurückschickte.

WAS MACHST DU IN MEINEM REVIER?

A2 und ich hatten gerade unseren Auftrag beendet, stoppt ein Firmenwagen neben uns. H stieg aus, sichtlich sauer.

„Habt ihr schon gehört?"

„Nee?"

„J und C haben sich in der Wolle." H hatte Vibration in der Stimme so erregt war er.

„Erzähl!"

„Der Chef hat den Winterdienstplan umgestellt und die Bereiche auf die neuen Räumfahrzeuge zugeschnitten. C war dabei seinen Bereich zu räumen. Kommt J an und räumt im selben Bereich. C gleich den Funk genommen. Was machst du in meinem Revier? J antwortete oh ich hatte noch den alten Plan im Kopf."

Das Funkgespräch war emotional aufgeladen. Das kann ja mal vorkommen, dass man einen alten Plan im Kopf hat. Aber sich deswegen an die Gurgel gehen? Nun die beiden mochten sich ohnehin nicht sonderlich. Die beiden hatten oft Streit.

Wir vermuteten, dass H das unbedingt erzählen wollte, aber weit gefehlt.

Er hatte den Auftrag bekommen Ersatzteile zu holen, es wurde er und F losgeschickt. In dem Laden angekommen, die Ersatzteile unterm Arm, entdeckten sie einen Kaffeeautomaten und der Gedanke warum nicht war sofort da. Und so nahmen sie sich einen Becher und wer kam zur Tür rein C und was macht der als nächstes er plauderte mit dem Chef und schon kochte die Suppe über. Da war die Wut her, der Chef hatte ihn zusammengeschissen. C setzte noch einen drauf als er zu H sagte.

„Du bist doch nur auf Überstunden aus." H hatte dann C die Meinung gegeigt, das muss heftig hergegangen sein. C war dann wutschnaubend in seiner Werkstatt verschwunden. Den Rest der Erregung ließ H bei uns ab.

NETTER MEISTER

Es ist Mittwoch und kein Meister zu sehen.

„Wo bleibt der Meister, der war schon seit Montag nicht mehr hier?", fragte A2.

„Der kann nicht kommen", sagte ich.

„Warum das denn nicht?"

„So scheiß freundlich wie der war, das kann der nicht aufrecht halten."

A2 warf lachend das Geschirr auf die Ladefläche. „Da hast du bestimmt Recht."

DIE LETZTEN URLAUBSTAGE

A2 und ich hatten noch Urlaubstage nach und die sollten wir bis Jahres ende abfeiern. So fuhren wir zum Büro. Der Chef saß an seinem Tisch, der Meister an seinem. Der Chef schaute aus dem Fenster und seine Miene verdüsterte sich. Ich freute mich. Und öffnete die Wagen Tür, was ich für gewöhnlich nie machte, ich schickte immer einen ins Büro, aber wegen meinem Urlaub musste ich selber hin. Dem Chef wurde klar, ich komme ins Büro. An einem Tisch saß die Putzfrau und machte Pause. Sie sah plötzlich zu mir, da war ein blöder Spruch vom Chef gefallen. Wir betraten den Flur, der Chef rannte an uns vorbei und meinte. „Na Männer" sagen zu müssen. Als wüssten wir das nicht selber. Zu wissen, dass der Mann aus Angst vor mir aus dem Büro türmt, machte gute Laune. Das zeigt auf, dass sein Tun ihm zu schaffen macht.

DIE ZUNGE SOLL MIR ABFALLEN

Es ging auf halb acht zu und wir waren abfahrtbereit.

Tauchte der Chef auf. „Was macht ihr heute?", wollte er wissen.

A2 sagte wir machen Knickpflege und fuhren vom Hof. Der Chef folgte uns.

Das gefiel A2 nicht sonderlich, bis Frühstück sollte Stadt Rundfahrt sein. Na gut dann eben Später. Am Einsatzort angekommen. Wir hatten noch reichlich Buschwerk vom Vortag liegen. Sowas kam beim Chef immer gut an. Der Chef besprach mit A2 den Tag, oder was der dafür hielt, ich schwieg. Der Chef versuchte mich ins Gespräch hineinzubekommen, nett und freundlich wählte er die Worte, ich verweigerte ihm das gelingen. Sein Ziel war es A2 als Zeugen zu gewinnen. Ich war doch nett zu Friedrichsen, alles, was der sagt, ist doch gelogen. Aber das hatte ich durchschaut und A2 machte da auch nicht mit. So fuhr er davon.

„Der hat nach Alkohol gestunken", sagte A2 anschließend.

„Er wird gestern gefeiert haben", sagte ich und bemerkte, dass ich den Mann, der mir den Tag versaute, verteidigte. Die Zunge soll mir abfallen würde mir das noch einmal passieren.

GLÜCKLICHER MEISTER

Ich machte meine Arbeit so, dass man mir keine Nach-
lässigkeit vorwerfen konnte. A2 verfolgte eine andere
Strategie. Er machte eine Ecke sauber und ließ etwas
stehen. Ich sagte das muss auch.

„Ich weiß, das ist für den Meister, damit er mir sagen
kann, das muss auch, dann ist der glücklich." A2 hatte
es gerade gesagt, da tauchte der Meister auf. Schaut sich
um und sagte.

„Das da muss auch."

„Ja machen wir", sagte A2 und ein glücklich verarsch-
ter Meister fuhr davon.

Lachend sagte A2 zu mir. „Siehst du, so geht das."

MÜLLEIMER

Mitarbeiter E war ein eigensinniger Mensch, er hatte seine
Marotten. Und polterte gerne los. Nun hatten wir Jahres-
wechsel und E baute die Mülleimer, für die er zuständig
war, ab. Nach Sylvester würde er die wieder anbringen.
So machte er es jedes Jahr. Und so sollte es auch in diesem sein. Er hatte Urlaub genommen uns aber nichts
gesagt. So fragte A2 den Chef wo E ist. Die Mülleimer
müssten angebaut werden.

„Ich weiß nicht wo der ist", sagte der Chef.

Ist nicht mein Problem, meinte A2 und so verging
der Tag. Am nächsten meinte A2 nach einer Stunde der
Irrfahrt durch die Lande.

„Mir geht es nicht gut, ich mach krank."

Und weg war er.

Der nächste Tag war da. „Friedrichsen du musst die Mülleimer anbauen", sagte der Chef, Anordnung ist Anordnung. Also baute ich die Mülleimer an.

Der nächste Tag war da und E auch. Das erste was der Chef ihm sagte. „Friedrichsen hat die Mülleimer angebaut." So als habe ich es auf eigene Faust getan. Und schon war Trouble pur.

„Warum machst du meine Arbeit", fauchte der Mann mich an und der Chef hatte genau das erreicht was er Erhoffte, Streit.

„Der Chef hatte mir den Auftrag erteilt, er hatte gesagt er wisse nicht wo du bist und wann du wieder kommst", verteidigte ich mich. Jetzt hätte man hinter E 20 Güterwagen hängen können so unter Dampf stand der. Klar wusste der Chef wie E tickte er kannte ihn aus Vorherigen Firmen in denen die zwei schon mit einander zu tun hatten. Wenn einer ihm seine Arbeit weg nahm Platzte der. A2 war nicht da, der hätte es für gewöhnlich übernommen, es passte alles perfekt. Für seinen perfiden Plan.

2 MINUTEN

A2 wollte Urlaub machen und rief beim Meister an und erklärte ihm genau wann und wie lange.

2 Minuten später klingelte das Handy. „Wann wie lange?" Der Meister hatte ein Gedächtnis wie ein Sieb.

PRINZIPIEN

O hatte mir erzählt, dass er ein Fest verlassen hatte. Weil die Mitarbeiter, die sich über den Chef beklagten, mit ihm feierten.

„Wenn man seinen Prinzipien nicht treu ist? Wo bleiben wir denn dann?" Seine Worte, nicht meine. Heute bin ich mit dem Firmenwagen unterwegs und bringe meinen Müll zum Betrieb, da sitzt O im Büro beim Chef und plaudert gut gelaunt und über die Scherze vom Chef lachend mit einem Becher in der Hand. Selber über den Chef herfallen und ihn verteufeln. Prinzipien sind nur für die anderen?

EIMER SALZ

Der Chef saß im Büro, das Telefon läutete.

„Ja Chef."

„Hier ist Z, kann ich einen Eimer Streusalz bekommen?"

„Ja klar kannst dir holen."

„Den kannst du dir in den Arschschieben", brüllte Z in den Hörer und hatte aufgelegt.

Am Tage danach brauchte der Chef eine Abwechslung, so suchte er die Vier auf und erklärte ihnen, dass sie zu doof seien um einen Faden gerade zu ziehen. So steigerte sich der Wortgebrauch ins Beschimpfen.

Dann fragte einer der Vier. „Wie ist es denn so mit einem Eimer Salz im Arsch." Dann legten die Vier richtig los und hatten den Chef ausgezählt. Der Chef zog den Schwanz ein und versteckte sich im Büro. Das Telefon läutete, es war einer aus dem Hauptbüro.

„Ich habe hier einige Aufträge, die erledigt werden müssten."

Den Auftrag können nur die Vier erledigen.

„Ich trau mich nicht zu den vieren, die haben mich zur Sau gemacht, kannst du da nicht selber hin und es denen sagen?"

Kochen soll die Sau

Seit Tagen hatte der Chef schlechte Laune, jeder der ihm über den Weg lief, wurde angepflaumt. Zwei Maschinen Fahrer waren dabei ihre Geräte zu reinigen. Kam der Chef angewackelt.

„Was macht ihr da?" Keinen Guten Tag. „Seht zu, dass ihr fertig werdet." Er ging weiter und schrie über den Platz. Beeilt euch gefälligst."

„Der hat aber schlechte Laune", meinte der eine.

„Der ist noch lange nicht schlecht gelaunt, so wie der uns den Tag versaut, Kochen soll die Sau", sagte der andere.

Scherben bringen Glück

Der Chef hielt eine Rede, das tat er gerne, ist er dann doch der Mittelpunkt.

Die Ansage galt der Sägetruppe.

„Stämme, die ihr sägt, sind aufs Firmengelände zu bringen und nicht zum Verheizen in eurem Kamin." Ansage Ende.

A2 gehörte zu den Sägenden. Wir sind im Außenbereich und Forsten einen Knick durch. Der Meister erschien und fragt A2 dieses und jenes. A2 sagte.

„Bring doch deinen Anhänger her dann machen wir den voll."

Der Meister schaute mich an. „Nein du hast den Chef gehört." Der Meister hatte einen Kamin zuhause, das war bekannt.

Tags drauf. A2 muss zur Firma, parkt vor dem Büro, ich verbleib im Wagen. Kam ein Firmenwagen angefahren, an dem hing der PKW-Anhänger vom Meister voll mit Brennholz. Der sollte nun zwischen parkenden Autos versteckt werden. Also versuchte man rückwärts zu fahren, nur kann das nicht jeder. Frauen haben da so ihre Probleme aber der war ein Mann und Jahre hinterm Lenker und absolut unfähig den Anhänger zwischen die parkenden Autos zu bugsieren. Also rammt er einen Wagen und zertrümmert das Rücklicht des parkenden Fahrzeugs und das vom Anhänger. Aber wozu hat der Mensch Füße. Also alle Spuren beseitigen bevor es einer bemerkt. Das kaputte Rücklicht hätte der Meister erst auf der Straße bemerkt wenn über Haupt. Da erblickt das Auge des Täters, mein Auge und plötzlich beginnt es in seinem Hirn zu arbeiten. Sein Hirn sagte ihm, wir sind entdeckt, was nun? Das Kleinhirn sagte, wir müssen uns ergeben. Und so latschte er zum Büro und musste dem Meister beichten. Der Chef saß ebenfalls im Büro. Ihr dürft das Holz nicht mit nachhause nehmen, wir erinnern uns.

KRANK

Ich hatte die Nase voll. Und hatte mir am Beispiel der Mitarbeiter das Krankmelden angewöhnt.

„Mir geht es nicht gut." Ein Anruf genügte und 2 Tage frei. Das ging bei allen nur nicht bei mir. Also durfte ich zum Oberchef. Ich hätte einen vom Personalrat mitnehmen können, müssen, eigentlich. Hätte aber auch einem Elefanten eine Tafel Schokolade in den Anus schieben können, das hätte denselben Effekt.

Mir gegenüber saßen der Oberchef, der Chef und der Meister. Und sie hatten ein Siegesgrinsen aufgesetzt. Und sie begannen mir von zu oft krank und so.

Mir fielen in der Kirche immer die Augen zu und hier geschah es fast auch.

„Sie werden in Zukunft einen Ärztlichen Attest vorlegen."

Ordnete der Oberchef an, der Chef lachte zufrieden.

Zwei Tage später. Ich rief wieder an, „mir ist nicht gut." Und bin zu meinem Hausarzt und hatte zwei Wochen mit der Option auf Verlängerung.

Ich kann leider nicht malen, aber die Gesichter der beiden hätte ich zu gerne in Öl gehabt.

KÄLTE

Unser Bauwagen wurde weggeholt. A2 fragte den Meister. „Wo ist unser Bauwagen?"

„Der wird gebraucht." Die Firma hatte 6 Fremdarbeiter beschäftigt, die einen Knick aufräumen sollten.

„Ja das ist gut, die Männer brauchen einen Platz um sich aufwärmen zu können", sagte A2

„Die sollen sich nicht aufwärmen, die sollen arbeiten", fauchte der Meister A2 an.

Es war Winter und 16 Grad Minus und keine Sonne am Himmel. Menschenverachtung nannte A2 das.

„Der ist doch genauso beknackt wie der Chef", sagte er, nachdem der Meister gegangen war.

NOCH EINE LADUNG BRENNHOLZ

A2 musste ins Büro und wie gewohnt hielt er vor dem Büro Fenster, das ist nicht Zufall, er kennt die angespannte Lage zwischen mir und dem Chef, so sorgte er auf seine Weise für Verständigung. Ich saß im Wagen und sehe den Chef nervös. Im Rückspiegel eine Bewegung. Der Meister ist dabei seinen Anhänger mit Brennholz zu beladen. Er packte um, von einem Firmenhänger auf seinen vor den Augen der Mitarbeiter und des Chefs.

PLANLOS

Wenn dem Meister langweilig wird, stellt er Arbeitspläne auf. Nur hauen die nie hin. Und auch dieser traf voll ins Aus. Mitarbeiter betrachteten den Plan und das Geschimpfe fing an. In dem Moment betrat der Meister den Raum.

Einer schon laut im Wort. „Was ist das für ein Meister? Der keine Ahnung hat, was für eine Scheiß Planung, der Meister ist zu nichts zu gebrauchen."

Der Meister machte kehrt und schlich sich davon. Die Mitarbeiter hätten erwartet, dass sich der Meister der Sache stellt, aber es ist einfacher andere zur Verantwortung ziehen als sich der eigenen zu stellen. „Kein Rückgrat", schimpfte ihm einer nach.

In den Morgenstunden des Winters. Wurden Bänke aufgearbeitet, die über Winter eingelagert wurden. Neu gestrichen und vermoderte Teile ausgetauscht. Eine Bank war noch nach. A1 kam dazu. Es befanden sich 5 Mitarbeiter auf dem Boden. Die Bank ist aufgebockt und voller Staub.

A1 Meinte. „Damit sind wir ja fertig."

Einer erklärte ihm, dass das noch Tage braucht. „Das ist doch in 10 Minuten erledigt", meinte A1. „Nein die Bank ist für den Meister", wurde ihm erklärt. Jeder hatte etwas in der Hand, Schmirgelpapier oder einen Pinsel.

Der Meister betrat das Lager. „Ah ihr seid noch dabei." Und ging wieder. Das Arbeitsgerät wurde weggelegt und Stühle hervorgeholt, einer streute noch Schmutz auf die Bank. Bis Frühstück waren es noch eineinhalb Stunden und morgen ist auch noch ein Tag.

CHEF KRANK

Stress macht krank, darüber braucht man nicht mehr Plaudern. Und der Chef bereitete sich selber Stress. Würde er Motzen gegen Loben tauschen, würde es besser laufen, also knallt er sich die Rübe dicht und liegt im Sauer.

KOPF VERLOREN

Der Meister war ein Vollidiot, das stellte sich im Laufe der Jahre immer deutlicher heraus. Und vergessen tat er auch immer alles. Der Chef war ein Planer der Bösen. Mit dem Meister Absprachen mit Fremdfirmen besprechen tat er mit Absicht nicht. So orderte er Fremdfirmen und der Meister stand da und hatte keinen Schimmer. Es tauchten Männer auf, der Meister in der runden Fenne, das Handy läutete, ein Wagen fuhr vorbei und einer rief etwas und dann läutete das Telefon, der Meister rannte kopflos über den Platz. Der Mann war total überfordert. Ich vermute der Chef lag grinsend in der Sonne.

ONKEL SAU

Von dem Onkel hatte ich ja schon berichtet. Eine Kameradensau. Nicht meine Worte die seiner Kollegen. Zu seinem Aufgabenbereich gehörte die Baumpflege. Somit hatte er alle benötigten Motorsägen, von klein und handlich bis Übergröße. Sein Partner und ständiger Begleiter hatte vor übers Wochenende etwas zu sägen, dazu hätte er gerne eine kleine Säge. Der Onkel hatte ab Montag Urlaub. Es war Freitag 5 Minuten vor Feierabend.

„Kann ich die kleine Säge haben?"

„Ja kannst dir Montag nehmen."

„Ich brauche sie Sonntag."

Onkel ging aus der Werkstatt. Der Kollege suchte die Maschine, nicht da. Onkel hatte die Säge gegen seine Gewohnheit eingeschlossen. Er wusste was sein Kollege am Wochenende vorhatte. Nur um ihm das zu versauen hatte er die Säge weggeschlossen. Auch am Montag könnte er die Säge nicht bekommen, da Onkel im Urlaub war. Also wurde Kollege laut bis die Fetzen flogen und Kollege neigte dazu Nasen zu verbiegen. Also gab Onkel nach, sonst war Urlaub im Streckverband angesagt.

Eine andere Geschichte von Onkel.

Es wurde ein Knick ausgedünnt. Onkel schnitt das Geäst und warf es hinter sich. Andere mussten das Geäst auf einen Haufen werfen, damit der Greifer es greifen konnte.

Zwischen Knick und Straße befand sich ein mit Wasser gefüllter Graben. Onkel warf das Geäst in den Graben, so mussten die Männer in den Graben und wieder zur Straße.

Einer sagte. „Werf die Äste über den Graben"! Das wäre ohne Mühe möglich.

„Nein das geht nicht." Und wieder Warf Onkel die Äste in den Graben. Dann begann der Krach und einige Männer sprangen über den Graben. Und Onkel konnte plötzlich die Äste über den Graben werfen. Man musste ihm nur zureden.

Onkel verbrachte seinen Urlaub in Ägypten und es wurde die Hoffnung ausgesprochen, das die Revolution die Gerade herrschte ihm den Arsch kosten würde, aber die Revolution machte einen Bogen um ihn. „Die Revolution hat Angst vor ihm", lästerte sein Kollege.

FUNK AUF KLO

A2 hatte ein Anliegen. So funkte er den Meister an. Der müsste im Büro sein, da der Chef im Urlaub war. A2 sendete nur das Rufzeichen, dann piepst es und man weiß es funkt mich einer an. Aber keine Bestätigung. „Ist doch seltsam, der Meister ist doch da?" A2 zog kurzerhand das Handy.

„Hier Meister."

„Wo warst du, ich hatte dich angefunkt?"

„Ich war auf Klo, ich hatte es gehört, aber konnte nicht ran gehen."

Es folgte Geplapper. Dann sah A2 mich nachdenklich an.

„Auf dem Klo kann man das Funkgerät nicht hören?"

„Nein, kann man nicht, aber du hattest ja auch nur die Ruftaste gedrückt und nicht gesagt, wer dran ist.

Und der Meister hatte Angst, dass die vier dran sind. Und davor hatte der Angst", erklärte ich ihm. Zustimmendes Kopfnicken.

EINE WEITERE EPISODE

Ein LKW-Fahrer stand bei seinem Wagen, kam der Meister angelatscht. Schaut den Mann an.

„HM", mehr sagte er nicht. Schaute ratlos den Mann an.

„Ich heiße G", sagte der Mann.

„Das weiß ich, ich weiß nur nicht mehr was ich von dir wollte." Und latschte zurück zum Büro.

L hatte Z getroffen. „Das mit dem Salzeimer war eine tolle Idee, aber wenn du den Chef totschlägst wirst du für immer unser Held sein." Z wollte darüber nachdenken.

WUNDERHEILUNG

Der Meister beklagte sich, es ginge ihm nicht gut die Knochen schmerzten und ihm sei Übel.

L sagte. „Das kenne ich, aber dann denke ich der Chef ist nicht da und schon geht es mir wieder gut." Der Meister lachte.

„Siehst du schon bist du geheilt." Sagte L.

ÖLPRINZ IN TOPFORM

Der Wagen von A2 musste in die Werkstatt. A2 zum Schlosser. „Die Bremse ist fest."

„Da ist nichts mit." Motzte der Schlosser A2 an. Ohne auch nur einen Blick auf den Wagen geworfen zu haben. Schlechte Laune gehörte bei dem zur besten Tagesform.

„Das linke Hinterrad läuft heiß."

„Lass stehen, kriegst Bescheid."

Drei Tage später. „Der Wagen ist fertig, kannst ihn abholen." Der Meister zu A2.

A2 zum Ölprinzen. „Der Wagen ist klar?" Kurze Fragen sind beim Schlosser eine Lebensversicherung. „Wie bist du den drauf? Du bekommst Bescheid und nun raus aus meiner Werkstatt."

A2 traf am Bauwagen an. E sagte. „Der Schlosser hat Bescheid gesagt, der Wagen ist fertig."

A2 wurde sauer. „Lass mich mit dem Wagen in Ruhe, es reicht mir."

„Ja das kenne ich, mit dem Mann kann man nicht auskommen. Nächste Woche wird es heißen ihr habt euch geprügelt", sagte E.

„Ich geh da nicht mehr hin und wenn ich zu Fuß gehen muss." A2 hatte den Wagen doch geholt.

SPACKEN

K war sauer, er sagte nicht warum, nur dass er dem Chef auf den Tisch scheißen wird sobald er im Lotto gewinnt.

„Und der Spacken, stellt sich auch nicht an den Schredder!" Dabei zeigte er auf den Meister.

„Na reiß dich zusammen", schimpfte der Meister.

Zu wenige Strassen

Frühstückspause und mein Bauwagen ist voll Leute. Mitarbeiter, die ihre Baustelle in der Nähe hatten, gesellten sich zu mir. Wie immer ist das Thema Chef auf dem Tisch.

L „Wir arbeiten und müssen uns Scheiße anhören. Und die hier nur spazieren fahren sind die Besten." M „Weil der Chef und der Meister keine Führung können und kein Interesse an der Arbeit haben."

L „wer arbeitet hat selber schuld." S „Wenn wir so blöde sind haben wir doch selber schuld." L „Ja wir werden gesehen und steht man mal, dann ruft irgendein Spacken beim Chef an und schon kracht es." Ich „Ihr seht das falsch. Wir sind seine Vorzeigearbeiter. Er ist ständig beim Oberchef und über wen reden die? Genau über uns, die anderen kennt der Oberchef nicht. Wenn wir auch spazieren fahren müsste der Chef wegen Überflüssigkeit gefeuert werden."

M „Du meinst wir sind seine Lebensversicherung."

L „Darauf kann ich verzichten." Frühstückspause Ende.

Gedanken

A2 und E, das hatte ich ja schon mal gesagt, haben ihre Probleme miteinander. Angefeuert vom Chef, der gerne noch nachlegte.

Die zwei hatten eine längere Unterhaltung, sie standen sich gegenüber, ich am Rande etwas abseits.

Ich horchte auf die Stimmen und sah die Körperhaltung, wie wer die Hände einsetzte und wo die Augen hingerichtet wurden. Ich bin beileibe kein Psychologe, aber ich konnte etwas erkennen.

Sie waren freundlich zueinander. Der Abstand zwischen den beiden betrug mehr als Armlänge. Und die Augen waren nicht auf die Augen des anderen gerichtet und die Schultern hoch gezogen, die Finger zur halben Faust geformt. Und diese Körperhaltung sah ich oft bei den Mitarbeitern. Über einander Reden fällt ihnen leicht. Aber sich mit ihren Gefühlen an jemanden Wenden, das hatte ich hier noch nie erlebt. Aus anderen Betrieben, in denen ich war, kannte ich es anders. Hatte einer ein Problem mit einem, dann wurde das offen erklärt und ausgeräumt. Hier kommt zuerst die Beleidigung dann der Streit. Und das zum Vergnügen vom Chef.

Zum Glück steht der Baum, unter dem ich sitzen werde, wenn ich Rentner bin, schon bereit.

Aber über eines bin ich mir sicher. Dass die welche heute noch der freund vom Chef sind werden morgen das Opfer sein. Es wird einen neuen Chef geben und ohne die Dinge zu benennen wird es so weiter gehen.

KRANKMELDEN

Ich sagte ja schon, dass ich mich nicht ohne Bescheinigung vom Arzt krank melden darf.

Nun wollte A2 einen Tag Urlaub haben. Er fragte den Meister.

„Melde dich doch krank, dann sparst du deinen Urlaub."

Da muss ich nichts weiter zu sagen oder?

AUFGEHETZT

Mitarbeiter erzählten, dass sie mit bekommen hatten, wie der Chef den Meister gegen einen Mitarbeiter aufgehetzt hatte. Und ihn zum Oberchef schickte, um sich über einen zu beschweren ohne das etwas vorgefallen war.

Gelegentlich möchte ich die Wortgewalt von E haben. Der hatte den Meister so runter geputzt, dass der sagte mit dem ist nicht gut Kirschen essen.

EINLAUF

Im Stadtgebiet sind einige Dinge unter Denkmalschutz, so auch Grenzsteine aus der Vorzeit. Von denen noch einzelne in einigen Gärten stehen. Und nicht entfernt werden dürfen. So einer lag eines Tages auf dem Freilager im Müll. Ich wollte schon los und das Melden, aber ein anderer war schneller. Und der Chef, so wurde berichtet. Soll einen Einlauf bekommen haben, der sich gewaschen hatte. Ich konnte mich gegen die innere Freude nicht wehren.

UNBEKANNTE SAGTEN EINST

Wissen erzeugt Einsicht. Und Erkenntnis wächst nicht im Dunkeln nur im Licht.

Gedanken springen von einem zum anderen wie Flöhe, beißen aber nicht jeden.

KOLLEGEN GEGEN KOLLEGEN

K suchte mich auf. Er hatte gehört, dass es Ärger mit B gegeben hatte.

Ich sagte nur. „Das gleiche wie immer."

In diesem Betrieb musste man jedes Wort überdenken, es kam jedes Mal zurück, nur hatte es dann eine andere Bedeutung und es hing ein neues daran. Er hatte auch mitbekommen das E und A2 sich in der Wolle hatten. Auch dazu sagte ich nichts. Er aber hatte von Mitarbeitern gehört. Das E über A2 den Toiletteneimer geschüttet hatte. Und da wurde ich dann doch neugierig. Und fragte nach.

„Die Grünen." So nannte E uns. „Die Grünen tun den ganzen Tag nichts. Das sagte er auch immer über den Chef."

E hatte auch mich beim Chef in die Scheiße getreten, A1 musste auch herhalten. E hatte keinen ausgelassen. A2 reizte ihn auch immer. Tauchte da auf, wo E auch nichts zu suchen hatte. Und wenn E mit dem Trecker nachhause fährt hängt A2 ihm an der Stoßstange. K meinte weiter. Das E schön leise treten sollte, immerhin machte er während der Arbeitszeit Schwarzarbeiten. Und treibt sich auch nur rum.

In dieser Firma ist Hackentreten an der Tagesordnung. Einerseits vom Chef getreten und dann gegen die Kollegen treten. Denn auch E gehörte zu den Opfern A2 und E hatten ihren Kleinkrieg und zogen andere mit hinein.

HILFSBEREIT

Auf einem Platz, an dem wir einen Lagerplatz hatten, sollte ich A2 einen Wagen übergeben. Wir sprachen kurz miteinander. Kam E mit dem Trecker angefahren und hielt vor einem Haus. Senkte die Frontschaufel. Eine Frau trat aus der Haustür, stellte sich in die Frontschaufel. Und E hob die Frau in die Höhe. Damit sie ein Fenster putzen konnte, die Frau war nicht mehr die jüngste und eine falsche Bewegung und die Frau stürzt ab. Nett ja, aber verboten.

LANGE HAARE

Ich bin nicht der Kurzhaartyp.

E hatte sich beschwert, dass einige Ecken nicht gereinigt würden. Nun wir waren in der Unterzahl. A1 fiel wegen Krebs aus und der Begleiter an meiner Seite hatte die Arbeit nicht für sich entdeckt und A2 hatte es nicht eilig. So wird eben nichts fertig. Und ich befand mich im Dienst nach Vorschrift Modus. Aber nun sind wir ja da. Kam auch schon der Chef an. Und erklärte uns die Arbeit. Hörte nur keiner zu, also folgte eine Übersprunghandlung.

„Du könntest mal zum Friseur", motzte er mich an. „Ich werde dafür sorgen, dass die abkommen." Ich sagte in aller Ruhe. „Meine Mutter liegt mir seit dreißig Jahren in den Ohren, dass die ab müssen und hat es nicht geschafft.

„Du glaubst doch nicht, dass ich dich noch dreißig Jahre ertragen will?"

GIFTSPRITZE

A2 kam zu mir, er war erregt, fragte was ich gesagt hätte.

„Was habe ich zu wem?", fragte ich ihn.

„Du hast zu E gesagt ich sei faul." Ich hatte mit niemandem über A2 gesprochen, mit E nicht und mit A1 nicht. Da versuchte einer Gift in die Gruppe zu spritzen. Diese Gruppe ist keine Einheit, das beileibe nicht. Aber zu vertraut miteinander, dass es dem Chef schon ein Dorn im Auge ist. Und gezielt mich ausgrenzen war seine Absicht.

BOX UNTERRICHT

Z hatte mal wieder beim Chef angerufen. Er würde nun Box Unterricht bei Axel Schulz (Box Profi) nehmen. Der Chef könne sich schon mal warm anziehen. Das musste der Chef auch gleich im Betrieb breittreten. Er meinte, dass das lustig sei. A1 fragte mich ob Z das tun könnte.

„Wer sich einen Feind schafft und den Tag im Zorn verbringt, so wie Z auf den Chef fixiert ist, kann alles möglich sein. Denke an Breivik der hat wegen was? 77 Menschen umgebracht ungezügelter Zorn kann tödlich sein und bedenke Z ist Alkoholiker, da ist nichts Lustiges bei."

Der Chef lebt noch.

A2 UND E UND KEIN ENDE

Wir hatten einen Schuppen weit ab vom Firmengelände, da waren Fahrzeuge untergebracht.

A2 hatte seinen Wagen gerade untergestellt, folgte E und stellte seinen Trecker unters Dach. Und der Zufall wollte es, dass ich einen Firmenwagen hatte. Nur der gehörte nicht zu diesem Schuppen. Ich war dabei meinen Arbeitsbericht zu schreiben. A2 entstieg seinem Wagen und E seinen Trecker. Ich wollte ein freundliches Hallo sagen. Aber E Explodierte geradezu. Was ihn aufregte wusste ich nicht, oder doch? Jedenfalls ging er auf A2 los.

„Das da, das hört auf."

Der Chef hatte E das Auto weggenommen, weil er damit zum Mittag nachhause fuhr. Das ging nicht so die Ansage.

Der Chef gab A2 das Auto und erlaubte ihm damit zum Mittag nachhause zu fahren. A2 wohnte in einem anderen Dorf E vor Ort. Und ich hatte A2 einen neuen Wagen gebracht der um einiges Bequemer war wie der alte. Damit begann der Streit aus dem Ruder zu laufen. Vom Chef genauso geplant. Dass die zwei dem Chef als Puppentheater dienten merkten sie nicht. Und wenn es nicht brennen will gießt man eben Benzin dazu.

A2 erzählte mir, dass E einem Bekannten Fenster geschenkt hatte, die nicht ihm gehörten, die hatte er ohne zu fragen von einem Hof geholt. Ein Bekannter von E hatte gehört das E Fenster zu vergeben hatte, er würde ihm die bezahlen. Da hatte E die Fenster in der Nacht bei seinem Freund wieder weggeholt. Ein liebenswerter Freund meinte A2.

DREI EINFÄLTIGKEITEN

Ich kam an einer Baustelle vorbei, die hätte schon vor Tagen abgeräumt sein sollen. Es sind die lieben Mitarbeiter E und A2 sowie mein Begleiter vor Ort. Keiner von den dreien hatte auch nur einen Finger gerührt. Die standen da wie Säulen. Mir blieb nichts anderes als es selber zu erledigen.

KEINE LUST

Arbeiten, die A2 zu erledigen hatte, sind liegengeblieben. Der Meister sprach ihn an.

„Mach das mal sauber."

Die Antwort von A2 „Nee keine Lust zu." Die Reaktion vom Meister? Keine.

Eine Woche später sprach der Meister A1 an. „Fahr da mal hin und erledige das."

Die Antwort von A1. „Ich mach doch nicht dem seine Arbeit." Die Reaktion vom Meister? Keine.

Eine Woche später. Der nächste Anlauf. Mein Begleiter wurde samt Bauwagen zur Baustelle befördert mit klarem Auftrag. Nicht lange gefragt, gehandelt wie von einem Meister zu erwarten. Nur der Mann rührte kein Werkzeug an, der saß im Bauwagen und legte sich die Karten. Der Meister fuhr vorbei, der Chef fuhr vorbei. Tag für Tag ohne etwas zu unternehmen. Hatte beide nicht interessiert. Eine Woche später. Ich begehe einen Fehler. Ich fuhr zum Einsatzort und begann den Krempel auf zu regeln. Da ich links angefangen war und nicht rechts, bekam ich eine Abmahnung.

Kurz mal weg

Ich musste die Karte einlesen lassen, da ich das vergessen hatte, dazu musste ich kurz in der Praxis vorbeischauen. Hatte nur 30 Minuten gedauert. Ich sagte zu A2 ich bin kurz beim Arzt. Kaum weg kam der Chef. Ich bin gerade zurück. Läutete mein Handy. Der Oberchef.

„Wo sind sie?"

„Am Arbeitsplatz."

„Und wo waren sie?"

„Beim Arzt."

„Sie haben sich beim Chef abzumelden, damit er weiß wo sie sind."

„Ja ist gut", sagte ich und dachte Berlichingen. Und schon war der Chef da und der Zoff begann. Kurz gesagt ich habe ihn aufgefordert mich rauszuschmeißen. Das war nun die dritte Aufforderung, die ich ihm anbot. Mich rauszuwerfen hatte er mir unzählige Male angedroht. Noch bin ich da. Der weiß auch nicht was er will. Er erreichte mich nicht, es war als stünde ich neben mir und betrachte einen Kinofilm. Ich hatte A1 vor Augen, der an Krebs erkrankt war und wusste, dass er sterben wird, und doch lächelte er lebensfroh. Er wird eines Tages sagen, Danke, dass du da warst. In diesen Tagen war er es, der mir ein Fels in der Brandung war, nur sagen werde ich es ihm nicht mehr. Hier nicht sein zu wollen begleitete viele den ganzen Tag.

Der Chef hatte ein. Wie soll man das sagen? Einen konstruierten Hinterhalt erstellt. Ich erhielt eine Abmahnung. Den Tand hat der Chef mir dann vorgelesen. Feuchte Suppe sabberte ihm über die Lippen vor Freude. Er meinte wohl, dass die mich einschüchtern können.

Das letzte, was ich habe, ist Angst vor einem Vollidioten. Die Rente vor Augen, da ist Zukunftsangst nicht
angesagt. Und für eine weitere Abmahnung findet sich
immer noch Platz. Dem meine Zähne zeigen wird mir
gefallen. Mir wurde auferlegt nur noch auf Anweisung
Arbeiten zu erledigen.

Schon am dritten Tag. „Du weiß was du zu tun hast."
Ich hatte immer einen auf unwissend gemacht. Ich fragte nach einem Termin beim Vertrauensarzt. Den hatte
mir der Personalchef schon vor Jahren angedroht nur
nicht eingehalten. Ich dachte es sei an der Zeit, bevor
ich in Rente gehe noch einen drauf zu setzen. Ich bat
auch um eine Versetzung, wurde strikt abgelehnt. Nicht
das ich es wollte. Dass ich es Forderte darauf kam es
an. Das Gegenteil von dem was man möchte wird wahr.
Wie sollte ich dem Chef auf den Geist gehen? Wenn
ich versetzt würde? Ihm anbieten es zu wollen, würde
dazu führen das er es Ablehnt. Und so war ich da wo
ich sein wollte.

Ich merkte dass meine Gesundheit nach mehr Scho-
nung rief. Das wäre doch gelacht wenn das nicht noch
verwendbar sein sollte.

Klar ich hätte mich auch anders Verhalten können.
Ich hatte meinen Teil beigetragen. Aber hatte ich eine
Wahl? Viele Dinge hätten anders verlaufen können.
Aber das ist doch nur ein Müßiger Gedanke. Und ehr-
lich gesagt jeder in diesem Spiel hätte es anders ma-
chen können.

Grinsend glaubte er mich fertig gemacht zu haben.
Es muss wohl einem inneren Orgasmus gleich gekommen sein. Ein Souverän ist der beileibe nicht und wird
es auch nie werden. Den Weg zum Oberchef hätte er sich

auch ersparen können. Aber ohne den Schutz seines Patriarchen würde er verloren sein. Ich hätte. Da ist dieses Wort schon wieder.

Verkehrte Welt ist das hier. Die hatten mich von meinem Posten des Vorarbeiters abgesetzt und mir einen neuen vor die Nase gesetzt und dennoch soll ich für alles was falsch lief der Verantwortliche sein. Und wenn es brannte sollte ich löschen. Aber aller müsse zum Trotz es ist wie es ist. Es entstand ein Zyklus Auge um Auge. Gandhi sagte einst. *Auge um Auge und die Welt ist blind.* Ich denke nicht die Welt wird blind, sie ist es bereits, aller Orts werden die Augen geschlossen Probleme verleugnet. Nur um im nach hinein sagen zu können. Wusste ich nicht.

NEUE IDEE

Nachdem der Chef mir nun bewiesen hatte, dass er der ist, der er ist. Was niemanden Interessierte. Wurde ich versetzt zum nächsten Posten. In den Innenbereich.

Der Schatten meines Rentner Baumes näherte sich.

Das Ziel vom Chef war klar. Mich absondern, da ich einen Zulauf an Informationen hatte, musste ich da weg.

Nur jetzt hatte ich neue Quellen. Die beiden mit denen ich nun Arbeiten sollte.

Hatten das Nichtstun für sich entdeckt und schöpften es voll aus. Es gab reichliche Beschwerden aber es interessierte weder den Chef noch dem Meister. Warum? Nun die zwei gehörten zu den Informanten vom Chef. Die beiden, ich sags mal so, waren im Herzen der Stadt. Jedes Firmenfahrzeug, aus welcher Richtung es auch anfuhr, musste an denen vorbei und damit hatte der Chef

ein Bewegungsmuster seiner Leute. Wer das Herz ab-
stellt, stirbt. Dann rief einer beim Oberchef an und es
sprudelten neue Informationen für mich. Der Chef hatte eine Maschine gekauft ohne Auftrag vom Hauptbüro.
Das gab Nackenschläge für ihn vom feinsten. Ohne meine Versetzung hätte ich das nie erfahren. Danke dafür.
Kaum hatte der Chef das verdaut, kaufte er die nächste
Maschine wieder gegen den Willen der Firmenleitung.
Um seine neuste Errungenschaft vor zu stellen, rief er
beim Oberchef an. Nur der saß in einer Sitzung und so
hatte er einen Anschiss vom feinsten. Und den nächsten
bekam er auf offener Straße vor Publikum vom Oberchef.
Was ich als Armutszeugnis für den Oberchef auslege.
Was für mich als Strafe gedacht war, entpuppte sich als
Segen. Ich wurde zurück versetzt.

FRAGE NEBENBEI

Ich hatte dem Chef einige Male angeboten, er könne
mich feuern.

Er hatte mir mehr als ich ihm anbot mich zu feuern,
gedroht er würde mich feuern.

Man hatte mich mit Abmahnungen beschmissen wie
zu Karneval mit Konfetti.

Warum bin ich noch hier.

Die Antwort ist so einfach wie ein Pups in die Hose.

Kündigung gleich Klage. Gleich Fragen und Antworten. Die Feinde vom Chef als Zeugen vor dem Richter.
Mehr Gedanken braucht es nicht.

SALZ UND STRESS

Ich erhielt den Auftrag eine verunkrautete Ecke mit der Krautbürste zu Reinigen. (Die Krautbürste ist eine motorgetriebene Fugenreinigungsmaschine)

Nun der Spaß begann damit, dass ich die Maschine auf einen Kleinlaster heben musste. Man kann das Ding nicht alleine heben, das ist unmöglich. Ich aber war alleine. Ich holte die Maschine aus dem Lager und stand nun neben dem Laster. In dem Moment kommt ein Mitarbeiter vorbei und half mir die Maschine auf die Ladefläche zu heben. Und ging weiter und war ums Eck. Da musste dem Chef aufgegangen sein, dass ich ja alleine nicht die Maschine aufladen kann, also, nett von ihm er eilt herbei, um mir zu helfen, ich schloss gerade die Lade Klappe und der Chef starrte mich an. Ich hatte leider keine Kamera dabei.

Ich hatte meinen Teil erledigt. Da hatte der Chef eine gute Idee. Salz muss in die Fugen, dann kommt das Unkraut nicht wieder. Also schickte er HU hin und der war sehr großzügig. Und schon hatte der Chef Angst, dass sich die Umweltschützer aufregen könnten. So musste R hin und das Salz wieder entfernen.

BÖSER MENSCH

Der Chef sagte zu einem, Friedrichsen ist ein böser Mensch. Um mich Unterkontrolle zu haben. Hatte er die Idee ich müsste fragen was ich soll, damit er immer weiß wo ich bin. Nur die Aufträge waren nicht durchdacht und ich richtete es so ein, dass ich immer nachfragen hatte, wenn er nach Hause zum Mittag wollte. Seine Mittagspause begann um 12 meine erst um halb eins.

„Mach was du willst." Ärgerlich ist es, wenn man Ärgern will und keiner ist verärgert, dann wird man ärgerlich. Ich liebte das Spiel.

HEILUNG

Von meinem Begleiter hatte ich ja schon berichtet. Das der plötzlich keine Arbeiten mehr sah und Schwierigkeiten hatte den Bauwagen zu verlassen. Den Hacker nicht von der Schaufel unterscheiden konnte. Und unsere Sprache nicht mehr verstehen konnte.

Sein verhalten wurde erzeugt.

Onkel hatte ihn vollgelabert und der Chef hatte seinen Teil beigetragen und ich vermute der Meister auch. Das Ziel war Unfrieden erzeugen. Mir war das Wurst, mein Tag hatte achtstunden und der Monat am Ende einen Zahltag. Das wurde nicht anders durch die Personen, die neben mir standen und einen auf Blödmann machten. Ich ließ den Mann ins Leere laufen, auch die beiden As hatten ihre Not mit dem Mann. Nun ging dem Onkel die Munition aus, einen der nicht aus dem Bauwagen kam, konnte man nicht mehr Vollpumpen und auch das Gehetze vom Chef versiegte. Und siehe da er hatte die Tür vom Bauwagen gefunden und auch der Unterschied des Geschirrs konnte erkannt werden und verstehen konnte er uns auch wieder. Ein Wunder war geschehen. Ein Blinder wurde sehend.

HINTERHALT

Ich hatte darauf hingewiesen, dass eine Arbeit gemacht werden muss bevor uns, dass über den Kopf wächst.

„Nein, dazu haben wir keine Zeit." Die Antwort vom Chef.

„Ich gehe da auch alleine bei", bot ich an.

„Wegen dir machen wir keine Ausnahme, A1 hat gesagt eine andere Arbeit sei wichtiger."

So blieb die Arbeit liegen und es gab Ärger vom Oberchef.

„Ich habe Friedrichsen damit beauftragt, der wollte nicht", sagte der Chef.

„Ich hatte Friedrichsen schon vor Tagen den Auftrag erteilt", sagte der Meister.

Ich denke mehr brauche ich dazu nicht sagen.

ZUFALLSGESPRÄCH

Ich bearbeitete eine Hecke die eine Rasenfläche von einem Parkplatz trennt.

Ein Großflächenmäher fuhr heran. Der Mann, der die Maschine fuhr, war von Natur aus etwas zurückhaltend. Hatte kaum mit dem Chef zu tun. Rasen interessieren den Chef nicht, da konnte er sein Gift nicht unterbringen. Die Leute waren alleine unterwegs. Da gab es keinen Spaß Faktor.

Der Mann wirkte erregt. Und hielt genau auf mich zu, das hatte er noch nie getan.

Der Chef hatte ihn beim Kiosk erwischt. Und ihn runtergeputzt.

„Gerade der dessen Kumpels den ganzen Tag nichts tun." Sprudelte es hervor. „Man muss überlegen was man dem Chef sagt, der dreht einem das Wort im Mund um und sein Spion, die faule Sau, der soll mir noch einmal hinterherfahren, dann hole ich den aus dem Auto."

Die Wut, die der Mann im Bauch hatte, wurde vom Alleinsein unterstützt. Jeder Gedanke heizte den nächsten an und keiner da, der dem entgegenwirkt. Und gerade als der Kessel vor dem Platzen war traf er auf mich und ich wurde einmal mehr zum Blitzableiter. Ich hatte das Gefühl, würde der sich nicht auskotzen können, der hätte den Chef umgefahren, würde der ihm über den Weg laufen. Ich war zur rechten Zeit am rechten Ort.

KRAUTBÜRSTE

Das Ding verliert gelegentlich einen Bürstenteil. Und so musste ich zum Schlosser. Der Chef sah mich beim Schlosser und ruft ihn an.

„Was macht Friedrichsen auf dem Platz?"

Andere waschen ihren privaten Wagen in der Waschhalle während der Arbeitszeit.

PUTZFRAU

Die Putzfrau kam wie alle um 7 und begann das Büro zu reinigen. Der Chef musste jeden Morgen einen Spruch loswerden. Sein Publikum lachte nur die Putzfrau sah ihm sauer ins Gesicht.

„Das ist Mobbing", sagte einer der Mitarbeiter.

„Wenn ich nichts sage, ist sie auch nicht zufrieden", antwortet der Chef.

IDEENKLAU

Ich schlug dem Meister vor das wir das Unkraut in Offenen Rabatten nach dem Hacken, der Sonne zum Austrocknen überlassen könnten das würde uns Zeit ersparen.

„Nein das geht nicht, das muss sauber abgegeben werden", so der Meister.

Tags drauf sprach mich A1 an. „Lass das Unkraut in der Rabatte liegen, das kann die Sonne wegtrocknen." (Arsch) Mein lauter Gedanke.

A1 erhielt einen Auftrag. „Das ist doch die Aufgabe von A2."

„Ich weiß aber ich bekomme ihn nicht an die Arbeit." Die Antwort vom Meister.

A2

A2 sagte zum Meister. „Der Chef und Friedrichsen haben sich ordentlich gefetzt."

„Ich habe davon gehört, die beiden dürfen nicht aufeinander treffen."

WO WAREN SIE?

Ich war beim Arzt. Der muss auch wissen, dass er gebraucht wird. Wie ich nachhause komme, sagte meine Frau, dass mein Handy zweimal geläutet hätte. Da hat mich doch nicht einer vermisst? Sagte ich belustigt. Ich bin dann zur Arbeit gefahren, tauchte auch gleich der Oberchef auf und wollte wissen wo ich war. „Beim Arzt",sagte ich unbeteiligt.

„Warum haben sie sich nicht abgemeldet?"

„Oh ich hatte mich abgemeldet, beim Meister persönlich."

Der Oberchef ging.

Tags drauf. Oberchef tauchte auf. „Der Meister weiß nichts von einer Abmeldung."

Nun wurde ich innerlich sauer. „Ich war im Büro und habe meinen Arbeitsbericht reingereicht und mich ordnungsgemäß abgemeldet, Mitarbeiter W stand neben mir." Wortloser Abgang.

A1 sagte. „Gut dass du einen Zeugen hast wer weiß wo das geendet wäre."

VERÄNDERUNG

Ich hatte mir gesagt, dass es an der Zeit sei Vorsichtsmaßnahmen zu treffen und hatte in der Zentrale um meine Versetzung gebeten. Nicht das ich das wollte. Der Chef neigte dazu Leute, die er besonders ungern hatte, von einem Arbeitsbereich, in dem man sich eingewöhnt hatte, in einen ungeliebten zu versetzen. Die Eigenart vom Chef, die ich zu nutzen wusste, sagte man a sagte er b, also beantragte ich die Versetzung um die Versetzung zu verhindern. Logisch oder?

Der Zufall will dass, in meinem Arbeitsbereich eine Vorführung einer neuen Maschine stattfand. Der Meister ist da und einige Mitarbeiter der Meister grinst zufrieden übers Gesicht. Sein Handy läutete und sein Gesicht wurde Grau. Und er starrte mich an. Ich denke mal die Post ist angekommen.

ARBEITSBEGINN

An den Sommertagen finden die morgendlichen Einweisungen im Freien statt. Die Belegschaft stand auf dem Hof vor dem Büro. Ich stellte mich an den Rand weit ab vom Chef. Es kam ein weiterer Mitarbeiter, der blieb hinter der Hausecke stehen, damit der Chef ihn nicht sehen kann. Er sah kurz um die Ecke, dann sah er mich an und sagte.

„Wenn ich den sehe bekomme ich das Kotzen."

Ich sagte zu ihm. „Du musst das gute an ihm sehen, dann geht es dir besser."

„An dem ist nichts Gutes, der ist schlecht durch und durch, ich muss noch 15 Jahre mit dem."

„Das ist noch ein langer Weg", sagte ich. Ein weiterer Mitarbeiter erschien und blieb ebenfalls hinter der Ecke. Beide begannen über den Chef herzufallen, ich konnte leider nichts verstehen, da sie flüsterten, nur einen Fetzen, der Chef hatte einen gewaltigen Bockmist gemacht, ich wollte nicht nachfragen, sieht so neugierig aus.

Neuer Tag gleiches Ritual. Und es kam der Lieblingsspruch vom Chef. D:M:L: (Dann Man Los) Der Mitarbeiter, der neben mir stand, sagte. „Wenn ich das höre wir mir Übel." Er sagte es so laut, dass er sicher sein konnte der Chef hatte es gehört und der warf ihm dann auch einen zornigen Blick zu und der Mitarbeiter war zufrieden.

A2

A2 hatte sich für zwei Tage krank gemeldet. Am Tage danach sagte er mir.

„Ich war Angeln mit Freunden und mich einen Tag krankmelden war mir nicht glaubwürdig genug."

Ich hätte das keinem erzählt. Ich habe es ja auch besser, ich muss immer eine Krankschreibung vorweisen und darauf sind immer zwei Wochen.

GENERVT

K hatte einen Mitläufer bekommen. Der aber hatte die Arbeit nicht erfunden, kam, wann er wollte, und ging, wenn es ihm gefiel. K also zum Meister und beklagte sich. Keine Reaktion. K hatte seine eigene Strategie. Er ging morgens ins Büro vor dem Frühstück, gleich danach erneut kurz vor dem Mittag gleich nach dem Mittag mitten am Nachmittag und kurz vor Feierabend und das tagelang und siehe da, der Mitläufer wurde entfernt.

ÜBLE NACHREDE

Mitarbeiter E war leicht erregbar. Und dann muss er sich auskotzen. Das tat er sehr gerne bei mir. So ist mal wieder A2 dran. „A2 tut den ganzen Tag nichts und A1 ist auch nicht besser."

Ich sagte ihm. „Reg dich nicht auf das wird die Zeit richten."

„Ja das denke ich auch. Aber A2 reist dir beim Chef den Rücken auf, du musst den im Auge behalten."

Ich dachte, du bist auch nicht besser, aber ich sagte nur. „Ich weiß."

VERÄNDERUNGEN TEIL 2

Mein Antrag schlug Wellen. Ich hatte zur Begründung körperliche Überlastung angegeben, da es ein medizinisches Gutachten gab, konnte ich darauf aufbauen. Ich hatte fünf Tage gerechnet, es wurden 8, das Wochenende lag dazwischen. Nun wurde eine Sitzung veranstaltet. Oberchef, Chef, Meister, Personalrat und ich.

„Eine Versetzung kann es nicht geben. Da der Arbeitsbereich, den ich vorschlug, würde mit körperlichem Einsatz verbunden sein. Ich muss in meinem Bereich bleiben, aber alles körperlich Schwere sollten die Kollegen übernehmen." In dem Bereich, den ich vorschlug, konnte sich der Chef nicht anschleichen und es gab dort Kaffee und Kuchen. Ich hatte erreicht was ich wollte und diesen Antrag werde ich in den kommenden Jahren noch wiederholen. Noch 3 Mal, aber nur mündlich und beim Oberchef ich will ja keinen Ärger.

MAGENSAUSEN

Ein neuer Tag. Ich wollte den Wagen aus dem Unterstand holen. Verbarg sich dort ein Mitarbeiter. Er versteckte sich vor dem Chef.

„Was tust du hier?", fragte ich freundlich.

„Eine Rauchen", war die verbitterte Antwort.

„Warst du nicht vorne?"

„Bist du? Wenn ich den sehe wird mir übel. Und wenn ich den höre, dreht sich mir der Magen um. Es ist soweit, dass ich Magensausen habe, wenn ich zur Firma fahre, dann bekomme ich Angstzustände und mein Puls rast."

Dem Mann trat der Schweiß auf die Stirn nur vom Berichten.

TRECKER TOTALSCHADEN

Ein Großflächenmäher-Fahrer machte Urlaub. Ein anderer übernahm den Trecker.

Urlaub ist zu Ende. Er wollte auf seinen Trecker steigen. Das war nicht der Trecker, den er zurückgelassen hatte, der hier war aus Resten zusammengeflickt worden.

Er zum Meister.

„Was habt ihr mit meinem Trecker gemacht?", fragte er total sauer. Der war gerade zwei Jahre. „Dein Vertreter hat ihn auf die Seite gelegt, Totalschaden."

„Dann will ich einen neuen, mit dem Schrotthaufen arbeite ich nicht."

„Das geht nicht, der Oberchef reist uns den Arsch auf, wenn der erfährt, dass der neue Trecker Schrott ist."

„Wenn der mich fragt, sage ich ihm die Wahrheit, ich nehme doch nicht euren Scheiß auf meine Kappe." Sauer zottelte er vom Hof.

A1 TRIFFT AUF MEISTER

A1 war im Büro beim Meister und besprach eine Nachpflanzung. Das sei eine gute Idee. So der Meister.

„In dem Bereich xy müsse auch nachgepflanzt werden", fügte A1 noch dazu.

Nur im Bereich xy war der beste Freund vom Meister zu werkeln.

„Nein das geht nicht", fuhr der Meister A1 über den Mund. „Und was denkst du dir, das geht dich doch nichts an."

A1 sagte zu mir. „Es gibt Leute, von denen hält der Meister jede Arbeit fern."

RAUSSCHMISS

Ich hatte einen Winterdienst mit gemacht, da eine Menge Leute wegen Krankheit fehlten. Und gleich nach dem Beenden wieder rausgemeldet. Und was machte der Chef, ohne mich zu fragen er setzte mich wieder auf die Rufliste.

A2 sprach mich eine Woche später an. Und erklärte mir, dass einer aus dem Winterdienst geflogen ist. Und dafür A1 in den Winterdienst aufgenommen wurde.

„Lachend hat der Chef mir erzählt, dass er dich aus dem Winterdienst geworfen hat."

Der Chef hatte A1 bereits für den Winterdienst angeworben bevor er mich wieder auf die Rufliste setzte, das alles nur um einen Sieg über mich verbuchen zu können.

Gedanke am Rande.

Der eine tritt den anderen.

Ist der, der tritt, stark?

Ist jener, der getreten wird, schwach?

Wird der, der getreten wird, stark wenn er zurücktritt?

Ist es Stärke nicht zurückzutreten?

Ist es Stärke immer denselben Weg zu gehen obwohl man getreten wird?

Wird der stärker, der tritt, wenn man nicht zurücktritt?

Sollte man Freund von einem Treter werden um nicht getreten zu werden?

Kann man Freund von einem Treter werden?

Wenn nun aber der Treter schwach ist und der Getretene stark, wer sollte dann wessen Freund werden?

Ist es nicht besser die Hand zu reichen als die Faust?

Wäre das nicht wahre Stärke?

UNFALL

Ein Mitarbeiter ist mit seinem Firmenwagen einem Verkehrsteilnehmer ins Auto gefahren. Zum Glück keinen Personenschaden. Aber schlimm genug, dass es nicht mit einem Tut mir leid erledigt sein konnte. Also rief er beim Chef an, nur der ging nicht ans Telefon. Der Meister kümmerte sich um den Mann. Blieb bis zum Abschluss aller Erfordernisse bei ihm. Das wäre die Aufgabe vom Chef gewesen, der aber war bei einer Feier, ein Mitarbeiter hatte Jubiläum und die Feier war im Aufenthaltsraum. Er war also greifbar, nur war ihm Saufen wichtiger als sein Untergebener. Das Wohl seiner Mannschaft ging dem Chef am Arsch vorbei.

ARBEITEN

Wir erinnern uns? Ich hatte einen Antrag um Versetzung gestellt. Und die Ansage erhalten ich kann alle schweren Arbeiten abgeben? Das ist nun drei Tage her. Und mein Auftrag für heute ist Möbelschleppen. Soviel zum Wort Fürsorgepflicht. Ich hätte zum Oberchef gehen können, aber wozu habe ich einen Arzt.

DROHUNG

Ich hatte einen Firmenwagen zur Verfügung. Kam der Chef angerauscht und blökt mich an.

„Ich kann dir auch den Wagen wegnehmen, der ist nicht für dich alleine."

Was ihn geritten hatte weiß ich nicht. Ich langte ihm den Schlüssel hin und sagte.

„Ich brauche keinen Wagen." Weg war er ohne mir den Schlüssel abzunehmen.

URLAUB MIT ÜBERSCHUSS

Ich hatte mich vertan und geglaubt noch vier Urlaubstage zu haben und nahm die zum Jahresende. Der Meister trug die Tage in die Urlaubsliste ein und wünschte mir alles Gute. Am Morgen des vierten Tages klingelte mein Telefon, der Meister.

„Sie haben einen Tag zu viel beantragt." Er sprach so, als sei ich Schuld. Er hatte die Urlaubsliste auf dem Tisch und strich jeden Tag ab. Man kann etwas übersehen. Ich hatte den Urlaub Tage zuvor beantragt, das ist so üblich, also warum stolpert er am letzten Tag darüber, warum nicht am zweiten dann würde ich den Urlaub eben beenden. Langes Gelaber mit dem Ergebnis den Tag über Überstunden zu verrechnen. Putzig war, dass anderen Mitarbeitern Minus-Tage eingeräumt wurden. Oder zum Krankschreiben gezwungen wurden damit die ihren Urlaub retten können.

Ich möchte das Wort Arschloch nicht verwenden, sollte es dennoch auftauchen, dann war ich das nicht.

HALBES JAHR

Man hatte sich überlegt wie könnte man das Arbeitsklima verbessern. Zum einen wurde das Leistungsgespräch eingeführt, damit Chef und Personal über getanes und zu Tuendes reden ins Gespräch kommen. Und das Halbjahres Gespräch zur Ergänzung. Es muss unterschrieben werden, dass es stattgefunden hatte. In der Regel lag der Zettel auf dem Tresen und im Vorbeigehen Krickelkrackel drunter und gut ist. Denn mit diesem Chef will kaum einer reden.

HECKEN MEISTER

Wie gesagt der Meister war Gärtnermeister nicht Tischler.

Unsere Firma musste eine Hecke entfernen lassen. Und nun musste sie ersetzt werden. Soweit ist es noch in Ordnung. Der Meister besorgte die Pflanzen und die As durften die Hecke pflanzen.

Kam der Mann, an dessen Hecke es war.

„Das sind doch wohl die richtigen Pflanzen? Die Hecke soll wieder so werden wie sie einst war."

„Ja klar", sagte der Meister. Der Mann ging zufrieden ins Haus.

A1 sagte dem Meister. „Das sind nicht dieselben Pflanzen, der Teil der Hecke, die noch steht, sind kleinblättrig, die du besorgt hast, sind großblättrig."

Der Meister antwortete. „Wenn man die Hecke schneidet werden die Blätter von alleine kleiner."

Das ist totaler Schwachsinn.

A1 sagte weiter. „Das ist nicht nur eine andere Sorte, das ist eine andere Art."

Antwort vom Meister. „Im Laufe der Zeit ändern sich die Pflanzen ohnehin."

Noch mehr Blödsinn.

A1 sagte ihm. „Die stehende Hecke sind Immergrüne und die du besorgt hast sind Laubabwerfende." Mit gesenktem Kopf schlich der Meister davon. Es wäre ein Leichtes gewesen den Irrtum ein zu gestehen und einen Austausch zu machen. Der Ärger wurde in den Winter verlagert, denn dann bemerkte der Mann den Fehler.

TRECKER DIE 2

Der Trecker Fahrer wurde zum Hauptbüro beordert, um was es ging sagte er mir nicht. Man hatte neben wichtigen Dingen auch nach seiner Zufriedenheit mit dem neuen Trecker gefragt.

„Der hat Totalschaden." Auf die Frage hatte er lange gewartet. Der Schrott ist nicht neu. Er durfte erklären wie das geschehen konnte.

„Das erklärt die Flut an Rechnungen. Wir hatten uns gewundert wie es sein kann, dass so viele Maschinen gleichzeitig kaputt sind, das erklärt alles", sagte der Mann im Büro. Der Chef und der Schlosser haben den Trecker über das Besorgen von passenden Ersatzteile für andere Gerätschaften wieder zusammengesetzt, den Totalschaden vertuscht. Was danach geschah weiß ich leider nicht, aber dem Chef dürften Fragen um den Kopf geflogen sein, von dessen Existenz er nichts ahnte.

SAUFEN

Weihnachtsfeier. A2 erzählte mir Tage später. Der Spion hatte ihn mit den Worten „dich mag ich nicht" in den Schwitzkasten genommen. Da hätte der Chef zwischengehen müssen. Der aber war voll bis über die Hutkrempe.

SCHLECHTE LAUNE

Der Meister erschien bei E und beklagte sich. „Der Chef hat schlechte Laune, egal was ich frage, ich bekomme keine Antwort. Der geht mir auf den Sack."

ÖL GEGEN QUIETSCHEN

Im Winter werden Bänke repariert und neu gestrichen jedes Jahr derselbe Ablauf. Die werden auf den Boden gebracht da ist Platz und es ist warm. Eine eiserne Treppe führte zum Boden und eine eiserne Tür bildete den Eingang, nur quietschte die beim Öffnen. Der Chef ließ sie vom Spion ölen. Das Ziel, die Tür öffnen können, ohne gehört zu werden, so konnte der Chef sich anschleichen, um zu hören, wer über ihn herzieht. Wie ein Verbrecher dachte er eben schräge.

SCHRÄGE

K erzählte mir eine Geschichte. Frühstückspause war beendet. Der Bauwagen stand am Ende eines Weges. Der Weg selber war abschüssig. Die Leute hatten ihre Frühstückspause überzogen. Taucht der Chef auf und trompetete ins Horn. Keiner hatte ihn kommen hören. Er hatte den Wagen den abschüssigen Weg rollen lassen. Das mit der vollen Absicht die Männer im Bauwagen zu erwischen.

SUPERVISION DIE 2

Der Chef musste erneut zu einer Supervision. Eine hatte er mit mir. Wir erinnern uns. Nun die nächste. Der Chef hatte es mal wieder übertrieben. Er ging zu seinem Opfer und fragte.

„Willst du das wirklich?"

Der ist so nett oder blöde und sagte nee. Dem Chef war es gelungen seinen Hals aus der Schlinge zu ziehen, nur nicht begriffen ihn nicht wieder hineinzustecken. Dem Arbeitgeber war das scheinbar recht.

NICHT WICHTIG

Ein Auftrag musste mit Sorgfalt erledigt werden. Onkel, den wir ja schon kennen, war sich selber wichtig. Nun ergab es sich, dass er unwichtig war. Es waren Spezialisten gefordert. Man darf sich wundern, aber die gab es in der Firma. Onkel dachte sich in der ersten Reihe, nun wurde er zur Staffage. Sonst das Sagen musste er nun Baustellensicherung machen. Der Meister erschien. Onkel auf ihn zu.

„Kann ich nicht was anderes machen?"

„Warum?" „Baustellensicherung ist eine Aufgabe für Idioten."

Sein Partner, der ihn schon zehn Jahre begleitete, hörte das und explodierte.

„Ich habe 13 Jahre Baustellensicherung für dich gemacht, bin ich ein Idiot?"

Eine Ehekrise war geboren. Der Begleiter von Onkel hatte die Faxen dicke und hat nun so gesägt wie es Onkel auch zu gerne tat. Lange, dicke Äste, die kaum zu tragen sind, und Onkel musste schleppen. Er keuchte und schimpfte.

„Ihr seid Idioten."

Sein Kumpel schimpfte zurück.

„Kannst mal sehen was du mit uns machst, dann heißt es immer stellt euch nicht so an."

Gekeucht hatte Onkel und geschwitzt.

„Ich habe auch schon mit Onkel gearbeitet", sagte J. „Der hat gesägt und runtergeworfen und gerufen seht zu, dass ihr aufräumt."

Ich lächelte und erklärte ihm erlebtes.

„Kenne ich, ich war mit meiner Gruppe in der Nähe eines seiner Auftritte. Onkel im Baum und sägte was das Zeug hergab und unterm Baum seine Leute. Die meinten, ich und meine Jungs sollten ihnen helfen. Ich sagte denen der sägt und meine Jungs bekommen das Geäst auf den Kopf, nee Danke. Die wurden sauer. Und im nächsten Moment krachte ein Ast einem der Idioten auf den Kopf."

FREUNDE SIND KEINE FREUNDE

Im Betrieb gab es Freunde und die die keine sind. Wer wer war wusste man erst wenn es so weit war. Zwei die sich einig waren und die besten Freunde vom Chef, da man alles, was man sah und hörte, an den Chef meldete. Waren immer Freunde. Nun schnitten diese Freunde eine Hecke. Es war Sommer und in der Nähe gab es ein Café. Und man ist ja der Freund vom Chef. Aber es gab ein Problem wohin mit der Maschine? Nun so liegen lassen das man sie vom Fenster aus sehen könnte. Also legte man die Maschine so auf den Bürgersteig, dass man sie im Blick hatte und setzte sich ins Café. Nur hatte der Chef eine andere Auffassung von Freundschaft. Und so machten die zwei die Erfahrung, dass Freund sein nicht bedeutete über andere herfallen zu können und selber Immunität zu erhalten. Zufällig kam der Chef vorbei und sieht die Maschine auf dem Bürgersteig Liegen und weit und breit kein Mitarbeiter. Er ist ins Café gestürzt und hat die beiden vor dem Publikum so was von in den Boden gestampft. Die beiden haben von da keinen mehr an den Chef ausgeliefert. Learning by doing, nennen das die Amis.

BEGEHRTER FIRMENWAGEN

Es wurde ein neuer Firmenwagen angeschafft. Ein Kleintransporter mit bequemen Innenraum. Die wir sonst so haben sind sehr klein gehalten auf reine Funktionalität ausgelegt. Nun den neuen Wagen gab man mir und meinem Begleiter. Ich hätte keinen benötigt, aber wenn man das so will. Es hatte auch seine Vorteile, so sahen wir Stadtteile, von denen wir nichts wussten. Ich hatte einige Tage Urlaub und schon hatten sich die As den Wagen genommen. Unterm Unterstand stand noch ein Funktionaler. Ich nahm ihn mir. Fragte mich der Meister was ich wollte.

„Ich fahr zu den As und hole mir den Wagen."

„Ja mach das, tausch die Autos."

Und nun begann das weh und ach. Ich erklärte den As, dass ich meinen Wagen zurück haben will.

„Das geht nicht, ich habe mit dem Meister abgemacht, dass der Wagen von nun an meiner ist" regte A2 sich auf.

So nicht. Dachte ich mir. Aber der Klügere gibt nach, so überließ ich ihm den Wagen. Dann hatte der liebe Gott eine Idee und ließ es schneien. Nun musste A2 auf den Schneeräumer und der Wagen war unbesetzt. Klar, dass ich mir meinen Lieblingswagen unter den Nagel riss. Das Schneeschieben hatte ein Ende. Ich war auf dem Firmengelände. Tauchte der Meister mit A2 im Schlepp auf.

„A2 braucht einen Wagen", sagte der Meister und erwartet, dass ich den Wagen verlasse. Es war kein anderes da.

Ich sagte trocken. „Ich benötige den Wagen." Da hängte A2 sich an die Heckklappe und wollte mich am Davonfahren hindern. So versessen war der auf den Wagen. Das sollte so einige Minuten weiter gehen. Ich schaltete auf stur, nicht, dass ich Wert auf den Wagen legte, aus reinem Prinzip. Zu meinem Glück, für A2 zum Unglück, kehrten die ersten Männer vom Einsatz zurück und boten deren Fahrzeug an, ein Funktionales allerdings und A2 wurde vom Meister gebeten den zu nehmen.

E hatte mir erzählt, dass A2 nicht müde wird mich beim Chef runterzumachen. Darum meine Weigerung. Nun hatte ich meinen Wagen erfolgreich verteidigt. A2 zog beleidigt davon. Es wird ihm am Ende doch noch gelingen sich den Wagen zu sichern, denn von nun an verstärkte er seine Bemühungen. Und die As werden Stadtteile erkunden, in denen noch nie ein Mensch zuvor war.

RÜCKTRITT

Mitarbeiter W hatte den Posten des Personalratsvorsitzenden inne. Er trat entnervt zurück. Er sagte mir, dass er die Schnauze voll habe. Der Chef Informierte ihn nicht über betriebliche Belange. Und der Oberchef ignoriere ihn. Die Betriebsleitung würde seine Arbeit als Personalrat behindern und ihn mit stetigem Kleinkrieg den Tag verderben. Ich dachte nur. Dieser Personalrat hat sich nie für die Mitarbeiter eingesetzt, nie nachgefragt und alles abgenickt, was der Chef wollte, ihr könnt euch ruhig auflösen.

IMMER WIEDER CHEF

Ich war zu Gast in einem anderen Team.

Frühstückspause. Ich hielt mich zurück, da ich ja nur zur Verstärkung da war. Der Chef hatte gerade seinen Besuch beendet. Der Letzte war noch nicht im Bauwagen, da ging es schon über den Chef her. Einer sagte. „Immer wenn der Chef auftaucht geht die Leistung in den Keller."

Der nächste. „Er zerstört das Gemeingefühl, das wir macht der kaputt. Und mit seinen unnützen arbeitsfernen Anweisungen stört er den Arbeitsablauf."

Ich hörte nur zu, jede Abteilung hatte ihre Erfahrungen mit dem Mann gemacht.

Ein weiterer meinte. „Der Mann ist nicht nur betriebsblind, der ist auch ein Menschenfeind."

Gandhi sagte. *Alle Tyrannen werden am Ende scheitern.*

SPION MIT DOPPELSICHT

A1 hatte sich einen Wagen besorgt, nicht für die Arbeit die machte ich. Er sagte was andere dürfen steht mir auch zu. Er erkundete die Umgebung und entdeckte Spion in einem Wäldchen versteckt, der sich mit einer Flasche Bier an der Lippe und zwei weitere bereits entleert auf dem Armaturenbrett betrank.

LÜGEN

Wenn der Chef nicht weiter weiß, dann geht der zum Oberchef und lügt ihm die Hucke voll. Der Chef beklagte sich einst. „Ihr rennt immer gleich zum Oberchef und beschwert euch über mich."

Einer sagte ihm. „Du bist doch der, der dauernd zum Oberchef rennt und uns schlecht macht und lügen tust du wie gedruckt."

Wer die Wahrheit nicht weiß. Der ist bloß ein Dummkopf. Aber wer sie weiß und sie Lüge nennt. Der ist ein Verbrecher. Galileo Galilei

WILL ICH NICHT

Ich hatte ja schon von dem Mann berichtet, der unsere Sprache nicht mehr verstehen konnte.

Der Meister hatte eine Idee, dass der wieder mit mir zusammenarbeiten sollte. Ich sagte ihm, dass ich das nicht will.

„Der Mann behindert uns."

Das sagte ich auch dem neuen Personalratsvorsitzenden. Der Meister hatte dann die Idee, dass wir uns an einen runden Tisch setzen sollten und über das Problem reden. Das war mal eine gute Idee und hätte auch klappen können nur der Chef hat das dann verhindert. Der Streit, der vorherrschte, war sein Vergnügen, Einigkeit würde uns nur stärken und das musste auf jeden Fall verhindert werden.

PEITSCHE

Nun der Mann ist wieder da und das Spiel begann erneut. Nur regte ich mich nicht mehr auf. Ich hatte schon vor Zeiten auf Dienst nach Vorschrift geschaltet.

Ich erlaube mir einen Überblick zu geben.

Die beiden As verbrachten viel Zeit im Büro und fuhren durch die Stadt. Der Mann saß wieder im Bauwagen. Ich hielt einen gesamten Arbeitsbereich alleine Aufrecht. Und bekam nur Nackenschläge. Damit man es bildlich sieht. *Das Pferd, das die Kutsche zieht, bekommt die Peitsche.*

Es sind noch 1100 Arbeitstage, dann ist Rente angesagt. Ich beklagte mich, mit dem Wissen, nutzt nichts. Der Meister sagte.

„Nichts wird so heiß gegessen wie es gekocht wird."

Da mag er Recht haben. Nur sich an etwas abgekühlten verschlucken ist auch eine unangenehme Todesart.

KANN MAN ANDERS?

Alle Mühen sich zur Wehr zu setzen waren gescheitert. P, der Mann vom Siebentonner, hielt den Tag nur durch, weil er sich mit Glückspillen vollstopfte, es gab Tage, da war er super drauf, dass der hätte nicht mehr hinters

Lenkrad gedurft. Andere versteckten sich vor dem Chef. Ich reizte den Chef und forderte manches heraus. Der Chef trieb die Mannschaft vor sich her. Kann man sich da anders entscheiden. 1080 Arbeitstage noch.

RÜCKEN

Der Chef stand mit einem Mitarbeiter redend auf dem Parkplatz der Firma. Ich wollte zum Büro und ging an den beiden vorbei. Der Chef hatte mich noch nicht erblickt. Ich war noch in seinem Rücken. Nun geriet ich in seinen Blickwinkel. Und er drehte sich so, dass ich in seinem Rücken blieb. An seiner Körperhaltung sah ich, dass er sich sehr unbehaglich fühlte. Ich bin selten auf dem Gelände und wenn dann meistens um mich zu beschweren. Ich konnte mir ein Grinsen nicht verkneifen. Sein Gesprächspartner lächelte mir zustimmend zu.

VERPLANT

Mein Mitläufer zog es vor im Bauwagen zu sitzen, ich vermute wegen der Sonne. Die beiden As waren wie immer auf Erkundungstour, ich machte die Arbeit.

Stunden vergingen. Die As tauchten auf und kurz danach der Meister es wirkte wie verabredet.

Ich tat unbeteiligt. Hörte aber zu, man kann ja nie wissen. Sie begannen mit unnützen Gefasel, dann begannen die As meine kommenden Tage zu planen. Der Meister sah verstohlen zu mir. Ich machte weiter einen auf nicht anwesend. Dann nach dem die meine Arbeiten verplant hatten, fuhren sie davon. Ich wurde nicht aufgefordert an der Planung teilzunehmen. Von A2 durfte ich auch nichts anderes erwarten. E hatte mir mehr als einmal gesagt, dass A2 sich gerne auf den Knochen der Kollegen ausruht.

Zu A1, das sollte man bedenken, der war an Krebs erkrankt. Er hätte in Rente gehen können, das wollte er nicht. A2 sagte mir, dass er A1 zu sich geholt hat, weil er Krebs hat, denn das, was A1 nicht darf, das darf ich dann auch nicht, ich kann dann immer mit dem Argument kommen, ich muss mich um A1 kümmern. Damit erklärte er mir sein Alibi.

Aber von A1 hätte ich etwas anderes erwartet.

Auf dem Nachhauseweg hielt ich eine Personalversammlung ab. Und der Personalrat beschloss einstimmig am Freitagnachmittag in drei Tagen meinen Arzt nach seinem Befinden zu fragen, als Gegenleistung erhielt ich einen gelben Zettel. Damit war die Planung von A2 für die Katz.

DER DARF, DER NICHT

Mein Mitläufer, na ja ich nenne ihn so, aber genau genommen war er mehr der Bauwagenwächter. Wenn der Meister oder der Chef beim Bauwagen auftauchten. Dann fragten die, wo ist Friedrichsen? Nie raus da und an die Arbeit.

Kurz nach Sieben bei einem anderen Bauwagen. H ist 30 Jahre im Betrieb und kurz vor der Rente, Monate nur noch. Er gießt gerade Kaffee in einen Becher, noch schnell einen Schluck bevor die Arbeit losgeht. Riss der Chef die Tür auf und schrie ihn an.

„Sieh zu du faule Sau, dass du da raus kommst." Es ist nicht nachvollziehbar wo der Unterschied lag. Der eine konnte sich Monate lang im Bauwagen aufhalten und brauchte keinen Arbeitsbericht abgeben. Andere wurden fertig gemacht gaben sie den einen Tag zu spät ab. Und H wegen einem Schluck Kaffee, noch dazu war er gerade erst am Bauwagen angekommen war, der Chef war hinter ihm hergefahren. Naja 1000 Tage noch.

LÜGE

E war wochenlang krank. Dafür konnte er nichts. E hatte eine Tour, die zweimal in der Woche abgefahren werden musste. Die durfte ich übernehmen. A2 hatte keine Zeit, hatte er dem Chef erklärt. Keine Lust traf es genauer. Eine Tour lag montags an, die zweite freitags. E war genesen, sollte aber am Freitag zur Nachuntersuchung. Das hörte ich zufällig. Also war für mich die Frage logisch, wer macht die Tour? E sagte er habe mit dem Meister gesprochen und der habe einen für die Tour eingeteilt. Damit war für mich die Sache erledigt. E machte die Tour am Donnerstagnachmittag. Ich fragte A2 warum E mich anlog.

„E hatte Angst, dass du ihm die Tour wegnehmen willst."

ZUGEHÖRT

Zufällig begegneten sich zwei Mitarbeiter auf der Kompostieranlage. Die Unterhaltung, die sie führten, war recht laut, das Thema, wen wundert's, der Chef.

„Man sollte dem die Fresse polieren", sagte der eine.
„Ich habe gehört der sollte zum Personalführungskurs, hatte aber nur Ausreden." Der andere. Da tauchte
der Chef auf, denn der Platz wurde gerne als Versteck
genutzt. Die beiden gingen auf die Flucht. Die zwei gehörten eigentlich zum Freundeskreis vom Chef. Hatten
wohl auch ihre Erfahrungen gemacht.

KAPUTTE TÜR

Über den Winter wurden die Bauwagen zum Firmengelände gebracht, zur Wartung sollte etwas kaputt sein.
Wir hatten in unserem Bauwagen eine nagelneue Teleskopstange. Damit konnte man schön in den Baumkro-
nen sägen. Zum Bauwagen gab es drei Schlüssel. Einen
hatte mein Mitläufer, einen ich und der dritte war im
Büro. Der Meister tauchte bei mir auf.

„Wissen sie wo die Teleskopstange ist?", fragte er mich.

„Im Bauwagen, der steht auf dem Firmengelände",
sagte ich.

„Ach, ich dachte A2 hat sie auf seinem Wagen."

„A2 hat nie Werkzeug auf dem Wagen, er könnte in
Versuchung geraten zu arbeiten", sagte ich etwas angereizt.

Eine Woche später.

„Hast du eine Ahnung wer die Bauwagentür aufge-
brochen hat?", fragte A1 mich.

„Nein, keine Ahnung, fehlt was?"

„Ja, die Teleskopstange ist weg."

„Der Meister hatte die gesucht, frag doch ihn."

Er tat es, der Meister aber tat verwundert er wusste
von nichts, sagte er. Später stellte sich heraus. Der Meis-

ter hatte versucht die Tür aufzuschließen, hatte den falschen Schlüssel und diesen im Schloss abgebrochen. Da er die Teleskopstange einer betriebsfremden Person zu gesagt hatte, brach er kurzerhand die Tür vom Bauwagen auf. Und die Tat dann verleugnet. Und so stand der Bauwagen den Winter über unverschlossen auf dem Gelände, zugängig für jedermann.

Das Frühjahr nahte und wir brauchten den Bauwagen. Ich sagte dem Meister die Tür muss gemacht werden.

„Kümmer dich nicht drum, das mach ich schon."

Ich sprach den Meister noch viermal an ohne Ergebnis. Ich sagte zu A1.

„Wir brauchen nächste Woche den Bauwagen."

„Ich geh zum Chef."

Er ging ins Büro und fragte nach. Die Antwort vom Chef.

„Geh mir nicht mit deinem dämlichen Bauwagen auf den Geist."

Sauer wie noch nie sprach A1 mich an.

„Reg dich nicht auf, das erledige ich", sagte ich ihm, er beruhigte sich etwas. Ich schrieb dem Oberchef einen kurzen Brief. Mit der Frage, ob er jemanden kennt, der eine Bauwagentür reparieren kann. Noch am selben Tag wurde uns der Bauwagen gebracht mit neuer Tür.

„Musste das sein?", fragte mich der Meister.

„Hat doch gewirkt", sagte ich lachend.

KRANK

E hatte sich die Schulter verrenkt und das machte ihm zu schaffen. Er musste in einem bestimmten Rhythmus einige Betondeckel heben und nachschauen das alles in Ordnung ist. Nur mit der Schulter konnte er das nicht alleine, er brauchte einen Mann zur Hilfe. Also wen fragt man? Den Chef. Kaum die Frage gestellt ging das Gemotze los.

„Ihr seid doch nur noch krank. G meldet sich dauernd krank und Friedrichsen erst, A1 ist auch dauernd weg." E ging ohne eine Antwort abzuwarten aus dem Büro und kam direkt zu mir. Das musste er erst einmal verdauen.

„Wenn die so über euch herfallen, weil ihr euch mal krank meldet, dann fallen die auch über mich her", schimpfte er mich an. „Klar, das ist das einzige, was die können, über Leute herfallen. Oder hast du geglaubt deine Schulter ist hin? Du bist ein Simulant und willst dich vor der Arbeit drücken. Man kann auch noch mit dem Kopf unterm Arm Arbeiten", sagte ich.

„Wenn denen der Fuß juckt, dann liegen die gleich im Bett." Zornig vor sich her zeternd zottelte er zu seinem Trecker.

AUCH NUR NERVEN

Einige Mitarbeiter mussten immer dahin, wo es nötig war. So auch mein Mitläufer. Wie ich schon sagte, Onkel ist ein sogenannter Freund von ihm. Nun er war wochenlang in einem Bereich, in dem es einen festen Bau als Unterkunft gab. Die Truppe war stationär, wir hingegen waren Wanderarbeiter. Es gab eine Kaffeemaschine, einen Kühlschrank und Kuchen. Und Onkel machte da sein Frühstück. Wie wir wissen, trieb Onkel gerne Leute gegeneinander besonders gerne gegen mich. Und dem Gehetze war mein Mitläufer wieder ausgesetzt. Dann durfte er E helfen die Deckel zu heben. Und auch E neigte dazu über seine Kollegen herzufallen. Gehört in diesem Betrieb zur Grundvoraussetzung, Kollegen aufmischen. So mit Mist aufgeladen traf er auf mich und ich sah es ihm an, der war total verunsichert. Er fragte A2 wo er morgen hin soll. A2 ließ ihn die Arbeiten erledigen, die er hätte machen sollen. Dann fragte mein Mitläufer A1 was er machen soll. A1 ließ ihn zum Büro kommen. Der Mann hatte Angst, dass er mit mir sollte. Er sagte es nicht, aber seine ganze Körpersprache sagte es. Ich habe keine Ahnung was die ihm ins Hirn geblasen hatten, aber der war fertig mit der Welt. Hat eben auch nur Nerven.

LAPPEN WEG

Der Chef hatte mal wieder schlechte Laune. Es wurde gemunkelt, dass er vom Oberchef einen Einlauf erhalten hatte. Daran hatte ich dieses Mal keine Schuld. Kaum saß der Chef im Büro, kam einer seiner Freunde bei ihm an und sah verstohlen zum Fußboden.

„Was ist?", motzte der Chef ihn an.

„J hat seinen Lappen verloren, 2,9."

J hatte schon länger einen Führerschein nur ohne Hänger-Erlaubnis. Der Arbeitgeber hatte ihn nachschulen lassen auf Betreiben vom Chef. Und nun das. Ein Toben war die Folge, dass es auf dem Mond in den Nachrichten war.

Danach hatte er versucht A1 dazu zu bewegen mir meinen Wagen wegzunehmen als sei ich Schuld, dass J sich besoffen hinters Lenkrad setzt. Ich sagte nur kannst haben, und das Geschirr gleich mit ich gehe zu Fuß. Das war dann auch nicht richtig. Also hatte ich den Wagen wieder, zwar nicht für lange, denn mein kleiner Brief hatte noch Nachwehen.

MITGEZOGEN

Der Chef hatte sich ein Bild von mir gemacht. Nur stimmte das nicht mit dem überein, dass ich von mir hatte. Das man sich eine Meinung bildet? Gut einverstanden. Nur was ich nicht verstand, ist es, wie er es schaffte seine schräge Welt von mir auf Leute zu übertragen, die mich nicht kannten, nie zuvor gesehen oder gesprochen hatten. Ich sagte mal zum Meister.

„Sie reden genauso negativ wie der Chef."

Er antwortete. „Das färbt ab."

Ich hatte in vielen Betrieben Leute kennengelernt. Und mir die Meinungen von Menschen über Menschen angehört. Aber mir wäre nie in den Sinn gekommen meine Meinung nach der von anderen zu richten. Auch das Gelaber in dieser Firma änderte das nicht.

E Erzählte mir. A2 und A1 machen Hetze gegen mich. Der Meister erzählte mir, einer treibt Hetze gegen mich, Onkel Trieb Hetze gegen mich der Chef sowieso, E war auch nicht besser. Jeder hetzte jeden gegen jeden. Ich aber redete mit jedem der es zuließ beurteilungsneutral. Bei den meisten hats geklappt bei den Freunden vom Chef nie die gingen mir aus dem Weg als hätte ich denen die Wurst vom Brot geklaut. Der Chef zog die Männer mit, damit er sagen konnte, frag doch den, der wird dir über

Friedrichsen das gleiche sagen. Das zeigt auf wie gefährlich Manipulatoren sind.

Mir begegnete ein Mann. Er sagte, er käme gerade von einer Beerdigung. Sein Freund war von der Brücke gesprungen, weil sein Chef ihm das Leben zur Hölle gemacht hatte. Das Böse ist scheinbar einfacher zu leben als das Gute.

Die Geschichte zeigt es ja deutlich. Die welche Rufen macht sie nieder, werden Kaiser. Und der der sagt Liebet euch, kommt ans Kreuz.

VERBRANNTE LEBENSKRAFT

Bossing ist ein Feuer, es verbrennt Lebenskraft. Nicht nur von denen die direkt betroffen sind. Ehepartner brennen mit. Ehen zerbrechen und Menschen springen von Brücken und aus dem Fenster. Bei der Beerdigung sagt der Chef. „Das tut mir leid." Wenn er den hingeht. Aber auch die, die daneben stehen, brennen. Nicht wie die Opfer, aber aus Angst der nächste sein zu können. Und die Freunde vom Chef brennen ebenfalls, die dürfen sich keinen Fehler leisten, denn die wissen, der Chef ist nicht der Freund, der für einen durchs Feuer geht. Also ist die Freundschaft nur dazu da nicht ins Feuer geworfen zu werden, nicht echt. Und das ist auch ein Feuer, das in der Seele frisst. Und dann sind da die, die zwischen den Fronten stehen. So wie A1 der versuchte sich nicht mitziehen zu lassen. Andere bilden eine Phalanx so wie die Vier. Und doch brennt jeder einzelne von ihnen innerlich aus. Und die Arbeitsleistung leidet. Keiner in diesem Betrieb blieb verschont auch der Oberchef stand im Feuer.

Er musste den Chef verteidigen. Nein, er musste nicht, er könnte für Ordnung sorgen. Er wollte ihn verteidigen er hatte sich selber ins Feuer begeben. Jeder unnötige Stress verbraucht Lebenskraft das kann man in jedem Groschenblatt nach lesen. Und betrachtet man den Alkohol Verbrauch eines Mitarbeiters in diesem Betrieb dann bekommt man eine Ahnung wohin das führt. Der Chef selber hatte immer eine Flasche Schnaps neben seinem Schreibtisch stehen zum Feuerlöschen.

Ein Mitarbeiter rief bei ihm zuhause an. Nicht so wie Z um ihn zu belästigen, nein, er hatte eine ernste Frage. Es war morgens in der Frühe. Der Sohn ging an den Apparat.

„Kann ich deinen Vater sprechen?"

„Nein das geht nicht, der schläft in der Garage."

Dem Jungen wurde der Hörer aus der Hand gerissen. Der Mitarbeiter hörte wie der Chef sagte.

„Das darf doch keiner wissen." Heile Welt sieht anders aus. Und zeigt, dass der Chef in seinem eigenen Feuer brennt.

960 Tage noch.

RENTE

Ich könnte mit 63 in Rente gehen, das sind noch 960 Tage hin. Ich kann ohne Abzüge in Rente, da ich meine Jahre voll habe. Das ist also keine Frage. Die Frage ist warum? Sollte ich in Rente gehen, das Ende meiner Arbeitszeit ist mit 65 und acht Monaten. Die acht Monate sind ein Geschenk des Staates für die Arbeit, die Jüngeren bekommen noch mehr Dank. Mit 48 Prozent des letzten Brutto. Für einen Mann oder Frau mit einem gedachten Brutto von 2000 Euro. Man muss das nicht weiter ausführen. Wegen mehr Rente bräuchte ich nicht bis zum Erreichen der Altersrente Arbeiten. Das macht keinen Gewinn auf die Rente. Der einzige Gewinn wäre der Lohn für die Zeit zwischen dem 63. und 65. Geburtstag. Meine Frau und ich waren zur Rentenberatung. Wir hatten uns für die Rente mit 63 entschieden, nebenbei einen Minijob, Angebote hatte ich bereits. Und ein eigenes Haus hatte ich, um Miete brauchte ich mir keine Gedanken machen, alles passte perfekt. Die Arbeit als solches hatte mir Spaß gemacht. Nur nicht die mich umgebenden Personen.

Die Attacken vom Chef auf mich nahmen zu. Eine Aufforderung vom Chef, geh in Rente. Der hatte erklärt, dass in diesem Betrieb mich keiner mag. Nun ich hatte das Gefühl, dass ihn hier keiner mag. Und nebenbei gesagt war mir das absolut egal, ich hatte nicht das Bedürfnis gemocht zu werden, wer mein Freund sein wollte, war mir klar willkommen. Aber wer meinte mich nicht mögen zu wollen, konnte das gerne tun. Ich bin da und die sind da, damit hatte man eben umzugehen. Ich hatte mir nichts zuschulden kommen lassen. Außer die Chefs etwas aufzumuntern und über mich nachzudenken, das kann doch nicht falsch gewesen sein? Für mich spielte die Frage mögen die mich? Keine Rolle, ob ich die mag war die Frage, um die es für mich ging. Wenn ich mir die beiden As betrachte. Die fahren mit meinem Wagen durch die Gegend, ich mach deren Arbeit, die Schreiben meine Arbeit auf deren Stundenzettel und doch habe ich die nicht ans Messer geliefert, beschwert ja das musste sein, aber kein böses Wort zu einem anderen. Aber das Verhalten dieser Leute, Meister, Chef, As und mein Mitläufer, ich hatte keinen Bock mehr.

Alexander Solschenizyn hat das Buch „Der erste Kreis der Hölle" geschrieben. Man kann das hier nicht mit seinen Erlebnissen vergleichen. Aber diese Chefs haben hier einen Höllenschlund aufgebaut.

Sozial bedeutet mit einander für einander. Das erzeugt soziale Bindung. Bei diesen Chefs ist es umgekehrt. Desto Böser desto besser, das ist die Bindung des bösen.

Achill Moser. Sagte: *Angst macht nicht die Wüste. Die Wüste in einem Selbst erzeugt die Angst.*

NICHT GESAGT

Der Meister lief mir über den Weg. „Warum machen sie nicht die Tour von E? Der hat heute frei." Die Frage war sehr vorwurfsvoll. So nach dem Motto es gibt eine Abmahnung.

„Davon weiß ich nichts."

„Ich hatte A1 aufgetragen es ihnen zu sagen."

„A1 hat mir nichts gesagt, aber nun weiß ich es ja und lege sofort los."

Erste Frage. Warum sagte der Meister mir, dass nicht an dem Tag an dem E seinen freien Tag nahm? Zweite Frage. Warum sagte E es mir nicht?

Dritte Frage. Warum sagte A1 es nicht?

Antwort zum Meister. Zu dumm.

Antwort zu A1. Damit ich die Tour fahren kann brauchte ich meinen Wagen und den wollten die As nicht hergeben. Ich habe mir den genommen und habe die zwei mit ihrem Gezeter zu den Chefs geschickt, die sind aber nicht gegangen.

Nichts erledigt

Es war mal wieder an der Zeit meinen Hausarzt nach seinem Befinden zu fragen und damit ich mit der Antwort fertig werden konnte, gab er mir 6 Wochen Nachdenkzeit zur Freude meines Chefs. Einen Tag bevor die Krankschreibung auslief hatte ich mir meinen Arbeitsbereich angeschaut. Neben mir sind drei Mann dafür zuständig. Und was war, nichts hatten die getan. Die waren zu dritt nicht in der Lage das zu erledigen was ich alleine machte. Ich machte mir keine Gedanken darüber wie das hier werden soll wenn ich in Rente bin, ich fragte mich für was hatte ich meine Knochen verschlissen.

Wut im Bauch

Ich fuhr also die Tour von E. Hatte mir den Wagen geschnappt und so weiter.

Mir begegnete A2, der schaute mich an, als wollte er mich fressen. Der Grund war nicht nur der, dass ich mir den Wagen nahm, nein, ich hatte dem Chef erklärt, dass die As meine Arbeit auf deren Zettel hatten. Für den Chef ein gefundenes Fressen. Ich schätze das dürfte ordentlich gekachelt haben. A2 grüßte mich nicht. Legte ich auch keinen Wert drauf. Mit diesem Laden bin ich durch. Bei der zweiten Begegnung hob er zögerlich einen Arm. Da hatte ich den Verdacht, dass er mich suchte. Es wurde eine dritte Begegnung, dieses Mal stoppte er mich. Er begann mir zu erklären, dass er nie meine Arbeit auf seinem Zettel hatte. Nur ich hatte es mit eigenen Augen gesehen, mich also auch noch anlügen. Ich hab einen auf

Gleichmut gemacht. Er war ja auch nur ein Opfer seiner selbst. Er erklärte mir welche Arbeiten gemacht werden müssten. Scheinbar meinte er meine Freundlichkeit sei Schwäche. Ich sagte ja ist gut und reichte Urlaub ein und damit mussten die As es selber machen. Nach dem Urlaub, es war schön sauber, aber die beiden As hatten noch tagelang Wut im Bauch. Schmunzelnd nahm ich das zur Kenntnis.

SICHERUNG DURCHGEBRANNT

Eine Hecke sollte geschnitten werden. E hatte die Maschine zu sich nach Hause geholt. Er hatte Urlaub mal wieder. Ich fuhr zu ihm.

„Ich brauche die Maschine."

„Ja klar, ich brauch sie nicht mehr."

„Du bist doch im Urlaub und einen Garten hast du auch nicht, wozu brauchst du die Maschine?"

Die Frage rutschte mir nicht einfach so raus, ich muss immer alles wissen. Er zeigte auf eine Hecke, die war frisch geschnitten.

„Die Hecke gehört der Firma und ragte in den Bürgersteig, ich konnte die Straße nicht einsehen, also habe ich sie geschnitten." Die Wohnung, in der E wohnte, gehörte der Firma, dazu gehörte noch ein Gebäudetrakt, so wie ein Fußballplatz.

„Dann solltest du Überstunden einreichen." Ich dachte das mehr als Scherz.

„Ich habe schon mit dem Chef gesprochen, ich bekomme 4 Stunden gutgeschrieben." E lachte.

Ich kannte mich mit Hecken sehr gut aus. Mehr als 30 Minuten hatte der Schnitt nicht gedauert. Dann wurde sein Gesicht böse und zeigte auf den Rasen.

„Das habe ich gemäht, weil das keiner tut", sagte er wütend. Na ja selber schuld dachte ich.

„Dazu habe ich mir den Aufsitzmäher genommen. Als ich den Rasen eine Woche später erneut mähen wollte, waren die Sicherungen vertauscht und der Mäher sprang nicht an. Das war A2 die Sau." Der Mann kochte vor Wut, bevor ihm die Sicherungen durchbrannten verabschiedete ich mich mit den Worten nun muss ich aber los.

AFFENTANZ

Ein Mitarbeiter aus dem Hauptbüro lief mir über den Weg, er hatte mich gesehen und musste mir unbedingt etwas erzählen.

„Dein Chef hat im Personalbüro einen Affentanz hingelegt. Das Geschrei konnte man auf der Etage drüber hören so hatte der getobt."

Mein Gesicht sagte nicht viel, aber innerlich wusste ich vor Lachen nicht wohin.

Es ging um folgende Geschichte.

Ein Mitarbeiter wurde entlassen. Der Mann hatte keinen Führerschein, seine Aufgabe bestand darin Müll zu sammeln, er hatte die geringste Lohnstufe. Der Mann musste nun ersetzt werden. Der Arbeitsbereich war weit weg vom Chef. Nun wurde einem Mitarbeiter das Angebot unterbreitet, diesen Arbeitsbereich zu übernehmen. Dann sei er ja weg vom Chef. Nur zu gerne nahm er das Angebot an. Nicht nur weg vom Chef auch weniger Körper Einsatz. Nur der Mann war in einer höheren Lohngruppe und zurückstufen ging nicht. Das hätte er auch nicht hingenommen.

Und da begann der Tanz. Und zu beachten der Chef hatte dem zugestimmt. Uneingeschränkt befürwortet nur nicht an den Lohn gedacht.

Der Chef hatte geschrien. Der Mann ist zu teuer, der muss zurückgestuft werden. Getobt wie ein Berserker. Sagte mir der Mann aus dem Hauptbüro.

An diesem Tag geschah noch mehr Ungemach. A2 hatte das Lenkrad vom Rasenmäher abgebaut, damit E nicht damit arbeiten konnte. E hatte dem Chef dann den Marsch geblasen.

Der Chef musste eine Wut im Bauch gehabt haben wie selten. Der nächste, der ihm über den Weg lief, war ein Ahnungsloser. Der Mann war dabei seinen Wagen zu beladen. Ohne vor Warnung ging der Chef auf ihn los.

„Wie lange willst du denn noch an der Jahresbaustelle rumhängen?", schrie er ihn an.

Drittes Auto

Die Lage spitzte sich zu. Mein Mitläufer war vom Onkel so aufgeheizt worden, dass der nicht mehr mit mir wollte. Da hatten die Chefs eine glorreiche Idee, der Mann bekommt ein Fahrzeug, dann ist der unabhängig. Kaum gedacht, auch schon umgesetzt. Wir waren zu viert mit drei Fahrzeugen. E, dem A2 auf den Geist ging, ist sofort in die Luft gegangen. Die drei hatten in den Wochen, in denen ich krankgeschrieben war, keinen Finger krumm gemacht, das zeigte sich immer deutlicher. Ich suchte mir eine bequeme Ecke aus. A2 hatte noch einige Stadtteile nicht gesehen und war dann auch nicht mehr zu sehen. Meinem ehemaligen Mitläufer gab man einen Assistenten an die Hand. Die beiden durften dann den Mist aufräumen den die haben Liegenlassen. Nun war mein ehemaliger Mitläufer der Chef, aber keine Ahnung von, was, wann, wo, wie. So kam er bei mir angekrochen. Ich sollte ihm helfen. „Ich bin voll ausgelastet", sagte ich ihm und bedankte mich für seine Mühe. Mich im Stichlassen und dann auf meine Hilfe hoffen, ich glaub es hakt.

E hatte sich beim Chef ausgekotzt.

„Die rauschen mit drei Autos durch die Gegend und nichts wird erledigt."

Der Chef tauchte bei mir auf und begann zu blubbern. Ich habe ihn stehen lassen, habe die Arbeit abgebrochen, das Geschirr auf den Wagen geworfen und bin davongedüst.

Am nächsten Tag hatte A2 ein Schweigegelübde abgelegt.

E KOCHT

A2 hatte, wie ich schon erwähnte, das Lenkrad vom Rasenmäher abmontiert, damit E nicht damit arbeiten konnte. Davon hatte der Hausmeister von dem Gebäude, in dem E wohnte, ein Foto gemacht. Mit dem Bild ist E ins Hauptbüro gegangen und hatte sich ausgekotzt. Danach ist er mit seinem geladenen Kopf ins Büro zu den Chefs. E konnte sich aufregen wie kaum einer. Und wenn der in Fahrt kommt sollte man schnell das Weite suchen. Er begann mit dem Lenkrad, ging dann zum Konvoi-Fahren über und dann der Punkt, an dem ich gerne Mäuschen gewesen wäre.

„Was bildet ihr euch ein, das, was ihr mit Friedrichsen macht, ist eine Schweinerei. A1 und A2 fahren den ganzen Tag spazieren und Ernst macht die ganze Arbeit alleine, ihr solltet euch schämen!" Mitarbeiter auf dem Hof blieben stehen so hatte er die beiden angeschrien. Geändert hatte das nichts, nur Energie verbraucht.

MEISTER NERVÖS

Ich sagte ja schon, ich befinde mich im Modus Dienst nach Vorschrift. Und das machte sich langsam bemerkbar. Meinem ehemaligen Mitläufer wurden Aufträge erteilt, die er nicht wegarbeiten konnte. Dann musste A1 ihn unterstützen. Er hatte aber keine Zeit, da A2 auf ihn wartete, da es Stadtteile zu erforschen gab. Die Dinge wurden angefangen aber nicht beendet. Und mich mochte der Meister nicht fragen. Das käme einem Eingeständnis gleich. Immer wenn der Meister zu mir kam versuchte er mich dazu zu bringen meine Leistung auf das alte Niveau zu heben. Ich sagte nur, das macht mein Kreuz nicht mit. Beim Versuch A2 zur Arbeit zu bewegen bekam er die Antwort. „Da habe ich keine Lust zu." Der Meister wirkte nervös.

ARBEITEN TROTZ RENTE

Ein Heizungsmonteur lief mir über den Weg, ich kannte ihn schon eine ganze Weile und längere Gespräche führten wir des Öfteren. Heute war ihm scheinbar eine Laus über die Leber gelaufen. Er sagte, dass er noch bis 75 arbeiten muss. Weil seine Rente nicht reicht um davon leben zu können. Er war schwer einzuschätzen, aber er dürfte etwas älter wie ich gewesen sein. Es schien mir, er musste sich die Dinge von der Seele reden. So aufgebracht hatte ich ihn noch nie erlebt. Sein Chef hatte in den Vergangenen 5 Jahren. Gesellen eingestellt und wieder entlassen.

„Die können nicht Arbeiten", schimpfte er. „Wenn die nicht alleine arbeiten klappt es, aber sobald man die alleine ließ, ging's schief, es wurden Rohre eingebaut, die keinen Sinn ergaben." Er hatte eine Liste von Mängeln vor zu tragen. Und er kann nicht auf Rente, zum einen wegen dem Geld und der Chef würde seinen Besten Mann verlieren. Er sagte, dass er lieber alleine arbeiten würde, mit den Kollegen bekäme er nur die Pest. Das Wissen der alten ist den jungen zu antiquiert, die arbeiten lieber mit dem Computer, das ist das, was die können. Aber einen Rücklauf von einem Vorlauf unterscheiden zu dumm. Die wollen Geldverdienen aber nichts dafür tun. Ich hatte das Gefühl er redete von meinen drei Spacken.

KAPUTTER MÄHER

E hatte mir erzählt, dass A2 ihm das Lenkrad vom Mäher abgebaut hatte. Da hatte ich eine Erinnerung. Ich durfte vor einiger Zeit die Vertretung von A2 machen. Es waren Rasen zu mähen und dazu benötigt man den Aufsitzrasenmäher. Die erste Woche verging reibungslos. Am Montag der zweiten Woche krachte es im Motor, das Öl war weg. Jemand hatte das Öl abgelassen. In dem Moment wie E mir von den Sicherungen und dem Lenkrad erzählte hatte ich einen Verdacht. A2 hatte mir einst erzählt, dass der Mäher keinen Defekt mehr hatte, nachdem er den übernommen hatte. Bei seinem Vorgänger war der nur kaputt gewesen. Und kaum fährt ihn ein anderer und schon ist Öl alle oder kein Lenkrad mehr da.

SPION MACHT AUTO HEIL

Es ist Feierabend und ich verlasse ziemlich als letzter das Firmengelände. Im Rückspiegel sehe ich, wie der Spion ein Fahrzeug auf die Hebebühne fährt und anhebt. Es war nicht sein Auto. Und nach Feierabend hatte auf dem Gelände keiner was zu suchen. Schwarzarbeit mit Firmeneigentum. Einem Mitarbeiter, der Firmeneigentum benutzte, um einen Nebenverdienst zu haben, dem wurde die Kündigung angeboten, sollte das noch einmal vorkommen. Spionsein hat schon seinen Nutzen.

GETEILTES LEID IST HALBES LEID

A1 ist wegen seinem Krebs in Behandlung.

„Ich habe wichtiges zu tun", so sagte ich es dem Meister.

So durften A2 und mein ehemaliger Mitläufer zusammen arbeiten. Der Meister hatte darauf bestanden. Nun, die beiden einte das ich will nicht Gen. Natürlich konnte ich es mir nicht verkneifen vorbei zu fahren, das taten die As ja auch zu gerne. Zusehen wie ich arbeitete. Einen Lustloseren A2 sah ich seltener und grimmig das Gesicht. Ich lächelte freundlich, da das sauer macht.

IMMER WIEDER CHEF

Es war egal, wen man traf, es dauerte nie lange, dann ist das Thema Chef da.

Mir begegnete W. Er berichtete mir, dass er seinen ehemaligen Berufschullehrer getroffen hatte. Ich dachte was geht mich das an. Der Chef hatte denselben. Dieser Berufsschullehrer hatte W angesprochen.

Der fragte. „Wie geht es eurem Chef?"

„Warum?", hatte W ihn gefragt.

„Der ist ganz nett abgehoben, der hat wohl vergessen wo der herkommt. Denn ohne Hirn fällt man schnell auf die Fresse", hätte der Lehrer gesagt.

Ich dachte wäre das doch nur heute.

W hatte auch ein Gespräch mit einem Mitarbeiter. W hatte ihn gefragt wie er mit dem Chef zurecht kommt? Der Mitarbeiter sagte, bestens. Der Chef hatte dafür gesorgt, dass er gegen Hepatitis geimpft wurde. Weil er ja helfen muss versiffte Wohnungen zu räumen. Das muss ich auch. Hatte W gesagt, aber immer wenn ich frage bekomme ich die Antwort stell dich nicht an.

Ich sagte ihm. „Du bist auch nicht sein Freund."

„Ein Arsch ist der", schimpfte W.

Ein Freund an der Weiche ist wirkungsvoller als hundert Mann am Gleis.

Dann kotzte er noch einmal los. Er war mit seinem Kollegen am Arbeiten stand der Chef plötzlich hinter ihnen. Der hatte sich durchs Gebüsch herangeschlichen.

Mag sich denken wer will. Aber mal unter uns welcher Chef schleicht sich an seine Leute ran. Ein Löwe, ein

Wolf und ein Verbrecher. Ein ehrlicher Chef kommt erhobenen Hauptes und wohlwollend. Aber doch nicht so.

FREUDE AN DER ARBEIT

A2 hatte nun seinen ersehnten Arbeitsauftrag. Ich hatte ja schon eine Vorbeifahrt vollbracht. Am nächsten Tag, ich wollte nicht, dass A2 denkt ich hätte ihn vergessen. Ich sagte mir schaust mal vorbei. Gedacht getan. Ich winkte, er erwiderte meinen Gruß. Ich hatte das Gefühl, dass etwas nicht stimmt. Sein Gesicht sagte, dass es ihm nicht gefiel, dass er arbeitet und ich fahr vorbei. Am nächsten Tag sah ich aus Sorge um ihn wieder vorbei. E war gerade bei den beiden. E konnte kaum an sich halten, er ahnte warum. Die beiden hatten Sicherungsbarken aufgestellt nur zu viele. Ich habe also das Fenster gesenkt. „Eine Spur langt." E beugte sich um seinen Lachanfall in den Griff zu halten. A2 sah mich wütend an, alle waren glücklich.

GEDANKEN KANN MAN NICHT BÄNDIGEN

Ich hatte mir eine Woche Urlaub genommen. Danach geht es wieder los. Ich könnte den Wagen und die Maschinen abgaben. Wer will kann die haben. Der Chef sagte ja mal der Wagen sei nicht für mich alleine. Ich gab ihm den Schlüssel und er gab sie mir zurück. A1 meinte der Wagen gehört nicht dir. Ich gab ihm den Schlüssel, er gab sie mir zurück. Was also wollen die?

Ich bin der, der die Arbeit machte. Nicht weil ich muss, ich hätte es mir so einrichten können wie die Spazierfahrer. Mir aber machte die Arbeit Spaß. Gäbe ich den Wagen ab. würde mir vorgeworfen werden ich will nicht arbeiten. Letztlich habe ich nur eine Gesundheit. Ist die erledigt, kennen die auch keinen Dank.

ABENTEUER

12 Jahre hatte ich mit A1, im, sagen wir mal Einklang, gearbeitet. In den Jahren hatten wir eine Menge Konsorten durchgeschleppt. Hatte echt Spaß gemacht. Und nur wegen zwei Tröten, die sich Chef nannten, ging alles den Bach runter. Diese Chefs verstanden nichts von Personalführung.

Jedes Problem, das auftauchte, wurde von denen auf die Person übertragen, der das Problem ansprach und der Oberchef hatte alles abgesegnet und der Mitarbeiter war der Dumme.

Mein Entschluss wuchs. Ich werde den Wagen abgeben und die Maschinen gleich mit, soll damit glücklich werden wer mag. Der Wagen wurde mit Begeisterung genommen, die Maschinen blieben im Lager.

Der Dalai Lama sagte. *Wenn man sagt, was man denkt, muss man es auch tun, sonst wird man nicht zufrieden sein.*

Ich will keinen Streit und Zank nur in Ruhe meine Arbeit machen können. Wie jeder andere auch. Das Gezeter ist vom Chef gewollt und gefördert worden. Ich will wie jeder andere auch nicht ausgenutzt, verspottet, beleidigt, gedemütigt oder gekränkt werden. Die Rechte des einen sind auch die meinen. Die Pflichten des einen sind auch die meine.

In der Bibel heißt es so schön. *Geben ist seliger denn nehmen.* Also gab ich ab und war ein guter Christ. Fehlte nur noch der Heiligen Schein. Seefahrer- und Bergsteigerleben gefährlich. Ich hatte hier meine Abenteuer.

ARBEITSZEIT

Ich hatte nur aus Jux die Arbeitszeiten verglichen. Ich benötigte für einen Arbeitsabschnitt 5 Stunden. Derselbe Abschnitt gemacht von A1, A2 und meinem ehemaligen Mitläufer, gemeinsam bearbeitet, wohlbemerkt, benötigten 3 Tage.

Ein Tag 3 Mann gleich 8 Stunden macht 24 Stunden. 24 gleich 3 Tage macht 72 Stunden. Das würde bedeuten, dass ich 3 mal 72 Stunden zu Verfügung hätte. Das wären 216 Stunden, das sind 27 Tage. Das sind 5 Wochen 2 Tage für eine Arbeit, die in 5 Stunden zu erledigen war.

URLAUBSENDE

Morgen ist Montag und mein Urlaub endet. Ich saß auf der Terrasse und genoss die Sonne und den Kaffee. Gedanken begannen zu wandern. Und Fragen kreisten um Gesichter. Ich begann zu schmunzeln. Mir kamen Erinnerungen, Sachen, die ich mit A1 erlebt hatte.

Wir hatten eine Funktürklingel gefunden, Sender und Empfänger. Das hatte jemand verloren, es war neu. A1 hatte es aufgehoben. Ich fragte, sind da Batterien bei? Er riss die Verpackung auf. „Ja." Ich streckte ihm die Hand entgegen, er langte mir das Teil. Ich setzte die

Batterien ein und siehe da, es funktionierte. Ich lächelte und sagte. „Damit werden wir noch eine Menge Spaß haben." Ich machte die Klingel an unserer Schubkarre fest und den Klingelknopf hatte ich auf der Tasche. Und wir entfernten uns von der Karre. Sobald einer an der Karre vorbei lief drückte ich den Knopf und wir hatten verwunderte Gesichter.

Der Meister tauchte auf. Nachdem er seinen Senf abgedrückt hatte, ging er wieder und an der Karre vorbei. Es läutete. Er langte sofort in die Hosentasche und zog sein Handy raus. Hallo. Dann sah er unsere Gesichter und ihm schwante etwas. Er zog beleidigt davon.

Dann versteckte ich die Klingel im Sicherungskasten unseres Bauwagens. Sobald einer zur Tür eintrat drückte ich den Knopf. Und es wurde sich verwundert umgesehen. Denn einen Stromanschluss hatte der Bauwagen nicht. Der Meister schimpfte „alberne Kinder".

Einer war sehr schlau. Er fuhr mit der Hand den Türrahmen ab auf der Suche nach dem Sensor. Ich drückte immer an derselben Stelle. Wo nichts ist, kann man nichts finden. Wir hatten Mühe nicht in schallendes Gelächter zu fallen. Aus Frust den Sensor nicht finden zu können schaltete er die Sicherungen aus, ich unterließ das Drücken, nachdem der gegangen war, konnten wir nicht mehr an uns halten.

12 Jahre waren es, die ich mit A1 verbrachte. Und wir hatten eine Menge Spaß. Alles wurde anders als A2 dazu kam. E brachte seinen Zorn mit und mein Mitläufer setzte dem noch einen drauf. Dem Chef gelang es ein Zusammenwachsen zu verhindern.

Ich fragte mich, ob ich die Jahre ohne A1 so verkraftet hätte. Er selber war nicht falsch, nur zu leicht beeinflussbar. Wenn der Chef, was der gerne tat, A1 mit Mist vollgepumpt hatte. War ihm das anzumerken. Dann hatte er eine unterschwellige Aggression. Daran konnte ich ablesen, dass der Chef gegen mich gewettert hatte. Und A2 hat dann die treudoofe Art, die A1 zu Eigen war, voll für sich zu nutzen gewusst. Jeder hatte auf seine Art seinen Teil zum Dauerstreit beigetragen, angefeuert wurde es eindeutig vom Chef.

Bischof Tutu. Hatte gefordert. *Das man seinem Feind die Hand reichen sollte.*

Nachdem ich so über A1 grübelte, wurde mir klar, A1 hatte bei allem, was falsch gelaufen war, keinen bewusst aktiven Anteil gehabt. Auch er hätte manches anders machen können. Er wollte auch nur durchkommen. An dieser Stelle danke ich ihm. Auch werde ich mich noch über ihn ärgern, weil er sich vor der Arbeit drücken wird, aber der Spaß, den wir hatten, überwog meine Erinnerungen.

Arbeitsbeginn

Ich saß in meinem Auto und wartete, dass ich meinen Auftritt hatte. Ins Büro und meinen Bericht abgeben, das musste auch sein wenn man Urlaub hatte. Ich wartete, bis der Chef seine Jacke ablegte, dann konnte er nicht fliehen. Und natürlich brauchte ich Handschuhe oder was mir sonst noch einfiel. Nicht dass ich das wirklich bräuchte. Ich bat einen Mitarbeiter es für mich zu holen.

Ich also ins Büro meinen Bericht reingereicht und wieder raus. Der Mitarbeiter hinein. Ich stand bei den anderen vor der Tür, ein Ruf erhalt. „Der war doch gerade hier." Ein Grinsen huscht über alle Gesichter.

RACHE FOLGT

Ich war am Arbeitsplatz. Mein ehemaliger Mitläufer saß im Bauwagen, A1 und A2 waren in den Straßen der Stadt verschwunden. Chef und Meister trafen ein.

„Du musst dich um deine Leute kümmern", schrie der Chef mich an.

Nur zur Erinnerung. Der Chef hatte mir den Posten des Vorarbeiters weggenommen und A1 zum Vorarbeiter erklärt.

Ich sagte ihm. „Ich habe keine Leute."

Der Chef. „Du bist unkollegial."

„Ist im Bauwagen sitzen kollegial?", sagte ich ihm verärgert.

„Das ist nicht wahr, Mitläufer arbeite, das kann jeder bestätigen", grölte er mich an. „Dass er nicht arbeitet ist eine Unterstellung", schreit er weiter.

Ich wurde nun lauter im Wort. „Eine Unterstellung ist eine Behauptung ohne Wahrheitsgehalt. Der Typ sitzt im Bauwagen und krümmt keinen Finger." „Du bist doch krank", furzte der mich an. „Wir werden eine große Runde machen", furzt er weiter. Bevor er ins Auto stieg kündigte er noch eine Abmahnung an.

„Warum?", fragte ich trocken und unbeteiligt. Er gab keine Antwort. Die zwei verdufteten. Noch ein Stück Tapete mehr. Ich schaute den beiden nach und dachte. Was bin ich doch nur für ein Böser. Der eine sitzt im Bauwagen die anderen sind sonst wo alle haben meine Arbeiten auf ihren Zetteln, ich sollte mich doch Schämen. Die Abmahnung wurde mir übereicht eine große Runde gab es nie.

Der Meister sagte mir, dass er mich nicht mag. Das geht reichlich weit.

Ich sagte ihm. „Das interessiert mich nicht. Ich arbeite nicht um ihre Zuneigung zu gewinnen."

Er fragte. „Wie lange arbeiten sie schon hier?"

„30 Jahre sind es nun und es sind genau 30 Jahre zu viel."

„Das ist dann ja wohl ihre Meinung." Und Schwups war er weg.

Ich hätte auch meinen Mund halten können und Arschkriechen. Ja? Nein? Es läuft wie es läuft. Und Abmahnungen sind auch nur Papier. Und da ich ja ohnehin gehen wollte. Aber nun bin ich 30 Jahre hier. Und doch nicht angekommen. Ein Trauerspiel besonders für diese Firma ein Armutszeugnis. Wer in dieser Firma nicht bereit ist einen Mord zu begehen ist falsch am Platze.

EIN NARR

Wir haben mal wieder einen Firmenwagen warum auch immer. Ich überließ das Lenkrad meinem ehemaligen Mitläufer. Soll der entscheiden wo die Arbeit ist. Ich hielt mich aus allem raus. Nach dem Frühstück sagte der Mann, dass er nicht mehr mit mir zusammenarbeiten will. Dass der arbeitet war mir neu. Na ja, das ist doch schon ein Anfang. Nun lag der Ball beim Meister. Nun müssen die sich der Sache annehmen, dachte ich so in meinem jugendlichen Wahn. Ein Narr, der glaubt, dass die denken.

Abmahnung die x-te

Ich befand mich wie immer alleine am Arbeitsplatz. Kam der Meister mit dem Personalratsvorsitzenden und überreichte mir feierlich eine Abmahnung. Ich nahm sie, weil es mir scheiß egal war. Aber erwähnte, dass ich wegen dem Mann im Bauwagen mehrfach um Hilfe gebeten hatte und mir jede Unterstützung verweigert worden war. „Ich werde noch mit den anderen reden", sagte der Mann und ging. Er hat nie mit den anderen gesprochen. Und es täte auch nicht not, denn er war der Meister. Nun ich steckte die Abmahnung ein und die Betriebsfähigkeit ebenfalls. Von diesem Moment an hatte ich keine Maschine mehr angefasst. Das durfte machen wer will. Spaß würde folgen.

Ich sagte mal zum Meister. „Die Kerbe in der Schaufel ist für die Nase."

„Das können sie nicht machen", schreckte der Meister auf.

K ein Lächeln

Über die Jahre vermischt sich das Ganze zu einer trüben Suppe, in der man die Nudeln zerkocht hat. Ein Schwarm selbst gemachter Monster umschwirren das Hirn und rufen wehr dich doch.

Am Wochenende ging ich mit meiner Frau in einen Supermarkt auf einen Kaffee. Sie ging anschließend Einkaufen. Und ich notierte die Erlebnisse mit meinem Chef und seinen Schergen. Nebenbei Betrachtete ich das Treiben im Markt. Menschen strömten hinein und hinaus.

Kaum einer, der ein Lächeln trug. Ernste Gesichter um mich herum.

Im Mittelgang. Ein Stand mit Menschenfängern. Ein Obdachloser der seine Zeitschriften an den Mann bringen wollte. Ein Kuchenstand, einer mit Geldbörsen in allen Größen und Farben. Alle wollten haben, keiner hatte etwas zum Verschenken. Auch kein lächeln, nicht einer als ginge es zur Hinrichtung. Ein Ehepaar ist mit dem Enkel am Nebentisch, gerade 3der Knabe und nicht zu bändigen. Konnte nicht still sitzen, rannte laut schreiend durchs Café. Ein lautes „Ich habe gesagt du sollst dich hinsetzen" von der Oma.

Alle waren genervt. Die Großeltern, die Gäste, die Bedienung schaute streng die Oma an. An einem Nebentisch warf man sich tödliche Blicke zu. Aber keiner, der dem Knaben Einhalt gebot.

Ich saß immer so, dass ich den Eingang im Blick hatte. Der Chef kaufte hier auch ein. Und wenn der zur Tür hereinkommt, ist das erste, was er sehen darf. Ich. Und der freut sich dann immer. Ich sehe immer nur kurz auf als sehe ich ihn nicht. Aber sein Körper wird steif und der Blick geht stur geradeaus.

Meine Frau kehrte vom Einkauf zurück. Ich sagte.

„Ich hatte gerade ein schönes Bild vor Augen."

„So was denn?" „Eine Blumenwiese aus der Vogelperspektive gesehen. Soweit das Auge reicht Blumen, Bienen, Schmetterlinge. Zwei Fußspitzen schauen aus den Blumen hervor, eine Rauchwolke zieht vorbei und der Chef liegt in den Blumen."

„Er ist gerade vorbei?", sagte sie wissend.

TEAMGEIST

Der Oberchef liebte Personalversammlungen, da konnte er den Fürsorglichen geben. Er redete gerne vom Teamgeist. Nur kommt der nicht zur Tür rein und sagt da bin ich. Den muss man erzeugen durch Zusammenschweißen. Das, was die taten, war genau das Gegenteil. Entstand ein Zusammenhalt wurde umbesetzt oder aufgehetzt. Der Oberchef sagte, dass er studiert hatte. Ein Kleingeist muss sagen, ein großer wirkt durch sich selber. Und Kopflose können keinen Weg sehen.

MELDEPFLICHT

Der Chef tauchte auf, im Schlepp den Meister.

„Wir müssen dich immer suchen", murmelte der Chef.

„Das hätte nicht nötig getan", sagte ich dankend als habe man mir eine Geburtstagtorte vorbei gebracht.

Der Chef versuchte eine gemäßigte Wortwahl. In seiner Stimme schwang die Sorge ich könnte wieder einen Beschwerdebrief loslassen, das mochte er nicht. Er formulierte bittend. Ich habe mich nun jeden Morgen im Büro einzufinden und Angaben über meine Arbeitspläne zu machen.

Außer mir musste das keiner. Das nur nebenbei.

Am nächsten Morgen, ich ins Büro und melde meinen Tag an und fragte.

„Ob ich damit meiner Meldepflicht nachgekommen sei?"

Das konnte ich mir nicht verkneifen.

Das Objekt xy muss gemacht werden sagte der Chef.

„Ich weiß, aber ich bin ausgelastet. Da müssen A1 und A2 hin." Und bin gegangen.

Eine Stunde Später. Hinter einem Busch tauchte ein Kopf auf, A2. Ich vermutete er hatte den auf einen Stock gesteckt so lang war der Hals. Dass der nun Arbeiten sollte, konnte er nicht verkraften, darum musste er nachschauen, ob ich auch da bin, wo ich sagte das ich bin. Nach dem dritten Tag des Meldens hatte der Chef die Nase voll. „Mach doch was du willst." Die hatten ein Ziel, aber keine Ahnung wie man da hinkommt.

GRINSEGESICHT

Mein ehemaliger Mitläufer hatte nun meinen Wagen. Ich verzichtete auf Fahrzeuge zu Gunsten der Mitarbeiter. Heute war er etwas spät dran. Und die Mitarbeiter hatten sich Fahrzeuge genommen. Nun war sein Gesicht wie versteinert. Suchend latschte er über den Hof. Als er den Wagen noch unterm Dach stehen sah, grinste er von einem Ohr zum anderen.

KRAFTLOS

Ich blieb bis 7 Uhr in meinem Auto sitzen, nicht aus Angst vor dem Chef. Nein ich schrieb an meinem Buch. Zeit Tagen beobachtete ich einen Mitarbeiter. Er stieg aus seinem Auto aus und blieb beim Wagen stehen. Und rauchte eine. Eine Minute vor 7 latschte er los. Kraftlos, antriebslos. Er wirkte auf mich wie jemand der sich zwingen muss herzukommen und er vermied jeden Blickkontakt mit dem Chef.

WOCHE DER FREIHEIT

Der Chef hatte eine Woche Urlaub. Es wurde gelacht und gealbert. Jeder redete mit jedem und dem Spion wurden keine Schläge angeboten. Die Woche war vorbei und der Chef wieder da und das Lachen verstummte.

BRETTER, DIE DIE WELT BEDEUTEN

Schauspieler sagen immer, dass die Bretter der Bühne ihre Welt bedeuten. Da fallen alle Sorgen der Welt von ihnen ab. Für unseren Chef ist die Firma seine Bühne, nur hat er die Bretter, die die Welt bedeuten, vor dem Kopf.

UNZUFRIEDENHEIT

Ich machte schon eine ganze Weile Dienst nach Vorschrift. Was nicht bedeutete ich tat nichts, im Gegenteil, nur langsamer und gründlicher. Immer darauf achten anwesend zu sein. Die Objekte, an denen unser Oberchef vorbeifuhr, die ließ ich außen vor. Sonst würde es nicht wirken. Es brauchte seine Zeit. Und die ersten Anzeichen wurden sichtbar, der Meister sah mich öfters nervös an. Nur wagte er nicht mich anzusprechen. Ich sah meinen ehemaligen Mitläufer das Objekt reinigen. Ein Grinsen konnte ich nicht verhindern.

MOBBING ÜBERALL

Ein Freund, den ich lange nicht sah, suchte mich auf. Er berichtete von seinem Leben. Das er geheiratet hatte und nun ein Kind erwartete und das Übliche eben. Als ich nach seinem Beruf fragte hatte ich einen Ballon angestochen.

Er hatte in einem Möbelgeschäft gearbeitet, auf Provisionsbasis. So wie seine Kollegen auch. Es war auch viele Jahre gut gegangen. Bis er es raus hatte wie er seinen Umsatz steigern konnte, in dem er die Kunden umfangreicher auf das Angebot hinwies. Er hängte seine Kollegen ab. Es begann mit kleinen Sticheleien, er dachte sich nichts dabei, es sollte sich aber steigern bis hin zu persönlichen Anfeindungen und Beschimpfungen. Er hatte gekündigt und sei nun auf Arbeitssuche.

Bossing und Mobbing überall.

Ich fand ein Buch zum Thema Personalführung. Nichts, was ich las, konnte ich in dieser Firma vorfinden.

WIE LANGE DENN NOCH?

Ich war von Flott auf gründlich gegangen. Kam der Meister an und fragte mich wie lange ich denn noch an dieser Baustelle arbeiten wolle.

„Ich muss das gründlich machen, das dauert eben seine Zeit", sagte ich selbst sicher.

Es war ihm anzumerken, dass es ihm nicht passte. Putzig ist, dass mein ehemaliger Mitläufer 3 Monate an einer Stelle verbrachte, das hatte den Meister nicht interessiert. Nun nach dieser kurzen Unterhaltung wurde ich an meinen Baustellen nicht mehr aufgesucht. 5 Wochen kein Meister. Fürsorge sieht anders aus.

Die alten Samurai sagten. *Jeder Atemzug ist Leben.*

Auch heute wieder, ich komme meiner Meldepflicht nach. Ich will mir ja nichts vorwerfen lassen. Der Meister fuhr sich durchs Haar, der ist geschafft. Der Chef versuchte etwas Wichtiges vorzutäuschen. „Da gibt es eine Hecke, die muss geschnitten werden", sagte der Meister.

„Das kann A2 machen", sagte ich trocken.

„Ja, ich werde ihn fragen."

A2 wird sich freuen, mein Gedanke. Der hatte noch nie so viele Aufträge erhalten als in den letzten Wochen.

Eine Stunde später. Der Meister tauchte auf. Recht sauer, A2 dürfte ihm den Marsch geblasen haben. „Wann wollen sie was tun?", fragte der mich.

„Stehe ich rum und habe einen Finger im Arsch und suche Schokolade?" Keine Antwort nur noch eine Staubwolke.

Franz Mark. *Es ist schwer seinen Mitmenschen ein geistiges Geschenk zu machen.*

MEISTER HAT NERVEN

Der Meister ist von Natur aus feige. Er hatte kein Rückgrat. Der Chef schickte ihn vor und der rannte los. Nur ein Wort würde genügen. „Nein." Klipp und klar. Nun sollte man denken einer der so willfährig ist, bleibt ungeschoren.

Ich traf W, der erzählte mir, dass der Meister zum Oberchef gegangen ist und sich über den Chef beklagt hatte. Er würde vom Chef drangsaliert. Der Oberchef hatte nur gesagt.

„Damit müsst ihr selber zurechtkommen."

„Der Meister hat wohl keine Nerven", sagte ich, Leid tat der mir nicht. Und begriffen hatte er auch nichts, noch am selben Tag zog er mit dem Chef los um einen Mitarbeiter lang zu machen.

Für mich war wieder eine Abmahnung dabei.

DAS HALBJAHRESGESPRÄCH

Der Meister tauchte auf meiner Baustelle auf.

„Das Halbjahresgespräch ist überfällig?", sagte er bittend. Ich hatte es geschafft dieses Gespräch zu umgehen. Im Juni hätte es sein sollen, nun haben wir Oktober und die Leistungsbeurteilung stand auch an.

„Das muss warten, ich bin voll Arbeit." Das war natürlich Schwachsinn, aber es würde ihn ärgern, ihm sitzt der Oberchef im Nacken, der will seine Buchführung auch erledigen. Der Meister stand also unter Druck.

„Es geht um ihr Geld oder wollen sie darauf verzichten?", sagte er drängender.

„Ich bin Buddhist", sagte ich trocken mit voller Überzeugungswirkung. Denn nun trat für eine Weile Schweigen ein. Dann ein Geplapper. Was wären wir ohne Geld und weiteres Blablabla. In seiner Stimme war etwas verborgen, etwas lag ihm auf der Leber. Über einen langen Umweg kam er zum Thema.

„Wir hatten doch schon vor einiger Zeit über ein Objekt gesprochen. Wann wollen sie dabei?"

Das Objekt lag an der Straße, durch die der Oberchef jeden Morgen zur Arbeit fuhr.

„Das habe ich bereits mit A1 besprochen, geht demnächst über die Bühne, ist nicht vergessen."

Ein zufriedener kleiner Meister zog ab.

Das Objekt war wirklich bearbeitungsreif, aber warum nur? Sollte da jemand? Nein das kann ich mir nicht denken. Aber es hatte gewirkt.

RÜCKZUG

W lief mir über den Weg.

„Ich werde aus dem Personalrat austreten, ich schmeiße hin", sagte er und es wirkte ernsthaft.

„Das geht nicht, du wirst noch gebraucht", sagte ich. Gedacht, ob es euch gibt oder in der Wüste kackt ein Kamel. „Gibt es einen, der nachrücken will?", fragte ich nach.

„Ja Ha."

„Was?!", rauschte es mir über die Lippen.

„Ja Ha der will."

„Der Spion vom Chef im Personalrat? Wir brauchen einen der nein sagt und nicht ja."

Bisher war der Personalrat ein Witz, nun wird der zur Farce.

VERSCHWÖRUNGSWAHN

Ich war in meine Arbeit vertieft. Tauchte der Chef auf. Ein Gesicht als hätte er Essig getrunken. Mein erster Gedanke dem hatte einer sowas von den Marsch geblasen und nun wird der sich auf meinem Rücken austoben.

„So einen Arbeitskollegen wie dich hatte ich noch nie, du leidest unter Verschwörungswahn."

Mit diesem Satz auf der Lippe kletterte er aus dem Wagen.

Ich konnte mich nicht erinnern in letzter Zeit mit einem über ihn mich oder sonst jemanden gesprochen zu haben. Ich hatte keine Vorstellung von was der redete.

Er ist der, der sich an Mitarbeiter ran schleicht, um zu hören, was die über ihn reden, er schickte seine Spione los die Leute aus zu horchen. Er sorgte dafür, dass die Männer zum Oberchef rennen. Er selber ist ständig beim Oberchef um die Leute durch den Wolf zu drehen. Alles zeigt mit dem Finger auf ihn und der glaubt, es steht einer hinter ihm, der gemeint ist. Die Mitarbeiter lassen ihn stehen oder lachen ihm frech ins Gesicht. Einer hatte einen Rechtsanwalt, das ging bis ins Büro vom Generaldirektor. Auch da hatte sich der Chef nicht unter Kontrolle und wurde vor die Tür gebeten. Selbst der Meister hatte sich über ihn beschwert. Er witterte überall Feinde. Ich ruhte in mir selbst.

Und solange der mir auf die Eier ging würde ich ihm eine Freude sein.

GRÜNDLICH

Ich bin sehr gründlich.

„Was machst du heute?", wollte der Chef wissen.

„Da und da auch da habe ich noch", meine betont freundliche Antwort.

„Es gibt noch mehr zu tun", motzte er mich an. Ich dachte nur es wirkt.

„Ich werde sehen was sich machen lässt."

„Du machst jetzt da", befiehlt er recht angesäuert.

„Jo", sagte ich innerlich grinsend „und ich werde besonders gründlich sein." Ich denke ich werde damit vollste Zufriedenheit erzeugen.

SCHUHE

Schuhe haben die Angewohnheit zu verschleißen. Wie ich schon sagte, war mir die Meldepflicht auferlegt. Ich also ins Büro und vermelde meine Anwesenheit und ging vor die Tür. Kam A1 mir entgegen.

„Kannst du mir ein Paar Schuhe holen?", fragte ich grinsend.

„Ja klar", sagte er lachend, er kannte das Spiel und hatte seine Freude daran. „Ein Paar Schuhe für Friedrichsen", bat er freundlich.

„Der war doch gerade hier", hörte man den Chef poltern.

A1 sagte so dämliche Gesichter hatte er selten gesehen.

Nachmittag. Der Chef erschien. „Na passen die Schuhe?"

„Ja wie auf Wolke Sieben."

„Bist du denn nun glücklich?"

Es waren Leute anwesend und er wollte mich vorführen. Ich ließ ihn stehen. Das hatte ihn wütend gemacht. Es waren dann andere Mitarbeiter, die es ausbaden mussten. Dass ich ihm die kalte Schulter zeigte, hat ihn den ganzen Tag verfolgt. Er mischte noch einen auf.

Einer sagte. „Musst du ihn immer so ärgern? Wir bekommen dann die Folgen zu spüren."

„Solange es wirkt bekommt er was er sich wünscht."

STRANDKÖRBE

Ein Mitarbeiter erlitt einen Schweren Bandscheiben Vorfall und musste unters Messer. Er war lange Zeit krankgeschrieben. Er erklärte dem Chef, dass er keine schweren Sachen mehr tragen dürfte. Noch am selben Tag wurde er dazu eingeteilt Strand Körbe auf Lager zu tragen. Einem anderen ging es gleich, der durfte nach einer Bandscheiben Operation Bordsteine schleppen. Dabei sollte man erwähnen, es gab technisches Gerät für solche Arbeiten nicht aber in dieser Firma.

FERNSEHEN

Im Fernsehen war ein Bericht über Misshandlungen am Arbeitsplatz. Thema Entwürdigung und Beleidigung, das Übliche eben. Es ist schon ein Trauerspiel, dass es im Fernsehen behandelt werden muss. Es bewegt nur nichts. Die Betroffenen redeten sich den Frust von der Seele. Die Männer hatten scheinbar keinen anderen Weg mehr gesehen als sich an das Fernsehen zu wenden.

Wenn euch keiner zuhört dann wendet euch an die Gemeinde. Jesus.

2 ENDEN

Ich hatte Plätze mit dem Freischneider gereinigt, ging schnell und es war das einfachste. Nun, da ich ja gründlich arbeitete, dauerte es etwas länger. Kam mein ehemaliger Mitläufer an und fragte wann ich zu dem Platz komme.

„Ich habe keine Zeit, da müsst ihr selber bei", sagte ich kurz angebunden. Er konnte nicht mit der Maschine arbeiten und die As waren sonst wo. Das würde bedeuten er müsste auf den Knien kriechen. Er ging zum Meister und eine andere Kolonne musste ran. Meine Arbeiten auf dem Zettel? Alles hat ein Ende nur die Wurst hat 2.

KETTENSÄGEN-DRAMA

L hatte den Auftrag Bäume aufzuästen. Dazu benötigte er eine Kettensäge. Onkel hatte ein ganzes Arsenal zu Verfügung. L fragte ihn und er bekam eine. Am Einsatzort stellte er fest das Ding war kaputt. L holte sich eine bei einer Fremdfirma. Er hatte keine Lust sich vom Onkel verarschen zu lassen. Nur hatte der Meister damit ein Problem, denn nun stand die Firma wie doof da. Und so durchsuchte er die Werkstatt vom Onkel. Denn es müssten Nigel Nagel neue Kettensägen da sein. Die hatte Onkel in einem Schrank eingeschlossen. Damit keiner damit arbeiten kann. Was ist an der Geschichte so bedeutsam?

Ich hatte eine Abmahnung erhalten, in der mir vorgeworfen wurde, ich würde Gerätschaften nicht an Mitarbeiter abgeben und diese damit an der Arbeit hindern.

Der Vorwurf war erstunken und erlogen.

Onkel hat keine bekommen. Obwohl er mit voller Absicht die Maschinen wegsperrte. Und gezielt kaputte abgab.

Ich habe noch Platz an der Wand und keine Sorge es gab noch mehr Abmahnungen.

STURM

Ein Sturm zog übers Land und legte reihenweise Bäume um. A1 und A2 wurden los geschickt um die Wege frei zu machen. Kaum die Säge angesetzt kam der Chef an.

„Da hinten liegt ein Baum, der muss weg."

Also die Säge genommen und zum anderen Baum. Kaum angesetzt.

„Da hinten." A2 setzte die Maschine ab und erklärte ihm, dass er verschwinden soll.

Tags drauf durfte ich einer Kolonne bei den Aufräumarbeiten unterstützen. Die Männer erklärten, dass der Chef total überfordert war. Er hatte die Leute von einer Ecke in die nächste geschickt. Die hatten gerade die Säge in der Hand, da musste sie woanders hin. Der Mann hatte das Chaos noch verstärkt.

WIR HATTEN DOCH NOCH NIE STREIT

Die Rufbereitschaft wechselte im Wochen Rhythmus. Heute war einer aus der Zentrale dran. Ich betrat das Büro und wartete auf das Eintreffen meines Partners. Fragte der Mann mich.

„Wir hatten doch noch nie Streit?"

„Nein, warum auch, so wie man in den Wald hineinruft, so schallt es heraus", sagte ich und dachte was soll das?

„Genau", sagte er und nahm einen Schluck Kaffee. „Wenn Kollegen in Not sind, dann fahre ich hin und helfe ihnen. Und wenn die angemacht werden, stelle ich mich vor die Kollegen und lasse mich anblaffen, das ist mein Job, dafür werde ich bezahlt." Es folgten noch weitere Erklärungen.

Ich brauchte einige Überlegungen um dahinter zu kommen wohin der wollte. Es hatte wohl Fragen zur Personalführung gegeben. Und dem Gerücht ich würde ein Buch schreiben und er wollte sich vom Chef absetzen.

Das, was er mir sagte, traf zu, er war da, wenn es brannte, der Chef goss Öl ins Feuer.

KINDERGARTEN

Nach dem Sturm lagen die Wege voll Geäst. A1 und A2 waren im Hauptweg dabei einen Baum zu zerlegen. Kam E an.

„Was macht ihr denn da?"

„Wir machen den Weg frei." Verwundert sahen sie E an.

„Die Wege dahinten sind viel wichtiger. Das hier ist ja ein Kindergarten." Also Säge einpacken und zu den Wegen. Kam der Meister an.

„Was macht ihr denn da?"

„Die Wege frei."

„Lasst das liegen, wir sind hier nicht im Kindergarten."

Wieder die Säge eingepackt und erneut in den Hauptweg. Kam E angefahren. Schaute kurz zu den beiden und fuhr kopfschüttelnd davon. Sein Ziel die Nebenwege. Nun schob er mit seinem Trecker das Geäst von den Nebenwegen. Es war zu vermuten, dass Wut im Spiel war. Jedenfalls hatte er dem Trecker bei der Aktion das Genick gebrochen.

Warum? Weil er mit seinem Hund diese Wege zum Gassigehen nutzte. Und wegen dem Geäst ging das nicht. Also doch ein Kindergarten.

A1, A2, E und mein ehemaliger Mitläufer nutzten die Gelegenheit zum Brennholz ernten. Dass Freiräumen der Wege hatte Vorrang, aber Brennholz war wichtiger. Dem Meister war es nicht gelungen dieses Unterfangen abzustellen, er brauchte auch welches.

So zerstritten die auch waren, aber beim Brennholz schlug ein einiges Herz.

KRANKSCHREIBUNG

Ich schaute in Abständen bei meinem Arzt vorbei, ich wollte vermeiden, dass er einsam wurde.

„Wie lange?", war die Frage.

Ich brachte die Krankschreibung ins Büro. Beide Chefs waren im Büro.

Vom Meister ein. „Moin."

Der Chef saß wie angewurzelt auf seinem Stuhl. Er starrte auf einen Punkt auf seinem Tisch. Ich sah ihn von der Seite an. Umso länger ich ihn ansah desto versteifter wurde er. Und von der Gesprächsrunde, die er angekündigt hatte, nichts. Ich fragte mich, wie lange ich ihn ansehen müsste bis der zu schrumpfen anfängt. Auf seine Implosion dürfte ich lange warten zuvor käme eine Explosion.

BESCHWERDETAG

J war sauer, er durfte mit dem Spion arbeiten. Nun eher er durfte für den Spion arbeiten. Dem Spion wurde der Auftrag erteilt einige Kleinigkeiten zu erledigen.

„Das kann ich nicht alleine." Auf den Satz hatte der Spion ein Patent.

Also durfte J mit. Nach der Arbeit lief J mir über den Weg und legte los.

„Der Mann ist sowas von faul. Ich machte die Arbeit und der stand mit den Händen in den Taschen neben mir."

Ich hörte ihm zu und es ging ihm etwas besser. Kaum war er gegangen erschien E. Er hatte um Unterstützung gebeten, da er wieder die schweren Betondeckel heben musste.

„Nein das geht nicht", so der Chef.

„Nur für eine Woche." E hatte gebettelt, ein Fehler.

„Nein unmöglich."

E ist eben nicht Spion.

Heute war wohl Beschwerdetag dachte ich wie E davonfuhr.

TUMULT

Der Meister hatte sich einen Tag frei genommen. Und vom Chef weit und breit keine Spur.

Da war er schon. Nur nicht auf den Baustellen aufgetaucht. Das heißt nicht vor vier Uhr da war er an allen Baustellen zur gleichen Zeit. Was er wollte sollten die Leute am kommenden Tag erfahren.

Der Morgen am Tag danach. Der Chef hielt eine Rede.

„Ihr seid alle faul, einige waren in ihren Buden, andere waren schon zuhause."

Dann brach der Tumult los. Ihm wurde in aller Deutlichkeit seine eigene Unfähigkeit um die Ohren gehauen. Die Rede ging nach hinten los.

GENERVT

Ich war in die Arbeit vertieft, kamen die Chefs an. Der Meister fragte.

„Wie lange soll die Baustelle noch dauern?"

„Das Ende ist absehbar", sagte ich ohne mich den beiden zuzuwenden.

„Na fein", meinte der Meister unfreundlich.

Ich war nun in der vierten Woche an dem Objekt zu Gange, es war ein langes Objekt, sehr lang. Und da ich sehr gründlich arbeite waren die wohl genervt.

HUNDE HAUFEN

Eine andere Geschichte ohne die Chefs. K erzählte sein Erlebnis mit einem Mitarbeiter, der war schon längst in Rente. Der Mann war sehr pingelig.

K und sein Begleiter hatten einen Rasen gemäht und der Schnitt sollte abtransportiert werden dazu wurde der LKW hingeschickt. K hatte den Rasen Schnitt zu Haufen geharkt. Alles wie es sein soll. Da entdeckt der LKW-Fahrer einen kleinen Grashaufen, eine Handvoll nur aber das musste mit. Da hatte K eine spontane Idee. Er nahm eine Handvoll Gras und legte es über einen Hundehaufen. Der Mann hatte den leider nicht gesehen, so musste K ihm helfen.

„Du hast da einen übersehen", rief K bevor der Mann in seinen Laster steigt.

Der griff zu und schon quoll ihm der Mist durch die Finger.

„Verdammte Scheiße", schimpfte er und schleuderte den Mist von den Fingern.

Dann sah er K böse an und sagte. „Das warst doch du."

„Nein, ich habe doch gesagt lass liegen."

Dem LKW-Fahrer wurde seine Pingeligkeit zum Verhängnis. Beim Abtransport von Geäst klemmte er sich das Strauchwerk unter den Arm. Er sagte so lässt es sich besser tragen. Das war für K die nächste Steilvorlage. Er legte Gestrüpp auf einen Hundehaufen. Ich denke mehr brauche ich nicht sagen. Er fluchte und erntete Gelächter.

FERTIG

Der nächste Tag des Grauens. Der Chef hatte schlechte Laune wie gewohnt. Ob der morgens aus dem Bett fällt oder lässt seine Alte ihn nicht ran. Raunzte einer. Zwei Mitarbeitern wurde tags zuvor das Aufstellen von einer Absperrung aufgetragen. Beide waren nicht in Deutschland geboren, lebten aber schon Jahre im Lande. Und Jahre im Betrieb.

„Seid ihr fertig?", fragte der Chef gereizt.

Einer murmelte etwas unverständliches, der andere schwieg.

Nochmals nachgefragt nur lauter und mit einer ungemütlichen Wortwahl.

Keine Antwort.

„Wenn man in Deutschland sagt Fertig dann ist das Fertig, in Afrika ist das genauso", schrie er die beiden an. Einige seiner Leute blieben sicherheitshalber dem Büro fern, das war ihnen sicherer.

Es musste eine Treppe bewältigt werden um zum Aufenthaltsraum zu gelangen, dort fanden die morgendlichen Arbeitseinteilungen statt. Einige hatten auf den Chef keine Lust und blieben im Flur stehen.

„Seid ihr Fuß lahm das ihr die Treppe nicht schafft?", schrie er die Treppe runter.

„Dann los mit euch", schimpfte er die Leute an. Die gesamte Laune war im Keller. Keiner kann wie er mit wenigen Worten so viel Freude bereiten. Die Leute waren fertig bevor die Arbeit begann.

Der Raum, in dem sich die Männer sammelten, wurde Sozialraum genannt. Eine Lüge. Sozial ist etwas anderes. Es gibt da den Ausdruck, der einsame Rufer, sollte der Chef damit gemeint sein.

Sklavenhaltung.

K war im Kino gewesen. Er hatte einen Film über Sklavenhaltung gesehen. Keine Dokumentation, einen Spielfilm, der auf wahren Begebenheiten aufbaute. Ein Sklave hatte ein Ei fallen lassen. Es war ihm aus der Hand gerollt. Und dafür wurde er ausgepeitscht.

Wir waren beim Bänkereinigen auf dem Lager. Der Chef kam an.

„Wie kommt ihr mit Friedrichsen zurecht?"

Das ist eine Frage, die unverschämter nicht sein kann. Alles verfiel ins Schweigen und alle sahen mich an. Einer sagte.

„Bestens was glaubst du denn?"

„Der Chef ist auch so einer der Leute auspeitschenlassen würde. Aber er würde nicht warten bis einem das Ei aus der Hand fällt, er würde es einem vor die Füße werfen, damit er einen Grund hat", sagte einer der Anwesenden. Jedem war klar was der wollte und jeder könnte der nächste sein.

ERKÄLTET

L klagte, dass er sich erkältet hätte und es auf der Lunge habe. Ich sagte.

„Damit ist nicht zu spaßen, geh lieber zum Arzt."

Er ins Büro. „Ich hau wieder ab."

Der Chef kam aus dem Stuhl. „Was heißt hier ich hau wieder ab?"

„Gute Besserung", wünschte ihm der Meister.

Auf dem Firmenparkplatz sprach L mich an.

„Das ist kein Chef, der ist gefährlich, weil der dumm ist."

Dann folgte eine Geschichte, die schon länger her war. Der Chef war zu seinem Bauwagen gekommen und hatte einen Mitarbeiter beim Kaffee kochen überrascht und meinte ihn niedermachen zu können, nur der Mann stand kurz vor der Rente. Und hatte den Chef so was von zur Sau gemacht. Der ist dann mit Wut im Bauch und einem knallroten Kopf davon gefahren.

DER FROST IST DA

Im Herbst war der Sturm. Die Straßen längst geräumt. Und auch alles, was auf die Rasenflächen gefallen war, ist beseitigt. Nur wurden etliche Rasen von den schweren Räumgeräten geradezu umgepflügt. Bei Frost könnte man die Flächen gut befahren um die Schäden zu beseitigen.

A1 ins Büro und schlug es vor das Wetter zu nutzen. Er schaute den Meister an. Der Schaute den Chef an und der sagte „Nein." Und das war's dann, der Meister ging mit gesenktem Kopf aus dem Büro.

Wütend kam A1 zu mir.

„Was ist das nur für ein dummer Meister."

Ich sah ihn an. „Der Chef hat nein gesagt, weil du etwas wolltest?"

„Genau."

„Das ist bei dem ein Gesetz, ist die Idee nicht von ihm, dann ist nein das einzige Wort, das er kennt." Erklärte ich ihm. So wurde mit dem Ausbessern gewartet bis zum Tauwetter mit einem enormen mehr Aufwand.

JANUAR

Ein Teil der Belegschaft wurde zur Firma gerufen, etliches war zu erledigen und die LOB stand an.

Die Stimmung war gereizt. Jeder wusste, dass die Lieblinge vom Chef über hundert Prozent liegen. Ich wusste von einem, dass der bei 120 Prozent lag. So wie die Stimmung war, würde das den Kessel platzen lassen, würde ich es den Leuten sagen. Es kam zu Streitereien. Einmal war es ein Wagen, der ungetankt abgestellt worden war. Dann hing ein Schlüssel nicht im Kasten. Einer hatte einen Wagen mit nachhause genommen. Und so weiter, jeder war gereizt und ging wegen Kleinigkeiten in die Luft. Sowas hatte ich in noch keiner Firma erlebt.

L meinte. „Das feuern die beiden im Büro an. Damit verlieren die nicht ihre Macht. Uneinigkeit stärkt nur den Feind."

EINE ANDERE GESCHICHTE

Eine bekannte von mir hatte sich in einem Altenheim beworben und durfte drei Monate zur Probe Arbeiten. Die Belegschaft erlebte sie als kollegial und die Bewohner als dankbar und liebenswert. Dann war die Zeit um und sie sollte zur Chefin ins Büro. Sie erwartete einen Arbeitsvertrag.

Dann der Hammer. „Sie sind für unser Heim nicht tragbar. Die Kollegen berichteten, dass sie unerträglich sind und aufsässig. Und die Bewohner beklagten sich über ihre unfreundliche Art."

Mit enttäuschten Hoffnungen verließ sie das Gebäude. Da traf sie auf die Stationsleiterin. Die Frau gleich auf meine Bekannte los.

„Was hast du der Chefin über uns erzählt? Wir würden dich Mobben und die Bewohner währen nicht zu ertragen?"

Meine Bekannte erklärte ihr das was ihr gesagt wurde. Es wurde sofort eine interne Personalversammlung abgehalten. Ein Pfleger regte sich so auf, dass der sofort zur Chefin ging. Die Folge: Fristlose Kündigung. Dann wurde der Chefin zugesetzt bis sie mit der Wahrheit rausrückte. Das Altenheim war verkauft worden und alle werden entlassen und die Bewohner müssen sich ein neues Heim suchen. Gewinn Optimierung war das Ziel.

CHEF IM URLAUB

Alles atmete auf, es herrschte Frieden.

Einer sagte. „Das Flugzeug soll abstürzen."

Ein anderer. „Nein das geht nicht dann sterben unschuldige."

Der nächste. „Dann soll ihn ein Hai fressen."

„Das wird nichts, den spuckt jeder Hai wieder aus, der will sich doch nicht den Magen verderben", meinte der nächste. Ob der Chef sich erholte ist nicht bekannt, aber die Belegschaft hatte durch geatmet.

Noch ne Meldung.

Ich melde mich wie befohlen im Büro.

„Wo sind sie", fragte der Meister. Ich nannte den Ort. „Wie lange denn noch?" Die erzürnte Frage. Ich ging ohne zu antworten und freute mich, dass meine Arbeit so bewundert wurde.

Ich hatte es gesagt. Ändern sich die Arbeitsverhältnisse nicht zum Besseren, gehe ich auf Dienst nach Vorschrift. *Man erntet was man sät*. Heißt es in der Bibel.

VORSICHTIG AUSGEDRÜCKT

Ein Mann aus der zentrale lief mir über den Weg, er musste einen erkrankten Kollegen vertreten.

„Bei uns im Büro sind einige krank, da bleibt eine Menge Arbeit liegen", beklagte er sich. Ihm ist die Schreibtischarbeit lieber, obwohl Sonne tat ihm gut bei dem blassen Gesicht.

„Erkältungen?", fragte ich.

„Nein Mobbing", sagte er getroffen.

„Mobbing?" Ich fragte als könnte ich mir das nicht vorstellen.

„Doch und besonders die Langjährigen melden sich krank, die neuen trauen sich nicht. Ich habe das Gefühl es ist Absicht."

„Welchen Sinn sollte das haben?", fragte ich neugierig geworden.

„Ist doch logisch, gehen die ins Krankengeld, spart die Firma den Lohn und so werden Löcher gestopft."

„Wenn das stimmt, dann sind das vorsichtig ausgedrückt, Schweine."

Er bekräftigte das, was er mir sagte und gab mir Recht.

AUFTRAG FÜR DEN SPION

Der Meister fragte mich, das tat er in letzter Zeit des Öfteren.

„Wie lange wollen sie denn noch an der Baustelle sein?"

Ich antwortete wahrheitsgemäß. „Bis zur Rente."

Kurz vor Feierabend tauchte der Spion auf. Ich kannte das Gelände und hatte gedient und war in der Nutzung gegebener Deckung geschult. Der Spion machte einen langen Hals und hielt nach mir Ausschau. Konnte mich aber nicht sehen. Und so fuhr er ohne Ergebnis davon. Er konnte keine vollständige Meldung machen, denke ich mal. Aber eines zeigte es, die Jagd auf mich wurde intensiviert.

Ein Meisterstück

Eine Ecke war von einem Brombeerbusch bewuchert und der sollte entfernt werden. Eine Stunde, ein Mann in aller Ruhe mehr Zeit würde die Ecke nicht brauchen.

Der Meister schickte A1 und A2 los. Arbeiten ist nichts mit dem sich die beiden den Tag verderben würden. „Oh das geht nicht, da sind ja Dornen dran." Also ab zum Meister. „Die Ecke muss abgeräumt werden." Die beiden im Chor. Der Meister gab sofort Großalarm. Ein LKW wurde hin beordert der Räumte mit seinem Greifer die Ecke ab. Einen Tag Arbeit für den LKW-Fahrer. Tags drauf wurde die entnommene Erde ersetzt. Ein weiterer Tag Arbeit. Dann folgte die Neubepflanzung 2 Mann einen Tag. Das sind vier Mann und drei Tage. Von uns wurde kosteneffizientes Mitdenken erwartet. Davon war der Meister weit entfernt.

Abgesetzt

Ich machte Dienst nach Vorschrift. A1 und A2 suchten Straßen, die noch keiner vor denen Befahren hatte, getreu dem Motto der Tank ist voll.

Dem Meister kann man ja auf der Nase tanzen und der Chef ist mit der Jagd auf Mitarbeiter voll ausgelastet.

Nun ist es so, dass A1 auf lange Zeit ausfallen wird.

Dem Meister gingen die Leute aus.

Für eine Übergangszeit wurden Aushilfskräfte eingestellt. Und nun kam der Meister zu mir. Und meinte ich könnte mich um die Leute kümmern.

Nur nebenbei der Meister und der Chef hatten mich von meinem Posten des Vorarbeiters abgesetzt. Und nun sollte ich ihm aus dem Dilemma helfen.

Ich sagte ihm, dass A2 sich freuen dürfte. Der Meister ging in die Vorsichtsvariante.

„Ich weiß sie Arbeiten am liebsten alleine."

Verstanden hatten die nichts, das war deutlich zu hören. Ich arbeite auch alleine ja, gerne schon, nur hier wegen denen nicht wegen mir. Würden die sich nur für Minuten mit dem Personal Beschäftigen anstatt es zu Jagen würden die es begreifen. Aber zu viel der Mühe. Und ich bin ja der Böse, also verzichte ich auf das Vergnügen.

Der Meister meinte ich könnte denen zeigen, wo welche Arbeiten sind. „Sie wissen welche Arbeit anliegt und was gemacht werden muss."

Mich mit Abmahnungen vollstopfen und wenn es eng wird soll ich den Retter machen. Dem Meister war es nicht möglich mir in die Augen zu sehen. Auch seine Wortwahl war eingeschränkt, nur kein falsches das könnte falsch sein. Der Meister musste die Leute verteilen.

STEINE HABEN KEIN GEWICHT

Einem Mitarbeiter wurde mehrmals der Rücken operiert, Bandscheibe. Aber für den Chef nur eine Ausrede, also ran an die schweren Objekte. Getreu dem Motto euch bekomme ich klein. Das Ganze wurde vom Oberchef verteidigt.

MAN KANN ES NUR FALSCH MACHEN

Ich, wie gesagt musste mich melden, machte Mühe, nicht mir. Wo sind sie? Da. Das alte Spiel. Es fiel mir schwer das Grinsen zu unterlassen. Schön, dass die keinen Spaß verstehen, ich verstehe auch keinen.

Ein Objekt, das ich turnusmäßig zu reinigen hatte, brauchte einen Tag. Das wurde bemängelt, ich musste mich rechtfertigen. Also änderte ich das ab und brauchte drei Tage, das war auch nicht richtig. Wie man es auch macht, es ist verkehrt.

SELBER SCHULD

Heute ist ein sonniger Tag und es ist März. Die Welt war in Ordnung, die Laune bestens. Ein ehemaliger Mitarbeiter erschien, er ist seit einiger Zeit in Rente.

„Hallo lange nicht gesehen wie geht es dir?", fragte ich ihn.

„Ach ganz gut soweit."

Den Anfang vom Gespräch blende ich weg. Und setze da wieder an, wo der Chef zum Thema wurde. KH ist schon eine Weile in Rente und doch brannte die Seele. Er sagte, dass es nun 20 Jahre her sind, dass er W (Der war zu der Zeit Personalratsvorsitzender) fragte, ob man nichts gegen den Chef machen kann. Die Antwort von W. „Es gibt Leute die haben selber schuld." Damit hatte er KH gemeint. KH hatte sich dann fürs nicht helfen bedankt und hatte W dann stehen lassen.

Das war nun 20 Jahre her.

Dann hatte KH den W vor wenigen Tagen getroffen. W hatte ihm erklärt, dass er alle Ämter niedergelegt habe. Weil der Chef Jagd auf ihn machte und ihm keiner hilft. Der Chef würde ihn fertig machen und das bei jeder Gelegenheit. „Selber schuld" hatte KH dann nur zu ihm gesagt und ihn stehen lassen.

Kaum war KH gegangen und ich verstaute das Gehörte in die dafür vorgesehenen Schubläden, tauchte Z auf. Der ist nun auch schon einige Jahre nicht mehr bei uns. Leider hatten seine Anrufe beim Chef nachgelassen. Auch er war schnell bei dem Thema Chef. Kaum war er weg, kam der nächste und schüttete mir sein Herz aus. Kaum war der weg, hörte ich mir die nächste Klage an.

Nachdem der dann gegangen war, dachte ich. Wie kann es sein, dass einer alleine so viel seelischen Schaden anrichten kann. Man muss das miterlebt haben, beschreiben ist unmöglich.

Narben auf der Seele heilen scheinbar nie.

KEINE GRENZE

Ein Mitarbeiter hatte mehrere Operationen an der Bandscheibe. Nun wollte der Chef ihn in einen anderen Bereich versetzen. Nicht aus Fürsorge, das Ziel war den Zusammenhalt aufbrechen. Und auch gleich den Lohn kürzen. Das aber hatte der Mann abgelehnt. Was den Chef verärgerte. Dann hatte der Mann das Pech bei der Arbeit mit dem Minibagger ein Stromkabel zu erwischen. Das war nun ein Fressen für den Chef.

„Das weiß man doch dass da Kabel Liegen, du bist doch zu allem zu blöde."

„Erstens, dass da ein Kabel liegt, wusste ich nicht und es war auch nicht zu erkennen und es lag 30 Cm unter der Erde, da hat es nichts zu suchen", verteidigte sich der Mann. Der Chef ging mit einer abwertenden Handbewegung.

Am nächsten Morgen. „Du bist lustlos bei der Arbeit und wie du rumläufst." Dann machte der Chef den Gang des Mannes nach, natürlich auf die verächtliche Tour. Der Chef hat keine Grenzen.

ANDERE SIND DOOF

Der Chef mag gerne andere für doof und unfähig abkanzeln.

Es wurde eine Maschine gebraucht. Die wurde in einem Ort 45 KM von unserer Firma entfernt geordert. Der Chef schickte einen Mitarbeiter los sie zu holen. Er kehrte ohne zurück.

„Die Maschine hattest du für morgen bestellt", sagte ihm der Mitarbeiter grinsend ins Gesicht.

Am folgenden Tag. Der Mann hatte die Maschine abgeholt. Nur war es eine Falsche. Also erneut auf den Weg. Da passte einer genau in seine Beschreibung hinein. Würde der Chef sich die Fachkenntnisse der Mitarbeiter zunutze machen, würde das nicht passiert sein. Wenn man aber alles besser weiß, Pech eben.

Noch ein Pech. Mitarbeiter sollten eine Verkehrssicherung aufbauen. Die Männer los und meldeten dann über Funk. „Es steht schon eine."

„Das kann nicht sein."

Der Chef und der Meister hin. Und in der Tat es war alles aufgebaut.

„Das muss einer aus der Zentrale veranlasst haben", erklärte der Chef.

Dass er selber seinem Spion den Auftrag erteilte hatte er vergessen.

Wer ist hier der Doofe.

MEISTER HILFLOS

Die Arbeiten laufen auf. Ich machte meine Arbeit gründlich. Einer Fremdfirma wurde Aufgaben übergeben. Ich konnte alleine das Pensum nicht erreichen, noch dazu ich keine Maschine anfasste. Der Meister war unfähig die Mitarbeiter zur Arbeit zu bewegen. Er war hilflos seiner Unfähigkeit ausgesetzt.

Wenn die Chefs an mir vorbeifuhren winkte ich freundlich. Nur die sahen mich an als habe ich ihnen die Wurst weggegessen. Ob die sauer sind? Woran das wohl liegen kann?

Horst Seehofer sagte. *Macht die nicht wirkungsvoll kontrolliert wird läuft aus dem Ruder.*

Eine Unterhaltung zwischen einem Nordstrander und einem Pellwormer.

Der Nordstrander sagte. „Die Pellwormer sind seltsame Brüder."

„Sei vorsichtig, wir sind früher auf Nordstrander zur Arbeit geritten", sagte der Pellwormer.

A2

A2 fuhr seit Tagen mit einem Gesicht durch die Gegend das auf sauer gestellt ist. Wahrscheinlich musste er arbeiten, das mag er nicht.

Der Meister war bei mir. „Wir haben eine Aushilfe eingestellt."

„Die kann A2 haben", sagte ich desinteressiert.

„Nein, das müssen sie, sie sind in der höchsten Lohnstufe. A2 soll seine Arbeit selber machen."

Aha, daher das Sauerkraut-Gesicht von A2.

„Sie sind hier der Verantwortliche", setzte der Meister nach.

„Nein das geht nicht, sie haben mich von meinem Vorarbeiter-Posten abgesetzt."

Ein betroffenes Gesicht und Flucht, sonst nichts.

AUS DER HAUT GEFAHREN

Ein Mitarbeiter wollte den Schredder leihen, fragte dazu den Chef.

„Nein das geht nicht, es ist nicht erlaubt Maschinen privat zu nutzen", sagte er. Das ist so, da beißt keine Maus den Faden ab. Nur hatte der Chef den Schredder am Sonntag zuvor selber mit nachhause genommen. Da fuhr der Mitarbeiter aus der Haut und hatte dem Chef seine Verfehlungen aufgelistet, die der begangen hatte und schon stand das Tor offen.

FLEXIBEL

Nachdem ich die Hilfskraft abgelehnt hatte, nicht wegen der Person, wegen dem Vorgehen gegen mich.

„Man müsse flexibel sein, wenn man seine Arbeit nicht schafft, muss man eben um Hilfe bitten oder helfen", meinte der Meister mir sagen zu müssen.

Ich dachte mein Schwein pfeift. Mein ehemaliger Mitläufer rührte keinen Finger und als ich mich beschwerte kassierte ich eine Abmahnung. Die As fuhren spazieren, ich machte deren Arbeit, die schrieben meine auf deren Zettel. Das war alles in Ordnung und nun, da die merken ohne mich geht's den Bach runter, bin ich unflexibel. Mir die Ausrüstung wegnehmen, den Wagen und erwarten dass ich die gleiche Leistung fahre. Am Arsch hängt der Hammer.

DER TAG IST TOT WENN ICH DEN SEHE

Zwei Mitarbeiter hatten sich verabredet. Ich sah einen in der Nähe meiner Baustelle, er wartete auf seinen Kollegen, sagte er mir. Der auch schon anrauschte. W sagte er kann den Chef nicht sehen, dann ist der Tag tot. Weiter sagte er, dass es eine Personalratssitzung gegeben hatte. Eines der Themen, wie könnte es auch anders sein, Chef. Es wurden die aktuellen Beschwerden so wie alte Geschichten durchgekaut. Das war so heftig zur Sache gegangen, dass der Oberchef sich angegriffen gefühlt hatte sich und den Chef vehement verteidigte. Einer von der Gewerkschaft war dabei. Der sprang an und zählte den Oberchef an. Da begann die Debatte heiß zu laufen. Leider hörte er hier auf zu erzählen.

Aber der Chef sei ruhig geworden. Meinte er noch. Ich sagte ihm, dass er sich auch mal ausruhen muss. Ja die Batterien aufladen dann geht es wieder los. Sagte er und sie fuhren davon.

LANGWEILIG

Die Tage gingen ins Land. Und jeder Mitarbeiter, der mir begegnete, erzählte von zuhause, vom Auto, das durch den TÜV gefallen war. Aber nichts vom Chef, es wurde langsam langweilig.

Ich bin im Büro, meine Meldepflicht erfüllen. Der Chef an seinem Schreibtisch. Sich an etwas Fest klammernd auf den Bildschirm starrend. Seine Nackenhaare standen hoch, der Körper voller Spannung. Hinter ihm auf einem Regal die Arbeitsberichtsrohlinge, ich langte über den Tresen und griff einen Stapel, lasse mir genüssliche Zeit. Keine Augenbewegung, kein Finger, der sich rührte. Wie eine Statue aus Beton gegossen saß er da. Der Meister grinste ihn an. Das dürfte ihm noch zusätzlich zu schaffen gemacht haben. „Die Zettel sind aber auch störrisch."

ZUFRIEDEN

Zwei Aushilfskräfte wurden eingestellt, die hatte ich zu A2 verfrachtet. Er wollte schon immer den Chef machen. Die beiden machten die Arbeit, A2 musste noch neue Straßen finden. Nun ich bin im Sehr-Sauber-Modus. Die beiden Aushelfer arbeiteten auf Volldampf und schafften nicht das was ich schaffte. Aber der Chef ist voll zufrieden.

Noch einmal von vorne

Es gibt da den schönen Spruch, dass man nochmals von vorne anfangen möchte mit dem Wissen von heute. Den Gedanken hatte ich auch schon mal. Nur wie sollte das ablaufen?

Man geht seinen Weg. Sagen wir bis zum ersten Mädchen, das man nicht küssen durfte. Mit dem Wissen von heute. Dann sind da eine Reihe Abzweigungen. Welche sollte man nehmen. Denn einen kennt man ja schon. Also wählen wir den, der weit nach links abzweigt. Und wem begegnet man da genau dem Chef. Der hatte dieselbe Idee. Oder man kann seinem Schicksal nicht davon laufen. Eines würde ich auf jeden Fall tun, ich würde mir, bevor ich in die Vergangenheit aufbreche, noch die Lottozahlen aufschreiben.

Gemeinsam

Der Meister kam an und meinte, dass es in der Gruppe schneller geht als alleine. Das ist wohl so. Nur ich hatte die Gruppe nicht gesprengt, das waren er und der Chef. Und wenn die meinen ich löse deren Problem? Weit gefehlt. Als ich deren Hilfe gebraucht hatte. Haben die mir den Stinkefinger gezeigt. Nun zeigte ich, dass ich auch einen hatte.

UNFALL

Ein Mitarbeiter hatte sich in den Arm gesägt. Nichts Tragisches aber es hätte Böse ausgehen können. Die Berufsgenossenschaft war tags drauf da den Unfall untersuchend.

Am Morgen danach musste der Chef eine Rede schmatzen. Und erntete Kritik. „Wer seinen Arsch nicht aus dem Sessel bekommt bist du und dann geht's eben schief" wurde ihm in aller Deutlichkeit erklärt.

ARBEITSABLAUF

Der Chef erschien mit dem Meister. Die Baustelle war wunderbar gereinigt. Der Meister erklärte, dass er korrigierend in meinen Arbeitsablauf eingreifen wird. Dabei hatte er ein hinterhältiges Grinsen im Gesicht. Der Chef hielt sich zurück, dem steckte etwas in den Knochen. Ich dachte nur wenn ihr das besser wisst. Nur konnte ich nichts entdecken was besser war. Ich hatte das Gefühl die beiden waren mit sich selber nicht zufrieden.

UNTERWÜRFIGE

3 Jungs nicht älter wie 16 standen im Büro am Tresen. Hatten wohl sowas wie Tag der Arbeit. Jedenfalls. Der Meister stand am Tresen den dreien gegenüber. Der Chef betont arrogant auf seinem Stuhl. Sich nicht zu erheben ist eine Unhöflichkeit. Die drei hatte er schnell eingeschüchtert. Der Chef war voll in seinem Element. Bei

den Mitarbeitern wirkte er nicht mehr. Das ganze Büro war erfüllt von einer negativen Spannung.

EIN REGENTAG

Eine Baustelle und keiner da? Es regnete Bindfäden und die Männer suchten unter einem Baum Schutz. Kam der Chef angefahren. Er hält auf den Bauwagen zu. Auf den letzten Metern machte er den Motor aus und ließ den Wagen Rollen. Und schließt sehr behutsam die Wagen Tür nur keinen Krach machen. Auf Zehenspitzen pirschte er sich ran. Und riss mit einem Ruck die Tür auf und starrte in einen leeren Bauwagen. Wütend knallte er die Tür zu. Und überraschte eine andere Kolonne, die seinen Zorn ungeschützt über sich ergehen lassen musste.

URLAUB

W erzählte mir, dass die vorhaben einen Fragebogen zu verteilen, um die Stimmung im Betrieb zu erfassen. Das dürfte einem sehr gefallen. Sagte ich. Und ich sagte W, dass der Meister mich drängte Urlaub zu nehmen.

W. „Davon habe ich gehört, es geht darum, wir wollten verhindern, dass du vom Chef belästigt wirst." W begann zu lachen.

„Was ist daran lustig?", fragte ich.

W. „Ich sage immer ja Chef ich weiß. Das macht ihn fuchsig."

FADEN GERISSEN

Mein Urlaub war beendet. Ich stellte die Füße auf den Fußboden. Mir war seltsam zumute. Es war als hätte ich Watte im Kopf.

Ich meldete mich zurück und begab mich zu meiner Baustelle. Im Magen hatte sich ein Druck aufgebaut. Kein Bauchweh oder Übelkeit, ein unbekanntes Gefühl erfasste meinen Körper und Seele.

Der Meister erschien und das dumme Gelaber aller Tage ging weiter. Ich wollte gegenhalten, aber es waren keine Worte zu finden. Ich hatte die Kontrolle über meine Worte und Gedanken verloren. Und meine Hände begannen zu zittern.

Es war wohl nur eine Zeitfrage gewesen, bis ich erledigt war. Obwohl im Vergleich zu anderen, hatte ich mich gut geschlagen. Hier aber war der Wendepunkt erreicht.

Mir war, als würde jemand anderer in mir sein. Dann folgte ein blödes Wort vom Meister und ich warf ihm das Geschirr vor die Füße und bin nachhause gefahren.

Das war ein befreiendes Gefühl. Nun war der Faden gerissen.

Womöglich hatte mein Geist gesagt, nun ist Schluss, ich hatte es nicht gedacht, es geschah einfach. Dass das nicht die richtige Reaktion war, wurde mir im Laufe des Tages auch klar, aber in dem Moment war es wohl das einzig richtige. Ich wollte ja ohnehin gehen. Nun stand genau das vor der Tür und es gefiel mir nicht.

Es folgte eine Sitzung. Personalchef. Meister. Chef. Oberchef. Personalrat. Ich.

Die sollte eine Erkenntnis bestätigen.

Beim Betreten des Raumes saßen diese Leute bereits an einem Tisch. Und mir wurde absolute Feindseligkeit geboten. Nichts von, sie haben ein Problem, wir finden eine Lösung.

Nein das Signal war. Sie sind das Problem und das werden wir los.

Es folgten die üblichen Lügen, Unterstellungen, Beleidigungen und neue Lügen. Und eine Spezielle. Ich würde Arbeitsgerät während meines Urlaubes mit nach Hause nehmen, damit keiner damit arbeiten kann.

Dass ich mir diese Unterhaltung selber eingebrockt hatte, muss ich eingestehen. Der Verlauf aber das war deren Idee.

Der Chef selber schwieg zu Beginn. Ihm war Angst anzusehen. Als er aber merkte ich klage keinen an. Drehte er auf. Und log das die Balken brachen und bei jeder Lüge sah er zum Personalrat und nickte ihm zu. Nach dem Motto gebe mir Recht.

Hätten die mich Entlassen, das würde mir Recht sein. Aber das Trauten die sich nicht. Mein Trumpf war deren Angst vor dem Arbeitsgericht.

Ich stellte mir die Situation so vor.

Die Sonne steht brennend heiß am Himmel, Schweißtropfen rinnen über die Stirn.

Fünf Banditen auf der einen Seite und einer, der gute, auf der anderen Seite. Ein Pferd galoppiert im Hintergrund vorbei. Der Schrei eines Uhus ertönt. Es knallt und fünf Mann liegen im Staub, einer reitet der Sonne entgegen.

Hat fast was Romantisches. Wenn die Dinge nicht so ernst wären könnte man schmunzeln.

Am Tage zuvor hatte ich Besuch von Freunden und der Tag war entspannt. Beim zu Bett gehen sagte ich noch mir graut vor morgen. Aber dass das so enden würde, ich hätte es nicht für möglich gehalten.

Eine Abmahnung mit Kündigungsdrohung folgte.

Nun begann die Ausgrenzungsmaschine vom Chef auf Hochtouren zu laufen.

Ein Mitarbeiter erschien und sagte mir.

„Der Chef hat gesagt nun werde ich Friedrichsen den Rest geben."

Etwas anderes hatte ich auch nicht erwartet.

Seltsam fand ich, das die ebenfalls betroffen waren und immer zu mir kamen wenn's brannte, auf Abstand gingen, nach dem Motto nur nicht in den Sog geraten.

Auf Anraten meines Arztes suchte ich einen Seelenklempner auf.

Ich hatte nie nach der Schuld bei mir gesucht. Das muss ich auch nicht. Alles, was ich erlebte, war auf diesen Punkt ausgerichtet. Beim einen hatte es schnell gewirkt bei mir eben 20 Jahre.

Der Seelen Mann erklärte mir, dass ich nur einen Nervenplumps hatte. Nichts, was eine Behandlung benötigen würde. Alles, was die erreicht hatten, war eine Delle in meinen Schutzwall zu schlagen, aber bezwungen hätten die mich nicht. So die Erklärung vom Seelenmann.

Wenn ich mir die Liste anschaue. Einer wollte den Betrieb abfackeln, einer versuchte sich das Leben zu nehmen, einer wollte den Chef totschlagen. Nur um einige zu nennen. Da muss ich nicht nach der Schuld bei mir suchen.

BRENNEN

Wenn man sich ein Stück Papier vorstellt, das verbrennt.
Die Asche fällt zu Boden, das Feuer sei erloschen? Das
ist ein Irrtum. Denn das Feuer sucht sich etwas Neues
um es zu verbrennen.

Einen Wald, ein Auto, ein Haus. Es brennt von An-
beginn der Welt. Und es wird am Ende die Welt selbst
verbrennen.

Betrachtet man sich unsere Firma von oben. Die Mitarbeiter sind dann die Bäume und der Betrieb der Wald.
So hat sich eine Schneise durch die Belegschaft gebrannt.
Angezündet vom Chef. Jetzt stehe ich in Flammen. Bin ich
erloschen, brennt der nächste, bis der Chef selber brennt.

KRANKGESCHRIEBEN

Die Zeit, in der ich krankgeschrieben war, nutzte ich
zum Abschalten. Wohl wissend das Problem lauert auf
mich. Wie ein wildes Tier wartete der Chef auf meine
Rückkehr. Das war mir so klar wie Kloßbrühe. Die Fol-
gebestätigung galt es nun zur Firma zu bringen. Mein
erster Gedanke ich stecke den in den Postkasten. Dazu
bräuchte ich nicht das Firmengelände betreten. Aber genau das müsste ich tun. Aufs Pferd steigen nachdem man
abgeworfen wurde. Vor der Tür, einige Mitarbeiter zwischen denen der Chef. Die Mitarbeiter murmelten Moin.
Der Chef sah mich verächtlich an und musste mich mit
einem blöden Spruch beleidigen.

Der Mann gehört zu denen, die einem wehrlos am
Boden Liegenden an den Kopf treten.

Die Stimmung der Leute glich einer Beerdigung. Gesenkte Blicke und Schweigen nur dem Chef stand ein fieses Grinsen im Gesicht. Eine Zukunft sah ich an dem Tage nicht mehr.

FLUCHT

In einem Gespräch mit einem Freund, bei dem es beim Auto kauf anfing. Kaum kauft man sich ein blaues haben alle ein blaues. Begann er.

„Ich habe gehört du bist krankgeschrieben?"

„Ja ich habe Stress mit dem Chef und seinen Schergen", sagte ich und merkte Unruhe bei ihm aufkommen. Ich hatte scheinbar eine Leitung angebohrt, es floss aus ihm heraus.

„Ich hatte das Gleiche in meiner Firma, nicht wie bei dir der Chef, bei mir waren es die Kollegen. Die machten mir das Leben schwer, ich habe das mit mir selber ausgemacht und bin vorzeitig in Rente gegangen."

Es ist nicht tröstlich zu hören, dass es anderen gleich mies geht. Ihm aber schien es geholfen zu haben mir berichtet zu haben. Sein Gang war etwas Aufrechter. Es war wohl das erste Mal, dass er es jemanden anvertraute. Ich sah ihm nach und begann mir Sorgen um meine Kinder zu machen. So viele, die mir vom selben Leid klagten in den vergangenen Jahren. Was wenn es meine Kinder trifft. Ich hatte mich kaum einem anvertraut mit meinem Seelenzustand, hätte ich womöglich tun sollen, nur wem.

Wo war mein Leben hin? Ist es auf der Flucht? Flüchte ich? Und wenn ja, wohin?

EIN KLINGONE WEINT NICHT
(EINE FIGUR AUS ENTERPRISE)

Ich bin seit Wochen krankgeschrieben und der Arzt muss nun einen genauen Bericht abfassen für die Krankenkasse. Ich musste nun ins Detail gehen und erklären was los ist. Da öffneten sich sämtliche Schubläden und ein Schwall von ungeordneten Gefühlen überschwemmte mich. Mir blieb die Luft weg und aus den Augen tropften Tränen. Nicht das ich weinte, nein es tropfte einfach. Dabei weinen Klingonen nicht. Erst jetzt wurde mir bewusst wie tief es mich getroffen hatte. Äußerlich ein Baum innerlich morsch. Als hätte ich die Füße im Feuer und man kann nichts dagegen machen. Und doch beschreibt das nicht, was Bossing und Mobbing anrichten. Es ist Seelenmord und müsste mit lebenslanger Haft bestraft werden.

EINEN KAFFEE GENIESSEN

An einem innerlich ruhigen Tag dachte ich es ist Zeit ins Leben zurückzukehren. Und fuhr in die Stadt auf einen Kaffee. Im Supermarkt am Tischsitzend und den Kaffee auf dem Tisch. Streunt da ein Mitarbeiter durch den Hauptgang. Als er mich sah machte er sich steif. Und tat als habe er mich nicht gesehen. Körpersprache ist sehr Aussage kräftig. Ich sah an ihm, dass die Maschinerie gegen mich auf Hochtouren lief. Und sah mich am Hals meines Feindes hängen, aufgeben ich? Nie. Den Kaffee habe ich genossen.

Eine Woche später. Im Supermarkt ich saß an dem Tisch wie immer, einen Kaffee auf dem Tisch. In einem gemütlichen Sessel. Im Hauptgang lief der Chef. Er hatte mich bereits gesehen bevor er den Laden betrat. Um zu demonstrieren das er mich übersah. Grüßte er einen Mann, den er nicht kannte mit einer überbordenden Höflichkeit. Ich durfte das als demütigende Geste verstehen. Weil es auch so gemeint war. Denn den Mann kannte er nicht! Der sah ihn an und schüttelte mit dem Kopf und ging weiter ohne seinen Gruß zu erwidern. Der Chef grinste, warum? Ich weiß es nicht.

Einige Male musste ich die Ereignisse mir unbekannten Personen erklären. Mit Erstaunen bemerkte ich, dass die es verstanden.

Was unbegreiflicher macht. Warum die, die direkt davon betroffen waren. Chefetage zum Beispiel, dem Begreifen so fern waren.

KLEIN BEIGEBEN? OHNE MICH

Ich war bereit zu kündigen. Mit meinem Rausschmiss brauchte ich nicht rechnen, dazu fehlte denen jede Möglichkeit. Ich würde auf Schmerzensgeld klagen. Und sollte ich den Prozess auch noch gewinnen würden andere folgen. Einer hatte es versucht und 150000 Euro gefordert. Der Chef war tagelang übers Firmengelände gelaufen und gerufen „ich bin pleite". Leider hat der Prozess nicht stattgefunden.

Aber ich sagte mir Nee! Ich hatte Vogel bezwungen, da werde ich doch mit diesen Aasgeiern fertig. Also bin ich über das Hamburger-Model zurück an die Arbeit.

Ich hatte auch mit einem Rechtsanwalt gesprochen. Er sagte es sei sehr unwahrscheinlich einen Prozess zu gewinnen. Ich sollte dem Chef eine in die Schnauze hauen, das würde kurieren.

Im Gespräch mit dem Personalrat merkte ich, dass mir keiner helfen wird. Erst wenn Blut fließt dürften die was merken. Aber auch nur wenn es deren eigenes ist. Ich stellte mir Bossing und Mobbing wie einen Wirbelsturm vor. Es fliegen einem die Fetzen um die Ohren und es gibt keinen Schutzraum. Selbst im Schlaf tobt der Sturm weiter.

MEISTER IST NETT

Einige Mitarbeiter meinten, dass man mit dem Meister gut zurechtkommen kann. Stimmt auch, er selber ist ein durchschnittlicher Mensch, nur zu dumm. Er tut, was der Chef will. Kein nein, oder das geht zu weit. Nur ein ja aus Angst, dass er der Nächste ist. Nett mag sein, nur er hatte sich den Gedankenmüll vom Chef auf die Festplatte gespielt. Nett ich weiß nicht.

Nett das sind die Gefährlichen. Auf einen Angreifer, der ein Gewehr in der Hand hat, auf den kann man reagieren. Aber einer der sich nett anschleicht und ein Messer unterm Mantel trägt, dem ist man ausgeliefert.

Mein Vater sagte mir einst. *Traue keinem, der dir den Rücken streichelt, der ist kein Freund, der sucht die Stelle, wo er das Messer reinrammen kann.* Und genau das ist der Meister.

SCHNELLER ARBEITEN

Ein Mitarbeiter, der schon vor längerer Zeit um versetzt worden war, er hatte dem Chef nicht gefallen, erzählte mir eine Geschichte.

Kaum war der unser Chef hatte der eine glorreiche Idee. „Die Männer müssen schneller arbeiten, dann kann ich neue Leute einstellen", sagte der Chef mit geschwellter Brust.

„Nein, das ist falsch, wir müssen langsamer arbeiten, damit du neue Leute einstellen kannst", hatte der Mitarbeiter dem Chef erklärt.

Was dann folgte kann sich jeder, der das Buch gelesen hat, ausmalen?

Der Mitarbeiter war mit seinem Fahrrad unterwegs und musste einen schmalen Weg entlang. Und auf dem Weg begegnete ihm der Chef. Jeder würde beiseite Fahren und einen Radler vorbei lassen, nicht so der Chef der gab Gas. Und das mit voller Absicht.

ALS MENSCH WAHRNEHMEN

Mir war das Ergebnis nicht ausreichend. In dem Gespräch mit dem Rechtsanwalt blieben Fragen offen. Ich suchte einen weiteren auf. Aber auch der sagte, dass es recht aussichtslos sei. Selbst wenn es Zeugen gibt. Bei einem Prozess mit dem Arbeitgeber im Saal kippen die um. Selbst wenn das Messer in der Brust steckt und der Chef die Hand noch am Schaft hat, als Arbeitnehmer keine Chance. Ich wollte mir nur einen Apfel Schälen und dann ist mir der Tölpel ins Messer gelaufen. Und deine Zeugen sagen. Ich habe nichts gesehen. Vergiss es.

Da bleibt die Frage, wo bleibt der Mensch. Die Alternative wäre die Faust zum Regler zu machen.

Wenn die mich nicht als Mensch wahrnehmen? Wie kann ich die als Mensch wahrnehmen?

EINGLIEDERUNG

Schon dieses Wort hat was Abwertendes. Das Rückkehrgespräch hatte ich als abwertend erlebt. Kein schön dass sie wieder da sind. Und erneutes Lügen. Man könne mir nur Arbeiten zuweisen. Dazu müsse ich ins Büro und ich würde mich weigern. Ich sei nicht erreichbar. Ich war kein Vorarbeiter, das war A1 und bei Arbeitseinteilungen muss ich nicht dabei sein, dafür ist der Vorarbeiter da, dem habe ich dann zu folgen. Und das ich jeden Morgen im Büro war, kein Wort. Und dass die nie einen Auftrag für mich hatten, nur den Satz, mach doch was du willst.

Ich habe auf keine Lüge reagiert. Ich rieb mir mit dem Finger das Ohr, als sei ich verunsichert. So konnten sich die Chefs als Sieger sehen. Der Chef hatte sich demonstrativ neben mich gesetzt. Seht ich habe nichts gegen Friedrichsen. Manipulation beherrschte der wie keiner. Er brauchte aber einen Anlauf. Der Meister saß mir gegenüber und war sehr nervös. Und dicker war er geworden. Beide, das merkte ich deutlich, waren auf Feindfahrt. Und ihre Torpedos sollten mich versenken.

Mir wurde erklärt, dass ich alle Objekte zu machen hätte und keine ablehnen dürfte. Ich hatte nie nein gesagt, nur die As hätten mit zu arbeiten.

Ich war die Ruhe selbst. Mich hielt nichts mehr, ich war ein freier Mann. Ich hatte mir Johannes den Täufer in Erinnerung gerufen. *Meinen Körper könnt ihr einsper-ren, aber mein Geist ist frei.*

Und genau das war es, ich war körperlich anwesend und mein Geist war auf Weltreise.

Der Nervöseste war der Personalchef, seine Hände zitterten. Noch könnte ich aufstehen und mein Glück im Gerichtssaal suchen. Nach dem Gespräch war der Personalchef flucht artig verschwunden. Die Typen hatten sich auf eine hitzige Schlacht eingestellt. Ihre Torpedos liefen ins leere und ihre Lügen strafte der Personalchef lüge. Er sagte, dass an meiner Arbeit nichts zu bemängeln sei, alles sei ordentlich und sauber abgeliefert worden.

Abmahnungen und unsauber und doch sauber. Alles im Widerspruch. Nur ein Ändern wurde nicht erklärt.

Der Rechtsanwalt sagte als ich sein Büro verließ. „Mach das öffentlich." Dass ich beschlossen hatte ein Buch zu schreiben konnte er nicht wissen. Und sicher war ich mir auch nicht. Ich werde es auch nicht erledigt haben bevor ich in Rente sein werde, nur dann kommt es zu spät.

Ich forderte den Chef und den Meister auf mir konkrete Anweisungen zu geben, ich kann nur so arbeiten wie ich geführt werde. Erklärte ich. Schon der kommende Tag zeigte deren Unfähigkeit auf.

KEINEN PLAN

Der Tag begann und ich holte mir meine Anweisung ab. Ich sollte Objekt xy machen, A1 würde dann vorbei schauen um nach dem Rechten zu sehen. Man hört die Entmündigung heraus.

Nun, ich also los. A1 war bereits vor Ort, er hatte denselben Auftrag erhalten. Er sagte er habe noch mehr zu tun und ich könne ihn unterstützen.

„Das geht nicht, ich habe meinen Auftrag und von dem kann ich nicht abweichen." Ich arbeitete genau nach Anweisung und schon war es denen nicht recht. So wie es war und ich es liebte. Und ich war im Hamburger Modell und konnte jederzeit nachhause Fahren. Das hatte sowas von Beruhigendes.

Wie ich ihm das so erklärte, dass ich meinen Auftrag hatte. Kam ein Kollege aus einem ehemaligen Betrieb vorbei und der kam mir sehr gelegen, nun konnte ich mich unterhalten und A1 musste arbeiten. Der war sauer.

POSAUNEN REISSEN KEINE MAUERN EIN

Mir begegneten zwei Mitarbeiter. Und schon ging dieselbe Leier los. Der eine hatte sich mit dem Chef angelegt. Es habe ordentlich gekachelt, um was es ging sagte er leider nicht. Es würden immer die Posaunen geblasen nur keine Mauern eingerissen, beklagte er sich. Der Chef und Oberchef sind dicke Freunde. Was man auch immer an Beschwerden hat, man bekommt kein Gehör.

Alles Dinge durch die ich schon gegangen war. Der Mann wirkte als würde es nicht mehr lange dauern dann gehen ihm die Nerven durch.

„Ich dachte hier sei Ruhe eingekehrt", sagte ich. Die Wut der beiden war so heftig, dass es dauerte bis die sich beruhigten. Einer fragte ob bei meinem Rückkehrgespräch einer vom Personalrat dabei war, das sei so Vorschrift.

„Ja und nein, er war da hat aber kein Wort gesagt, dass es sein muss, hatte auch keiner gesagt und vom Personalrat hat sich auch keiner angeboten."

Das war ein Zündholz für den einen. „Der Chef hat mir gesagt, hier arbeiten nur Faule."

Ich sagte ihm beim Chef gibt es eine einfache Regelung. Wer sagt ich habe getan, der tut auch was. Auch wenn der keinen Finger krumm gemacht hat. Wer aber wühlt und nichts sagt, der ist faul. Also tut nichts und lobt euch und euch wir es gedankt.

GEMAUSCHEL

A2 hatte absolut keine Lust zum Arbeiten. Und so schmeichelt, schleicht, kriecht er. Dem Meister. Wie kann man das nennen? In den Arsch, trifft es. Und so spielte er mit dem Meister.

Der kam zu mir. Er müsse etwas regeln. Es folgte Blablabla. Eine Nachvollziehbare ansage gleich null. Nur ein müsste unbedingt. Das war ihm besonders wichtig. Es war die Arbeit von A2, die zu erledigen war. A2 versuchte es schon wieder sich auf meinen Knochen einen gemütlichen Tag zu machen. Nun ich war ja nur körperlich vorhanden, so brauchte mein Körper die Zeit die ein Körper eben brauchte und das war dann auch nicht das, was man sich vorstellte. Sonn Pech aber auch.

FALSCHER MEISTER

Nur fürs Protokoll. Der Meister war ein dummer Gnom, der keinen eigenen Willen hatte. Sein Tun war gesteuert vom Chef, nur damit nicht der Gedanke auf kommt, ich hätte es mit dem Meister zu tun. Der war nur der Verlängerte Arm und erweiterte Zunge. Und er wurde von einigen Mitarbeitern benutzt.

Im Büro. Der Meister gab mir einen Schlüssel für eine Halle in einem Außenbereich. Da sollte ich unbedingt hin A2 brauchte meine Hilfe. Alleine bei den Worten hätte ich Kotzen können. Die ganze Ansage war von einem hinterhältigen Lächeln überlagert.

Nun ich war im Hamburger Modell und die Welt stand mir offen. Also auf zur Halle. A2 erwartete mich bereits.

Er erzählte mir, dass der Meister sich einen Kopf gemacht hatte, weil ich wieder kommen werde. Die hatten wohl gedacht, dass die mich davon geekelt hatten. Aber ganz so leicht sollten die das nicht hinbekommen. Der Meister war 6 Wochen krank. Warum das? Der Chef hatte alles an angefallen Papier Kram auf den Schreibtisch vom Meister gelegt. Der hatte die Freude seines Lebens. Der Chef hatte dem Meister mehrfach mit Abmahnung gedroht. Warum konnte A2 mir nicht sagen. Der Personalrat hatte sich auch zerstritten und nur weil Neuwahlen anstanden nicht aufgelöst. Der Personalratsvorsitzende hatte A2 gesagt das er mit Friedrichsen über das Hamburger Modell und seine Lage Reden wird. Nur getan hatte er das nie. Ich kann nicht alles auflisten was ich in den Monaten meiner Abwesenheit alles verpasst hatte.

NEBENSCHAUPLÄTZE

Der Maler unserer Firma hatte bei seinem Chef reinen Tisch gemacht und gekündigt. Der Personalchef hatte das wieder hingebogen. Wenn man will geht es schon.

Der Chef hatte in einer Disco den Wilden gegeben und wurde vor die Tür gesetzt.

GESCHEHNISSE

A2 neigte zum Plaudern.

Nicht dass ich es nicht wissen wollte. Alleine für die Idee ein Buch zu schreiben brauchte ich Informationen. Und sammelte was reinkam.

Er berichtete von Mitarbeitern, die sich mit der Unterstützung vom Meister erfolgreich vor der Arbeit drücken konnten. Auch das es einen Brennholz-Handel gab. Das einige Mitarbeiter Angst davor haben, dass es bald einen neuen Meister geben wird.

Dass der neue Meister ein Freund vom Chef sein würde daran hatte keiner gedacht.

Ich sagte A2, dass ihr so einen bekommen werdet. Und ich sollte Recht behalten. Und die Lieblinge von heute werden die Faulen von morgen.

BATTERIE LEER

Das Hamburger Modell hat das Ziel, nach langer Krankheit in den Arbeitsprozess zu rück zu kehren. Die Idee ist gut. Klappt aber nur wenn Vorgesetzte eine Rückkehr wollen und der Erkrankte auch. Diese Chefs wollten, dass ich verschwinde, nicht dass ich wieder komme. Der Spruch, wir erinnern uns. Nun gebe ich ihm den Rest. Das sagt doch alles aus. Um einen Feind zu besiegen muss man ihn kennen. Ich glaube meinen Feind zu kennen. Aber wie gut kennen die mich.

Mir wurde ein Firmenwagen zu geteilt im Tausch mit einem Mitarbeiter. Ich sollte den Wagen um 14 Uhr zum Betrieb bringen, dann würde der Mitarbeiter den Wagen übernehmen. Das klappte eine Woche wunderbar. Dann an einem Donnerstag, ich stellte den Wagen ab, hängte den Schlüssel in den Schlüsselkasten und fuhr nach Hause.

Am Freitagmorgen. Der Wagen stand so, wie ich ihn abgestellt hatte, er war nicht bewegt worden. Ich steckte den Schlüssel ins Zündschloss nichts. Die Batterie war leer. Ich untersuchte den Wagen. Das Licht war einge-schaltet, ich hatte ohne Licht gefahren. Das Funkgerät war eingeschaltet, ich hatte es nicht eingeschaltet. Ich hatte den Wagen voll betriebsfähig gegen 14 Uhr abge-stellt, 15 Uhr war die Batterie leer.

Ich ging zum Büro. Da kam mir der Mitarbeiter bereits entgegen, der hatte im Flur auf mich gewartet. Es war E und der begann sofort aus der Haut zu fahren. Ich hätte die Batterie leer gefahren. Ich erklärte ihm ohne emo-tionale Beteiligung, dass ich den Wagen voll funktions-tüchtig abgestellt hatte. Da ich nicht ansprang regelte er seine Wut runter und ging. Ich sprach den Schlosser an. Der mich gleich anmotzte ich sei unfähig einen Wagen zu fahren, ich habe ihn stehen lassen.

Da tauchen Fragen auf. Wie kann sich eine Batterie in nur einer Stunde so entladen, dass ein Starten un-möglich ist?

Wer hatte das Licht eingeschaltet?

Warum haben die kein Überbrückungskabel benutzt?

Warum nicht die Starter-Batterie, die es in der Werkstatt gab?

Wer hatte ein Interesse daran, dass E und ich uns in die Wolle bekommen?

Es gab nur eine Antwort. Chef. Er hatte oder seinen schmierigen Ölprinzen den Auftrag erteilt. Es sollte zum Streit kommen, aber das wurde nichts.

GEFÜHRTER MEISTER

Ich hielt mich zurück. Nicht, dass ich denen aus dem Weg ging, nein, ich mischte mich nicht ein.

So führten A2 und der Meister ein Gespräch über die Arbeitseinteilung, wer, wann, wo, wie. Nur erwartete ich, dass der Meister einen Plan hat. Und die Belegschaft so lenkt, dass jeder mit jedem und sich die Beteiligten zu arbeiten konnten. Mitarbeiter wurden nicht miteinbezogen. Und nicht der Meister führte das Gespräch, das tat A2 und der lenkte den Meister auf den Misthaufen. Und schon ging alles in die Hose.

Einer beklagte sich bei mir. „Ich mache die Arbeit und A2 gurkt in der Gegend rum und schreibt dann meine Arbeit auf seinen Zettel."

Ich sagte ihm, beschwer dich.

„Was bei dem Meister, das ist doch sinnlos."

WAS SOLL DAS

Ich erinnerte mich an ein Erlebnis, das ich zwei Jahre zuvor hatte. Ich bearbeitete ein Objekt, das routinemäßig alle drei Monate dran war. Der Meister fuhr täglich an mir vorbei. Ich benötigte drei Tage. Nachdem ich die Arbeit beendet hatte, fragte mich der Meister was das sollte. Ich sagte nur gehört zu meinem Auftrag. Wenn er eine andere Vorstellung hat, gut, aber warum am Ende der Arbeit und nicht gleich zu Beginn. Und warum als Vorwurf nicht im Gespräch mit einer nachvollziehbaren Zielsetzung? Zwei Jahre ist das nun her. In einem Gespräch mit A2 erschien die Antwort. Spion war vorbeigefahren und hatte den Chef gefragt wohnt Friedrichsen da? Wie man Stress macht wissen die.

UNENDLICHER ZORN

Der Chef hatte sich dazu entschieden einen Zorn auf mich zu haben, das war seine ganz persönliche Entscheidung. Und diesen Zorn lebte er, fast ist es so, dass er ohne Zorn nicht lebensfähig war.

An den Samstagnachmittagen, das hatten meine Frau und ich uns so angewöhnt, fuhren wir in die Stadt, gingen in einen Supermarkt und tranken einen Kaffee. Nach der Tasse Kaffee ging meine Frau noch durch den Markt. Immer zur selben Zeit und im selben Lokal. Ich saß immer, wenn es möglich war, am Eingang, von da konnte ich die Menschen beobachten. Und so wie wir, so hatte auch der Chef die Angewohnheit zur selben Zeit zu erscheinen. Es war Zufall, dass es so traf. Nur er hatte ein Problem, mich. Er kaufte auch nicht ein, wenn er etwas im Wagen hatte, dann nichts was man nicht auch in jedem anderen Laden bekommen könnte und in der Ecke, wo er wohnte, gab es alles an Läden, die man so brauchte. Und der Gang in den Supermarkt war für ihn eine Strapaze, da ich da saß, und ihm ins Gesicht sah. Dass er seiner Frau vom Zwist, den er erzeugte, nicht ich erzählte? Sondern sagte der. Denke ja. Das lag auf der Hand.

Sie verließen den Markt, es war beiden anzusehen, dass es eine Unterhaltung gegeben haben musste. Er ging vor ihr aus dem Markt steif im Schritt, das hieß, er war geladen. Von meinem Sessel aus konnte ich einen Teil vom Parkplatz einsehen. Sie stoppte ihn und sagte etwas. Es war unmöglich ein Wort zu hören. Aber in ihren Bewegungen und seinen Reaktionen lass ich die Unterhaltung mit. Sie dürfte gesagt haben. Rede doch mit ihm und vertragt euch. Er wurde immer Steifer, ging zum Wagen und pfefferte die Einkäufe wutentbrannt in den Kofferraum das wohl als nein zu deuten galt.

Warum blieb er nicht weg, da er ohnehin nichts kaufte. Warum änderte er nicht die Zeit. Auf einer Stunde Früher oder morgens kann es doch an einem Wochenende nicht scheitern.

Sein Zorn ließ es nicht zu. Nicht mehr kommen würde bedeuten ich hatte ihn in die Flucht geschlagen. Und eine Niederlage gegen mich? Unerträglich. Leider platzte da das Corona-Virus rein.

Ein wenig Winter

Es hatte geschneit und die Rufbereitschaft wurde aus dem Bett geholt, 4 Uhr in der Frühe.

Mitarbeiter 1 durfte einen Bereich räumen. Nur hatte er es nicht so mit der Genauigkeit. So blieben einige Ecken übrig. Man hätte ihn darauf ansprechen können der Meister zum Beispiel. Der Chef war im Urlaub. Mitarbeiter 2 fuhr die Strecke ab, da er die nächste Frühschicht hatte. Und sah, dass nicht alles geräumt war. Hätte ebenfalls mit Mitarbeiter 1 reden können. Mitarbeiter 2 sprach Mitarbeiter 3 an, der hatte die Tagesschicht. Und Würde nun die Räumarbeiten übernehmen. Mitarbeiter 3 ging zum Meister und hat Mitarbeiter 1 in die Pfanne gehauen.

Mitarbeiter 3 hatte es leider auch nicht so mit der Genauigkeit. Wenn er weiß Mitarbeiter 2 hat die Tagesschicht. Und Mitarbeiter 2 ließ gerne Ecken nach, wenn Mitarbeiter 1 ihm folgt. Und so hatte jeder für jeden etwas übrig.

Laubgebläse

Mitarbeiter A2 hatte eines Tages vergessen die Tür zum Depot zu verriegeln und am nächsten Tag fehlte ein Laubbläser.

Mitarbeiter A2 und A1 waren auf Entdeckungstour durch die endlosen Straßen. Da erblickte A2 E auf dem Bürgersteig vor seiner Wohnung. Er war dabei Laub vom Bürgersteig zu blasen. A2 fuhr an ihn heran. E stellte den Bläser ums Haus Eck. So, dass A2 ihn nicht sehen konnte. A1 stieg aus und sah sich das Ding an. Es war der verschwundene Bläser vom Depot.

PERSONALRAT

Ein Mitarbeiter sagte mir, dass die Personalratswahl bevor stünde und ich sollte mich aufstellen lassen. Ich sagte das sei nicht meine Welt. Aber er hatte seine Idee bereits im Betrieb breit getreten. Und das veränderte das Verhalten vieler. Nicht zum Guten, das Klima wurde kälter.

REDET NICHT

Mitarbeiter 3 beklagte sich bei Mitarbeiter 2, dass Mitarbeiter 1 nicht mehr mit ihm reden würde. „Wenn man zum Meister rennt um Mitarbeiter 1 in die Pfanne zu hauen, dann musst du dich nicht wundern, dass 1 nicht mehr mit dir redet."

Und da lag das Problem. Das gegenseitige Anschwärzen öffnete dem Chef die Tür für seine Attacken, da keiner für den anderen einstand, stand jeder für sich alleine da.

E HAT WUT IM BAUCH

Es ging ums Erdefahren. Begonnen hatten sie zu dritt. E neigte dazu schnell aus der Haut zu fahren. Der Chef kannte seine Marotte nur zu gut, die zwei hatten schon in vorherigen Firmen zusammen gearbeitet. Der Chef gab einem der drei Fahrer eine andere Aufgabe. Gezielt gegen E oder notwendigerweise wusste ich nicht. E jedenfalls wurde schon mal sauer. Das gefiel dem Chef gut. Das gefiel ihm so gut, dass er auch den zweiten Mann abzog. Nun war E auf dreihundert. Man sollte denken ist doch egal. Nur E hatte eine Aufgabe, die ihm am Herzen lag und solange er Erde fahren musste, konnte er seiner Lieblingsbeschäftigung nicht nachkommen und ihm lief aus seiner Sicht die Zeit davon. E fragte ob er nicht, ein donnerndes Nein war die Antwort. E Sauer wie ein Stier in der Arena. Er schimpfte, dass er ein Buch schreiben wird. A2 meinte in dieser Firma schreib wohl jeder ein Buch?

EIN DURCHEINANDER

A2 beklagte, dass der ehemalige Mitläufer nicht arbeitet. Alles müsse er selber machen. Und er würde immer den Ärger haben. O, der im Personalrat saß, kam an (Auf Geheiß vom Chef) R soll nicht alleine arbeiten, das sei unmenschlich. Der Gebrauch des Wortes Unmenschlich hatte es verraten, das ist im Wortschatz vom Chef, Gebrauchen tat er es gerne, nur Menschlichkeit anwenden nie.

Meister fragte A2 „Wie kommt ihr mit Friedrichsen klar." Eine Frechheit und zum Aufhetzen gedacht. Eine Arbeit stand an, die konnte nur einer erledigen, da für einen Zweiten kein Platz ist.

A2 erledigte es. Kam der Meister an. „Warum ist Friedrichsen nicht hier?"

„Die Arbeit kann nur einer alleine machen, für einen zweiten Mann ist kein Platz", erklärte A2.

„Was Friedrichsen will nicht arbeiten?"

A2 hatte sehr viel Mühe dem Mann klar zu machen um was es geht.

Der Meister suchte einen Hebel, das Schwein. E mischte sich ein und beklagte, dass A2 sich vor der Arbeit drückt und O nur mit dem Spion durch die Gegend fährt. Das totale Chaos.

KAPUTT

Beim Schredder waren die Einzugswalzen abgenutzt. Ein Mitarbeiter hatte den Chef darauf angesprochen.

„Nein die sind bestens, neue gibt es nicht." Der Schlosser erklärte, dass das Schneidewerkzeug stumpf sei und nicht die Walzen abgenutzt. Was auch immer kaputt ist, es müsste ersetzt werden. Aber nichts. Nun dauern die Arbeiten mit dem Gerät länger. Und Hartnäckiges zog die Maschine nur noch mit Nachdruck rein. Es ging nur ums Schikanieren, bei der Vorstellung, dass die Männer mehr Körpereinsatz bringen mussten, bekam der Chef eine Beule in der Hose. Nicht die Sicherheit stand im Vordergrund. Dem Oberchef wurde das ebenfalls erklärt. „Können ruhig schuften" war seine Antwort.

ANEINANDER VORBEI

Es lag eine Routinearbeit an. Wir waren mittendrin. Tauchte der Chef auf. Mich ließ er links liegen. Keines Blickes würdigte er mir. Nicht das ich wert drauf legte, seinen Charakter zeigte er mir damit. Er ging direkt auf A2 zu und begann ihm die Arbeit zu erklären. A2 machte diese Arbeit schon Jahre lang. Und es bedarf keines Wortes der Erläuterung. Aber wer ist Chef wenn nicht er. Und dieser braucht eben seinen Auftritt. Nur nichts von dem, was der Chef A2 erklärte, war umsetzbar. A2 erklärte ihm was Sache war. Der Chef widersprach A2. Beide redeten an einander vorbei. Der Chef gab Besserwissen von sich kein Fachwissen.

VORARBEITER

A2 schrieb seinen Arbeitsbericht. Ich saß auf einem an der Wand stehenden Tisch. Kam der Chef an. 7,30 Uhr. Rieb sich die Hände und grinste hämisch.

„Es ist halb acht Zeit zu arbeiten", sagte er nur es bewegte sich keiner.

A2 sagte „Ich schreibe meinen Bericht."

„Aber Ernst kann doch arbeiten", murrte er A2 an. Und keiner rührte sich. Der Chef wechselte zu einem unbedeutenden Thema.

Stunden später. A2 brachte seinen Bericht zum Büro. Und sprach den Chef an.

„Das hättest du dir auch sparen können."

„Ich kann Friedrichsen nicht sitzen sehen, du hast dafür zu sorgen, dass der arbeitet."

„Was sollte er denn machen, in den paar Minuten, die ich brauche, um den Bericht zu schreiben, und außerdem ist er mein Vorarbeiter ich nicht seiner." Und Ruhe war.

A2 fragte mich was der Chef hatte. „Nun, er hatte erwartet, dass wir aufspringen und wild davon hetzen, weil es keiner tat war er sauer und einen Hass auf mich hat der sowieso. Er ist gescheitert und keiner nimmt ihn

ernst, das wurmt ihn und noch heute wird einer bluten."
Ich sollte Recht behalten.

ANGST

O war im Personalrat und ein bester Freund vom Chef. Er
fragte A2 ob Friedrichsen sich für den Personalrat aufstellen lassen wird, um Rache am Chef zu nehmen. Es klang
raus, dass dem Chef der Arsch auf Grundeis lief. Der hatte
Angst, dass ich ihn über den Personalrat zur Kündigung
Ausschreiben werde. Angst kann nur haben wer schuldig ist.

PERSONALVERSAMMLUNG

Der Personalrat ist wie angekündigt zurückgetreten. Der
Generaldirektor bestand auf einen Personalrat. Nicht das
der eine Funktion hatte, der war ein Witz, aber um einen
vorweisen zu können. Der Oberchef tat einen auf betroffen, ihm wäre keiner lieber. Ich hatte mich gegen meinen
Willen auch aufstellen lassen, das hatte weder dem Chef
noch dem Meister gefallen. Der alte Personalrat war an
sich selber gescheitert und der längere Arm vom Chef, der
neue sollte es nun besser machen.

STEINZEIT-CHEFS

In der Vergangenheit war es üblich, dass mehrere Mitarbeiter an einem Objekt arbeiteten. Nennen wir das mal
Steinzeit. Nun über die Jahre wurden Fahrzeuge ange-

schafft und Maschinen. Das gehört in die Neu-Zeit. Nur passen in den Wagen zwei Mann, aber man ist beweglicher und über Funk zu erreichen. So wie Maschinen, die mitgeführt wurden und die Arbeiten beschleunigten. Nur sind die Chefs nicht mit gewachsen. Die sind in der Steinzeit stehen geblieben und werfen den Männern Arbeitsverweigerung vor, weil es schneller geht. Die Arbeitsdurchführung geht mit den Maschinen schnell, ist aber unsauber nur mehr Masse.

Ein Beispiel, ein Objekt. 800 Meter lang 4 Meter breit. In der Steinzeit mit drei Mann gemacht. 2 Wochen Arbeit. Schlappe 4000 Euro Lohn.

In der Moderne. 2 Mann eine Maschine 1 Tag Arbeit 250 Euro Lohnkosten.

Also wir dachten die Chefs sind in der Moderne angekommen. Nein ich musste zum Oberchef und erklären warum wir es so einfach hatten. Mit dem Ergebnis, dass wir die Arbeit wieder auf die alte Art machten.

DER WAHNSINN GEHT WEITER

Das Hamburger Model war ausgelaufen und ich hatte noch einen Rest Urlaub, den ich nehmen musste. Und heute ist wieder reguläres Arbeiten angesagt. Es ging auf die Personalratswahl zu. Nach dem angekündigten Verlauf müsste ich heute einen Zettel bekommen, auf dem ich wenigsten drei Unterschriften bräuchte, um auf die Wahlliste zu kommen. Es sollte keine 2 Minuten dauern und ich brauchte nicht fragen, „gib her, ich unterschreibe sofort" sagten die Männer. Ich gab die Unterschriftenliste dem Meister, er war im Wahlausschuss. Verwundert sag-

te er. „Das ging aber schnell." Erwartet hatten die, dass
ich nicht aufgestellt werden würde. Der alte Personalrat
war zurückgetreten, weil die sich zerstritten hatten. Im
Neuen waren zwei aus dem alten Personalrat wieder dabei. Mir wäre es lieber gewesen, wenn sich der Personalrat aus unbelastete zusammensetzen würde. Aber Wünsche sind eben nur Wünsche. Ich war nun drinnen und
der Meister auch, er hatte sich kurz entschlossen sagte
er. Ich vermute der Chef hatte ihn aufgefordert dabei
zu sein, um mich in meinen Zielen zu sabotieren, was
er auch erfolgreich machen wird. Und O hatte sich auch
wieder aufstellen lassen und wurde zum Vorsitzenden
gewählt, wie wir wissen O war einer der besten Freunde
vom Chef. Und er wurde dann auch der Bremser. Damit
hatte der Chef den Personalrat neutralisiert.

WEGGEDRÜCKT

W hatte ein Erlebnis. Das Handy läutete, der Chef. Der
Chef teilte ihm eine Arbeit zu. Nur wie bekannt konnte
der Chef nichts außer dumm daherlabern. Also hatte W
nicht nachvollziehen können was der wollte. Das ging
also in die Hose und der Chef begann mit Schuldzuwei-
sungen und W sei ein Lügner. Von dem Punkt an drückte W jeden Anruf vom Chef weg.

EIN ARSCH BLEIBT ER

Es wurde eine Betriebsversammlung einberufen. Es fehlte
der Chef. Aus Gesundheitsgründen könne er nicht teil-

nehmen. Er hatte zuvor Mitarbeiter in sein Büro befohlen. Er hatte nachgefragt, um welche Beschuldigungen es ging, er hatte eine Vorladung zum Direktor bekommen und der Oberchef musste auch hin. Er soll anschließend etwas netter gewesen sein. Ein Arsch blieb er trotzdem. Er lief auch mir über den Weg und meinte mich anquatschen zu müssen, von nett weit weg.

BLUMEN

A2 erzählte, dass sie im Jahr zuvor Sommerblumen mit nach Hause genommen hatten. Das hatte E mitbekommen und sich beim Chef beschwert, er habe keine bekommen. Dann hatte der Chef für E welche besorgt, die durfte E dann mit nachhause nehmen.

AUCH VERKEHRT

Der Chef kam bei A2 an und sagte. „Die Hecke sieht scheiße aus."

A2 sagte. „Ja sieht Scheiße aus."

A1 fragte. „Was?"

A2 sagte. „Sag einfach, sieht Scheiße aus."

A1 sagte. „Sieht Scheiße aus."

Der Chef war beleidigt und zog wortlos ab, er fühlte sich wohl verarscht.

Gab man ihm Recht war das auch verkehrt.

GROSSE HAPPEN

Es war Wochenende und mir war nach Kaffee und Kuchen. Also hatten meine Frau und ich uns ins Auto gesetzt und sind planlos los. Finden ein Lokal das Einladend wirkte, wir also hinein. Ich setzte mich und sah dem Chef ins Gesicht, der hatte gerade seinen Kuchen bekommen, den hatte er in drei Happen verschlungen und verließ fluchtartig das Lokal. Von Anakondas weiß ich das die ihr Opfer in einem Stück verschlingen, sollte der Chef mit denen verwandt sein.

GRÖSSERE SCHAUFEL

Wir A2 und ich waren dabei den Wagen mit Kies zu beladen und schaufelten was das Zeug hergab. Das war am Tage nach dem Kuchen. Da erschien der Chef. „Friedrichsen kann eine größere Schaufel bekommen, dann würde er mehr schaffen" war das erste was er sagte und auch das einzige, er flüchtete wortlos. Ich sagte. „Ich habe schon die Größte." Ich erklärte A2, dass er am Wochenende geflohen war. A2 sagte, dass die Vier ihm den Kopf poliert hatten.

ZUM SCHEITERN VERURTEILT

J hatte in unserem Bauwagen gefrühstückt. Die Personalratswahl war eines der Themen. O hatte sich erneut beworben und W wollte auch wieder. Damit waren zwei der Gescheiterten wieder dabei. H hatte sich auch angeboten, aber nur wenn er mit dem Chef nichts zu tun bekommt. Dieser Personalrat ist doch schon zum Scheitern verurteilt meinte J.

Ein Mitarbeiter hatte einen Pfeiler umgefahren. Kann vorkommen Pech eben. Und der Chef hatte den Mann vor der Mannschaft eingefroren und vom Personalrat keine Spur. Obwohl alle Mitglieder da waren. Das war vor der Neuwahl.

DER ERSTE RÜCKTRITT

Die Wahl hatte noch nicht begonnen und der erste Bewerber trat zurück.

Vor einigen Tagen war der Meister zur Baustelle gekommen. A2 stieg aus dem Wagen, ich blieb sitzen. Der Meister musste an mir vorbei, das Seitenfenster war geöffnet. Kein Blick zu mir und auch keine Begrüßung. Die Unterhaltung fand außerhalb meines Hörbereiches statt. Auch auf dem Rückweg mir gegenüber keine Beachtung. Der Meister hatte A2 erklärt, dass sich einer zurückgezogen hatte, das würde meine Chancen erhöhen. Daher wehte der Wind, Angst.

NICHT GEWONNEN

Ich hatte mir einen Firmenwagen unter den Nagel gerissen. Es war nun Feierabend, ich ging ins Büro und legte meinen Stundenzettel ins Fach. Ohne ein Wort zu sagen.

„Da liegt eine Abrechnung", sagte der Meister und zeigte zum Tresen.

Ich drehte mich im Gehen und schnappte sie mir und sagte. „Ich liebe Abrechnungen." Und ging.

Die beiden Chefs saßen wie Verloren an ihren Tischen. „Was machen sie?", rief der Meister mir nach. Nun es war Feierabend und da fand ich die Frage etwas sonderlich. Ich hatte, Feierabend, auf der Lippe. Sagte ihm stattdessen was ich morgen machen würde. „Ist gut", sagte der Meister. Ich war an den Tresen getreten, ich hielt es für unhöflich aus dem Flur zurück zurufen. Der Chef saß wie in Beton gegossen an seinem Tisch. Es strömte Hass von ihm aus, der den ganzen Raum füllte. Er hatte sich so viel Mühe gemacht mich aus dem Betrieb zu bekommen und ich war noch da.

Wut in seinem Gesicht. Ich sah das gerne wenn der kochte. Ich hatte mir den Firmenwagen genommen, obwohl ich ihn nicht gebraucht hätte, ich nahm ihn, damit der in der Planung vom Chef fehlte, und der hatte gefehlt, Sieg nach Punkten für mich.

A2 hatte sich Urlaub genommen. Und einen Ersatzmann zum Einsatzort beordert. Nun hatte der Chef erwartet ich kümmere mich um ihn. Der Chef hatte keine Möglichkeit mir die Order zu geben, da er im Zorn gegen mich gefangen war. Er scheiterte an sich selber. Und die, die er nicht mochte, tanzten ihm auf der Nase. Und der Tag der Wahl nahte. Er wusste ich stand auf der Liste. Und es bestand die Gefahr, dass ich mit überwältigender Mehrheit gewählt würde, dann wäre ich der Vorsitzende und er der gefeuert wird. Und das machte ihm zu schaffen.

Wie ich ihn da so wutgeifernd sitzen sah. Fragte ich mich, wie es angehen kann, dass man solange so sauer sein kann. Seit 20 Jahren in Wut gegen mich und anderen. Wenn ein guter Mensch einmal sauer wird ist der schnell wieder ein guter. Bei ihm hatte ich nicht einen Tag erlebt, dass der etwas Gutes tat. Sind Böse von Kind auf Böse? Was er drauf hatte, das Böse, das er tat, mit Worten so zu tarnen, dass er andere mitziehen konnte. Es scheint, dass es leichter ist das Böse mit bösem zu bekämpfen als mit gutem. Was macht das Böse so anziehend? Wenn ich mir diese Firma ansehe. So hatte das Böse Freunde gefunden, während das Gute sich zurückgezogen hat.

KRANK

Ein Mitarbeiter aus der Firmenzentrale lief mir über den Weg. Vom allgemeinen war er schnell bei der Personalführungsfrage angelangt. Er meinte, dass man hier krank gemacht wird. Sein Abteilungsleiter sei schon ein Jahr krank. Die machen wegen allem einen Aufstand und wegen jeder Kleinigkeit erzeugen die einen Streit. Das scheint eine Firmenkrankheit zu sein, meinte er.

NICHTS ERREICHT

Der Chef hatte sich so viel Mühe gemacht, um mich zu zwingen, damit ich jeden Morgen auf dem Firmengelände anwesend bin. Das diente nicht der Arbeitseinteilung, mit mir sprach er nicht. A1 oder A2 wurden von ihm angesprochen. Hätte er jeden dazu aufgefordert wäre es absolut in Ordnung. Nur die Hälfte der Belegschaft fuhr direkt zum Bauwagen. Da verlor sich die Logik. Also fuhr ich wie zuvor nicht mehr zum Betrieb, sondern gleich zum Bauwagen. Der Meister meinte nach einiger Zeit.

„Sie könnten sich auch mal wieder im Betrieb sehen lassen." Es klang wie ein verzweifeltes Flehen.

Das wurmt den Chef. Weil er nun der Verlierer ist. Alles Mühen mich klein zu bekommen schien vergebens zu sein. Und nun bin ich auch noch im Personalrat.

Den von ihm angekündigten Arbeitsplan gab es nicht. Und die von ihm angekündigte Gesprächsrunde wurde von ihm auch nicht verwirklicht.

Er stellte sich als Opfer da. Und hatte Angst vor dem, was da kommen mag. Seinen Hass gegen mich gab das Auftrieb.

Die Personalratswahl ist nun drei Wochen her und es gab keine Angriffe auf mich. Sollte nicht so bleiben.

Kommt nicht drüber weg

U suchte mich auf und begann sofort über seine Wut zu reden. Der Chef hatte den Schlosser in seinen Garten geschickt, um den Garten zu zerlegen. Damit U aus der Wohnung verschwindet. Zeugen für sein Tun mochte der Chef nicht. Das war nun schon Jahre her und die Seele brannte immer noch.

Er wird sich freuen

Der Personalrat hatte beschlossen, dass der Chef zur Rede gestellt werden soll. Er wird sich freuen, dass er das darf. Nur war es nie dazu gekommen. Er findet immer einen Weg, um seinen Hals aus der Schlinge zu ziehen. Wie ich schon sagte, Freunde an den Weichen braucht der Mensch.

BLUMEN

30 Jahre im Betrieb und es gab einen Blumenstrauß.
Meine Freunde nannten das mager.

MASCHINE WEG

Für meinen ehemaligen Mitläufer hatte ich einen Ersatz bekommen. Nun sollte eine Hecke geschnitten werden. Nur war die Maschine nicht auffindbar. Der Meister kam zu uns. Und mein neuer fragte ihn, ob sich die
Maschine angefunden hätte. Die Antwort vom Meister.
„Ihr seid eine Gruppe." Dabei konnte er mich nicht ansehen, er sah zum Fußboden. Mit seiner Antwort wollte
er sagen ihr könnt euch die Maschine von A2 holen. Ich
sagte nichts, da ich keine Maschine mehr anfasste, war
das nicht mein Problem.

DIE UHR TICKT

Der Chef hatte vor zwei Monaten einen Auftrag aus der
Zentrale rein bekommen. Und noch war nichts geschehen. Da ist der Abteilungsleiter ausgerastet und hatte
in den Hörer geschrien „Die Uhr tickt". Damit wollte er
dem Chef sagen, auch du bist nicht unkündbar, leider
war das nur Gebrüll ins Unterholz.

AUF UND DAVON

A2 bearbeitete einen Auftrag, der nicht für ihn war.

Kam Mitarbeiter B an. „Was machst du da?"

A2 „Was?"

„Diese Aufgabe hatte doch M bekommen?", fragte B verwundert.

„M war hier und hatte gefragt was alles zu machen sei. Ich sagte es ihm, da ist er ins Auto und auf und davon", erklärte A2.

JA ODER NEIN

Ich wurde als Vorarbeiter eingestellt. Dann bekamen wir einen neuen, diesen Chef und mir wurde der Posten weggenommen. Dann wurde ich wieder zum Vorarbeiter erklärt. Dann wieder nicht. Dann wurden mir Leute unterstellt ohne eine Erklärung, welche Rolle ich nun hatte. Dann wurde gesagt, ich sei kein Vorarbeiter. Dann wurde mir erklärt, ich hätte mich um meine Leute zu kümmern. Heute kam A1 an und sagte mir, er sei nun mein Chef. Er ist mit A2 unterwegs und kaum auffindbar und ich hatte einen Mann mit bei. Ist A1 nun mein Chef und ich der vom Mann neben mir, wer hier wessen Chef ist? Wer blickt da noch durch. Der Oberchef meinte, ich sei der Teamleiter an Hand meiner Lohngruppe.

SCHWEIGSAM

A1 kam jeden Tag vorbei, da er ja mein Vorarbeiter ist. Ich kannte ihn redselig. Heute war er recht wortkarg. Etwas ist im Busch. Für den Nachmittag war eine Personalratssitzung geplant. Ich ahnte, dass der Chef ihn bearbeitet hatte mir nichts zu erzählen was ich in der Sitzung verwenden konnte. Wer weiß?

CHEF-ATTACKE

W und M waren an ihrer Baustelle, kam der Chef an. Und ohne langes Gerede ging der Chef sofort auf M los. „Wenn ich dich sehe bekomme ich zu viel." Und dann äffte er M nach wie er sich bewegte.

O und der Meister hatten den Anhörungsantrag abgelehnt. O, weil er der beste Freund vom Chef war, und der Meister war ein Teil des Bösen. Dieser Personalrat ist bereits eine Totgeburt.

LAUTES LACHEN

W musste sich Luft machen und suchte mich auf. Der Chef hatte die Leute, die die Bänke einlagerten, zur Sau gemacht. Weil die zu lange brauchten. Das hatte M nicht gefallen und ist ins Büro zum Chef. Um ihm sein Fehlverhalten zu erklären. Kaum aus dem Büro. Ertönte lautes Lachen. M zurück ins Büro.

„Findest du das lustig?", fragte er erregt. Der Chef machte den Mund auf und wollte etwas sagen. M winkte ab. „Halt die Klappe, du lügst doch, wenn du den Mund aufreißt." Und ging.

W wollte nun dafür sorgen, dass der Chef gefeuert wird. Ich riet ihm davon ab. Ich hatte ihm klar gemacht, dass nicht der Chef gefeuert würde, sondern er. Dann wollte er zur oberen Chefetage. Und da Luft machen. Auch davon hatte ich abgeraten. Da hätten sich schon Rechtsanwälte eine blutige Nase geholt. Ich erklärte ihm, dass wir ein Personalführungskonzept benötigten. Ich hatte es dann auch dem Personalrat vorgeschlagen. Wurde vom Meister und von O vom Tisch gewischt. Jeder Versuch über den Personalrat etwas zu bewegen wurde von O und Meister blockiert. Nach einem Jahr der Verarschung bin ich ausgetreten. Das war mir zu dumm.

HOHLES GEREDE

In letzter Zeit ist W recht sauer. Ich sprach die Gesprächsrunde an. Die er vorgeschlagen hatte. Er hatte mit seinen Leuten gesprochen. „Wir wollen keine schlafenden Hunde wecken" war deren Antwort gewesen. Gerade die wurden immer wieder vom Chef aufgemischt und beklagten sich fast täglich über seine Schikanen und wenn die Wurst angeschnitten werden soll, kneifen die die Arschbacken zu. Den Fragebogen, den er wollte, hatte er auch nicht auf den Weg gebracht.

Dann wurde einem ein Posten angeboten. Ohne den Personalrat einzubeziehen, noch ein Wutanfall.

Mir bei jeder Gelegenheit die Ohren abkauen, aber wenn es ernst wird, fehlte der Mut.

AUFREGER FÜR W

W tauchte auf, ein Gesicht, das Wut ausströmte. Ich ahnte was kommt. Und so ging es auch gleich los. Es ging um den Winterdienst. Der sollte für die erste Schicht einen Tag länger dauern, da Weihnachten in der Woche lag. W war der Meinung, dass man den Streuplan so ändern könnte, dass es gerechter zugeht. Ich hatte den Plan nicht im Kopf, aber vermutete, dass er den längeren Teil erwischt hatte. Er hatte den Chef angesprochen, der aber war dagegen. Ich versuchte ihm zu erklären, dass der Chef immer genau das Gegenteil macht, sagt man a dann ist es b. Und so weiter. Dreh das um stelle das, was du willst, in Frage und du bekommst genau das. Oder eben nicht beachten und schon herrscht Friede. W war so was von aufgebracht, es war mir nicht möglich ihn runter zu regeln. Er wollte mit dem Meister reden, nur der ist nicht für den Winterdienst zuständig.

A1 und A2 hatten einen Auftrag erhalten. Und nicht ausgeführt. Ist bei den beiden Standard. Nun hatten sie Ärger bekommen. Wir wissen, die beiden gehörten zu den Rosinenpickern. Also was tun hin zu Friedrichsen.

„Kannst du das nicht erledigen?" Scheißfreundlich die beiden.

„Ich geh Montag in Urlaub, das wird wohl nichts werden." Den Rest der Woche sah ich die beiden nicht wieder, waren wohl sauer.

PERSONALRATSSITZUNG

Ich hatte das Personalführungskonzept vorgeschlagen. Ich erklärte, dass mich ein Mitarbeiter angesprochen hatte, der mir erklärte, dass er aus Angst vor dem Chef nicht in der Lage sei die Firma zu betreten. Es wurde zur Kenntnis genommen und damit war es vom Tisch. Der Meister versuchte mich anzugreifen. Scheinbar fühlte er sich angegriffen. Stellvertreter-Syndrom. Auch O hatte eher das Bedürfnis keine Chefangriffe zuzulassen. O wollte seine Komfortstellung nicht gefährden. Ich erklärte, dass einer der Mitarbeiter zur Chefetage wollte und aufräumen würde. Keine Reaktion. Aber Unwohlsein stellte sich bei O und dem Meister ein.

„Man müsse es sportlich nehmen", sagte der Meister.

Ich sagte ihm. Dass er es auch nicht sportlich nimmt, wenn er einen Auftrag erteilt und der Mitarbeiter es sportlich nimmt und keinen Finger rührt. Dann ist ihr Sportsgeist auch dahin. Ich erntete unschöne Blicke.

SCHLEIMSPUR

A1 und A2 sind in letzter Zeit viel im Büro. Die schleimen was das Zeug hergibt. Die hinterließen eine breite Schleimspur, auf der wird demnächst einer ausrutschen.

Ich konnte es kaum noch abwarten in Rente zu gehen und J klagte auch, dass er nur noch weg will.

KEINEN RÜCKHALT

Ich bin nicht nur wegen mir in den Personalrat eingetreten, auch und vor allem wegen der Mitarbeiter. Dann
sehe ich immer wieder, dass die, die sich bei mir ausheu-
len, der Chef schikaniert mich, ich kann nicht mehr, der
Chef treibt mich in den Wahnsinn, ich kann die Firma
nicht betreten, mir wird übel, wenn ich auf dem Weg zur
Arbeit bin. Ich könnte ein Buch alleine über die Klagen
schreiben. Dann stehen die um den Chef und hängen an
seinen Lefzen. Käme es zu einem Prozess, würden die
sagen, ich doch nicht. Nicht zu dem Stehen was man sagt
nenne ich Feigheit.

DAS LETZTE AUFGEBOT DER VERBLÖDETEN

A1 und A2 wieder auf dem Weg zum Schleimen. Mich
durchwanderten Gedanken an Mitarbeiter wie ES, der
zum Freundeskreis vom Onkel gehörte. Er ist schon länger in Rente. Er gehörte zu denen, die mich ausgrenz-
ten als ich hier anfing. Dann wurde der Chef eingestellt
und er wurde vom Chef gejagt. Und zuletzt trocknete
er seine Tränen an meinem Rockzipfel. Viele von denen
hatten das mit anderen gemacht was nun die Chefs mit
ihnen machten.

Nur waren diese Chefs perfider. Die waren das letzte
Aufgebot der Verblödeten.

Nur Luft

Die Personalratssitzung hatte mich enttäuscht. Aber da war ja noch die Wut von W, wenn es mir gelingen würde den anzustacheln. Damit der doch noch in die Chefetage stürmt. Aber wahrscheinlich ist er auch nur ein Hornberger und produziert nur heiße Luft.

Brennholz

K klagte, dass der Chef ihn aus dem Bauwagen geholt hatte. K hatte die Pause um 2 Minuten überschritten. „Wenn ich für den Meister Privates erledigen soll bin ich gut genug", schimpfte er. Er hatte für den Meister Brennholz auf dessen Anhänger geladen.

An einem anderen Ort wurden Bäume gefällt. Und ein Mitarbeiter wollte sich Brennholz nehmen.

Als hätte er es gerochen tauchte der Chef auf.

„Nichts da, kein Brennholz für Mitarbeiter."

Die Worte hallten noch in der Luft, da wurde der Anhänger vom Meister beladen.

Klagen

Mitarbeiter beklagten sich die nichts dürften aber die Freunde vom Chef durften alles.

Warum kommen die immer zu mir, warum nicht zur Chefetage?

VERGEBENS

Bänke waren zu bearbeiten und einige Mitarbeiter waren damit beauftragt.

A1 und A2 bekamen auch diese Order. Die setzten sich ins Auto und waren weg. Der Meister versuchte es schon eine ganze Weile die zwei zur Arbeit zu bewegen, aber nichts zu machen. Die beiden werden ankommen sobald die Bänke fertig sind und dann ins Büro latschen und stöhnen wie anstrengend das war.

21 MONATE BIS ZUR RENTE

Der Meister rief mich ins Büro. Er meinte da ich gerade da sei, könnten wir die Lob machen. Er legte mir das Papier auf den Tisch. Ich könnte ja unterschreiben. Es war vorgesehen, dass es einen Austausch gab. Genau sind es drei Gespräche, die stattzufinden hatten. Es hatte mit mir keines gegeben.

Der Meister wurde A2 gegenüber deutlicher, der meldete sich im selben Moment krank.

ATOMKRAFTWERK

Ein Mitarbeiter aus der Zentrale hatte das Gefühl, dass es für eine Höhergruppierung an der Zeit sei. Er also zum Personalchef. Die ablehnende Antwort.

„Wer einen höheren Lohn will, muss ein Atomkraftwerk bauen können."

Daraufhin reduzierte der Mann seine Leistungsbereitschaft. Ein anderer, der dem Personalchef nahe stand, wurde höher gruppiert ohne ein Atomkraftwerk gebaut zu haben.

OB DIE SCHWUL SIND?

Dass A1 und A2 auffällig waren, hatten die nicht bemerkt. K meinte ist doch seltsam.

„Wenn A1 nicht da ist, dann ist auch A2 nicht da und umgekehrt genauso, ob die schwul sind."

A1 kam zu mir und sagte, dass er und A2 eine Arbeit erledigt hatten, es sei ein Rest geblieben, das könnte ich ja erledigen, ob K Recht hat?

EIN BUCH WIRD KOMMEN

Die Seele kocht. Der Chef hatte verkündet.

„Friedrichsen ist in psychiatrischer Behandlung und muss in die Tagesklinik."

Ich hatte einen Rechtsanwalt gefragt, Anzeigen wegen Verleumdung sagte der.

Ich bin zum Oberchef gegangen. Und habe erklärt, dass das Folgen haben könnte. Dem Chef wurde der Kopf poliert.

Der Meister fuhr mehrmals an mir vorbei und hat mich nicht beachtet, hatte wohl auch einen mitbekommen.

Ich hatte um ein Zeugnis gebeten, das machte ich in Abständen, damit ich im Falle eines Falles etwas in der Hand hatte.

Mitarbeiter hatten mich aufgefordert ein Buch über diese Firma zu schreiben. Damit der Chef gefeuert wird. Ich sollte denen die Kastanien aus dem Feuer holen. Aber zum Kampf nicht bereit. Dass ich es ohnehin plante, war bekannt, nun hatte ich einen Auftrag.

DUMMSCHWÄTZER

Der Chef hatte einen Scheiß von sich gegeben und H war damit los gelaufen und hatte es breitgetreten ohne zu überlegen. Ich war zum Oberchef und der Chef hatte den Arschvoll bekommen. Nun kam der Dummschwätzer angekrochen und versuchte gut Wetter zu reden. Er war mir egal, er gehörte zu der Sorte Arschkriecher, die in jeden Anus rutschen, der ihnen einen Vorteil versprach. Dass er los gerannt war um den Mist zu erzählen, war mir nur Recht. Ob man mich für einen Kunden beim Psychodoc hielt oder in Hamburg platzte ein Sack Reis. Da mir diese Leute Wurst waren, war mir auch deren Meinung egal. Aber ich konnte den Chef bei den Eiern bekommen und das war sehr schön. Und nun trieb ihn die Angst um. Denn für seinen Auftritt könnte er gekündigt werden. So kroch er mir in den Arsch. Und der Chef spielte tagelang gute Laune.

Meine Beschwerde beim Oberchef schlug Wellen. W erwartete Konsequenzen. Das erwartete er immer und immer wurde er enttäuscht. Der Meister machte einen sehr schönen Bogen um mich. „Du hättest ihn anzeigen müssen" sagte W und er hatte im Grunde Recht, denn ohne Anzeige bewegt sich hier nichts.

LABEREI

W hatte wieder die Nase voll. Er sagte, er habe mit dem Chef darüber gesprochen, er hatte sich aber rausgeredet. Er hatte es nicht gesagt, das sei auf H seinem Mist gewachsen.

W sagte, dass der Chef bei privaten Feiern und anderen Gelegenheiten die Mitarbeiter des Betriebes durch den Dreck zieht. Er schadet dem Ansehen der Firma wie kein anderer, der labert nur Mist.

ZU LANGSAM

F musste ins Büro. Mitarbeiter hätten sich beschwert, dass er zu langsam sei und die Arbeiten seien unsauber ausgeführt. Es waren Mitglieder vom Personalrat dabei. Putzig ist, immer wenn ich mich zu rechtfertigen hatte, war keiner vom Personalrat da. Wer war F? Er hatte in einem Haus, das dem Chef gehörte, zur Miete gewohnt und sich eine billigere Wohnung genommen und von dem Tag an wurde F langsam und unsauber in der Arbeit, welch Wunder.

DA NICHT

Da, wo ich gerade war, war ich falsch. Ich musste immer woanders sein als gerade da wo ich war. Dann kam der Meister an und immer kurz nachdem der Chef vorbeigefahren war. Und dann muss ich woanders hin. So auch an diesem Montag. Er schickte mich an ein Objekt, für das sich eine Maschine perfekt eignen würde. Oder eine größere Gruppe. Aber keinen alleine. Nun das Objekt lag an der Straße, durch die der Oberchef zur Arbeit fuhr. Und das war mal wieder eine Gelegenheit Spaß zu erzeugen. Der Oberchef fuhr zwischen 7,30 und 7,45 Uhr vorbei. Ich hatte nun die Wahl warten bis 8 Uhr und die Welt dreht sich weiter oder 7 Uhr und es wird poltern. Ich entschied mich für 7 Uhr. Also bezog ich Posten. Der Oberchef fuhr vorbei und hupte, ich winkte, er winkte. Ich tat was zu tun war. Der Montag ist vorbei.

Dienstag. Ich stellte mich so auf, dass es so wirkte ich hätte keine Meter gemacht. Er hupte, ich winkte, er winkte. Ich machte mich an die Arbeit und auch der Dienstag endete.

Mittwoch. Ich bezog so Posten, dass es erneut nach keine Meter gemacht aussah. Er fuhr vorbei, aber kein Hupen und kein Gewinke. Im Laufe des Tages erschien der Meister, ich sollte doch die Arbeit abbrechen. Er sagte der Oberchef habe sich beschwert. Der Spaß hatte gewirkt. Einig Tage später war Personalratssitzung mit Oberchef. Kaum hatte er seinen Hintern auf dem Stuhl ging die Post ab. Ich würde nichts schaffen, nicht arbeiten, was sollten die Leute denken und so weiter. Ich sagte es gibt Maschinen für diese Arbeiten, damit würde es nicht einen Tag brauchen und die Sache ist vom Tisch. Und dass es eine Arbeit für eine Kolonne war und nicht für einen alleine. Ich könnte von einem Meister erwarten, dass der den Aufwand an Personalbedarf einzuschätzen weiß. Man schickt an so ein Objekt keinen alleine. Das hatte den Oberchef nicht interessiert, seine Attacken gingen weiter. Es ging nicht um die Arbeit. Das war die Retourkutsche wegen der Beschwerde gegen den Chef.

Das war Bossing vom Feinsten. Von einem Meister könnte man erwarten, dass er die Verantwortung trägt für
die Entscheidungen, die er traf. Nichts. Der saß schweigend dabei. Ist aber eine schöne Geschichte, die deren
Charakter beschreibt.

KURZURLAUB

Das Wetter war schlecht und ich hatte noch einige Tage
Urlaub über. Also warum nicht. Mein Begleiter verblieb
an der Baustelle. Als ich meinen Urlaub beendete war er
weg. A1 und A2 hatten ihn zu sich geholt und machte deren Arbeiten. Die Zwei erkundeten derweil die Stadt. Ich
sagte zum Meister „das geht nicht." Mit dem Meister reden kommt dem Zusehen einer Kuh beim Scheißen gleich.

LEHRGANG

Dem Chef und dem Meister wurde ein Lehrgang zum
besseren Benehmen angeboten. Das dürfte sich im San-
de verlaufen.

EIN SCHÖNER TAG

So ein Firmenwagen ist was Schönes nur nicht immer
praktikabel. Der Chef hatte eine merkwürdige Ansicht,
wer läuft, arbeitet nicht, wer fährt, der arbeitet. In meinem Arbeitsbereich ist ein Wagen nicht unbedingt von
Vorteil, haben wir etwas Unhandliches zu bewegen,

holten wir uns einen. Das Wetter war bestens und die Wege kurz. Es ist knapp vor Mittag mein Begleiter und ich waren auf dem Rückweg. Kam der Chef vorbeigefahren. An seiner Körperhaltung konnte ich es ablesen, der kochte. Wir hatten noch Zeit, also legten wir eine Pause ein. Wir konnten unseren Bauwagen schon sehen. Schlich der Meister um den Bauwagen geschickt vom Chef. Wir warten. Er fuhr weg. Wir setzten unseren Weg fort und erreichten den Bauwagen und Schwups ist der Meister wieder da. „Warum nehmt ihr kein Auto?" Sehr Böse sagte er das, der Chef dürfte ihn zusammengefaltet haben und nun lud der Zwerg seine Wut bei uns ab. Der Chef dürfte gekocht haben, wie ich schon sagte ein schöner Tag.

PLANLOSIGKEIT

Wir waren mitten in der Arbeit, tauchte der Meister auf. „Ihr müsst zu einer anderen Baustelle."

„Das Objekt muss mit der Maschine gemacht werden da müssen A1 und A2 bei." Meine Antwort.

Ich lehnte die Arbeit mit Maschinen ab. Der Meister schaute mich ratlos an. Denn was der nicht konnte. A1 und A2 dazu bringen Arbeiten zu erledigen.

Weder der Meister noch der Chef hatten einen Plan, was, wo, wie, von wem zu machen sei. Die kümmern sich wochenlang um nichts und plötzlich sehen sie etwas das nach nicht gemacht aussieht. Und schon sind die Leute faul und verweigern die Arbeit. Dass die Leute ihren Rhythmus haben und jedes Objekt seine Zeit brauchte und jedes nach dem Nächsten gemacht wurde, davon hatten die keine Ahnung, die Leute sind faul, aus die Maus. Ich hatte noch keinen Vorgesetzten erlebt der soweit von seinen Leuten entfernt war wie diese beiden.

A2 hatte sich meinen Begleiter vorgenommen. Er redete auf ihn ein und zog mit der Fußspitze Furchen in den Sand. Er versuchte ihn dazu zu bringen deren Arbeiten zu übernehmen. Da es dem Meister nicht gelungen war uns deren Arbeit aufzuhalsen versuchte A2 es mit dem schmuse Kurs. Aber er scheiterte mein Begleiter lehnte das Angebot dankend ab.

UNFREUNDLICH

Es ist eine Weile her, dass der Oberchef meinte, er müsste mir einen Einlauf verpassen. Heute fuhr er an mir vorbei und warf mir einen bitterbösen Blick zu. Er hatte wohl eine Nachwehe. Er musste seinen Lieblingstyrannen zum Personalführungskurs Schicken und das passte ihm nicht. Der Oberchef gab mir dafür die Schuld, weil er sonst über seine Nachdenken müsste, und das wollte der nicht.

Der Meister tauchte auf und verschwand wieder um nach 30 Minuten erneut zu erscheinen. Er wirkte unsicher, also geschickt worden.

„Ich habe hier einen Fugenkratzer."

Und gab uns ein neues Exemplar. Wir sollten es testen, wenn es gut ist, würde er mehr besorgen.

Nun der Oberchef hatte gesagt kein langes Verweilen an einem Ort. Betriebsfern nennt man das. Dem Chef gefiel es nicht, dass ich mich nicht bückte oder bei der Arbeit krumm stand.

Mein Hacker hatte einen zwei Meter langen Stiel, damit konnte ich alles an Arbeit in aufrechter Haltung erledigen.

Und zwei Hackerblätter zog der Meister aus der Tasche. Danach hatte mein Begleiter auf mein Bitten hin tags zuvor gebeten. Wir bräuchten keine wir hatten im Bauwagen einen Vorrat für ein Jahr aber die ärgerten sich, weil wir mehr brauchten als andere und weil ich ihn schickte.

Nun hatten wir hier einen Widerspruch. Nicht lange Aufhalten wie vom Oberchef verlangt, bedeutet Husch. Mit dem Fugenkratzer ist Husch nicht drinnen. Und wie lange soll das dauern ist eine Frage, die vom Meister gerne kommt. Der Meister gab mir den Fugenkratzer, ich gab ihn an meinen Begleiter. Das, was der Oberchef im Gesicht hatte, das hatte der Meister in den Worten Unfreundlichkeit.

TEILWEISE

Der Meister rief meinen Begleiter zu sich, um ihm einen Auftrag zu erteilen. Vor mir hatte er scheinbar Angst. Der Meister hatte ihm erklärt, dass wir an einige Objekte denken sollten und diese Teilweise Bearbeiten. Das hat er mir 5 Mal erzählt und sich jedes Mal weg gelacht. Ich sah ihn fragend an. „Ich möchte nicht das Gesicht vom Oberchef sehen, wenn er sieht, dass die Arbeiten nur teilweise erledigt sind."

Mein Begleiter sagte, dass A2 beim Meister war und versuchte Leute abzuwerben. Es ging um seine Arbeiten, die konnte er nicht machen, weil er keine Zeit hat.

Episoden

F erzählte, dass der Chef auch bei seinen Freunden an Zuspruch verliert. Weil er immer den Besserwisser raushängt.

Er war bei einem Fest gewesen, bei dem auch der Chef und seine Frau und sein Freund waren. Der Freund hatte eine Geschichte erzählt, dessen Wahrheitsgehalt er genau wusste. Ist ihm der Chef in die Parade gefahren und hatte es besser gewusst. Auf den Einwand „ich weiß das aber anders." Kam nur ein „mag sein, aber es ist doch anders."

Dann ging es um den Termin für den Lehrgang für den Chef. Ich sagte, dass der einen Weg finden wird, um sich zu drücken. Nach dem Motto gut das wir drüber gesprochen haben.

Ich und meine Frau waren einkaufen. An der Kasse der Chef und seine Frau vor uns. Meine stand hinter seiner. Der Frau vom Chef hatte es scheinbar nicht gefallen, ihr Gesicht verfinsterte sich. Als der Chef auch noch Schnapsflaschen aufs Band legte. Man sah ihr an, dass es ein Alkohol Problem gab.

Onkel geht in Rente, sind wir die Sau schon mal los. Der Chef hielt eine Dankesrede, die recht mager war und kraftlos in der Stimme.

Die Chefs hatten Torten geschenkt bekommen. Nun boten sie die der Belegschaft an. Nur waren die schon einige Tage alt. Was wohl ohne Kommentar den Charakter der zwei widerspiegelt.

Es ist Montag und ich gab meinen Bericht ab. Der Chef hielt auf mich zu, ich ging ihm aus dem Weg. Später erschien er an der Baustelle und wollte wieder zu mir. Ich ging weg. Danach hatte er sich einen anderen an einer anderen Baustelle vorgenommen.

Der Meister wurde in der Zeitung abgebildet, weil einiges im Argen lag. Darauf ist der Chef ihm dann verächtlich gekommen.

Vom Lehrgang noch keine Rede.

Ich hatte vor drei Monaten ein Zeugnis angefordert ohne Ergebnis. Also hatte ich mich schriftlich an die Zentrale gewandt. Etwas, das dem Oberchef gegen den Strich läuft, da er dann Fragen gestellt bekommt, auf die er keine Antworten hat.

NOCH 17 MONATE BIS ZUR RENTE

EINE FRAGE

Der Meister tauchte auf. „Haben sie schon ihre Beurteilung erhalten?" In seinem Gesicht lag Unehrlichkeit.

Es folgte der wahre Grund für sein erscheinen. Mir war es lieber er wäre da und nicht hier.

„Sie müssen zu A1 und A2 die haben Fragen, fahren sie dahin."

„Kommt auf die Frage an", antwortete ich, da ich ahnte, was die wollten, ihre Arbeit auf mich abwälzen. In einen Sack mit den beiden und mit dem Knüppel drauf.

FÜHRUNGSLEHRGANG

Der Chef und der Meister mussten hin. In einem Büro in der Zentrale, 5 Stunden Schnellkurs. Außer Kaffee und

Kuchen war wohl nichts, was die mitgenommen hatten. Am Tag drauf hatte ich ein Gespräch mit dem Meister. Nichts hatte sich am Ton und Wortgebrauch geändert.

Der Personalrat zeigt Auflösungstendenz, ist ohnehin ein Witz.

Fremd-Firma.

Dem Meister will es nicht gelingen A1 und A2 dazu zu bringen ihre Arbeiten zu erledigen. Also musste eine Fremdfirma es erledigen. Ich hatte mich mit Ausreichend zu tun zu haben davon geschlichen und mein Begleiter sagte. „Ist nicht mein Bereich." Nun tauchte der Meister bei mir auf und warf mir seine Unfähigkeit als Arbeitsverweigerung an den Kopf.

FALLE GESTELLT

Ich hatte Urlaub. Mein Begleiter hatte eine klare Aufgabenstellung und würde diese auch ordnungsgemäß erledigen. Der Meister schickte ihn in einen anderen Bereich. Am Tag nach meinem Urlaub wurde mir unterstellt ich hätte den Auftrag nicht ausgeführt. Arbeitsverweigerung war das Zauberwort.

ERKENNTNIS

A1 erzählte mir, dass ihn der Meister angesprochen hatte. „Wir wissen, dass A2 nicht arbeiten will."

Wie kann das sein? Etwas zu wissen und nichts unternehmen. Mir wird sein Nichtstun angelastet. Wer ist hier der Meister, A2 oder der Meister?

Bei der Personalratssitzung war das Thema Personal-führung wieder auf dem Tisch. Der Meister, der leider im Personalrat sitzt. Meinte, dass man ja hin war. Er räumte ein, dass 5 Stunden Kurse keinen Sinn machen. Wollte aber keine weiteren Kurse beantragen. Er versuchte das Thema so schnell wie möglich vom Tisch zu fegen. Man hätte ja schon mehrere Schulungen gehabt. Ich wusste nur von einer, immer getreu dem Motto mit denen kann man das Machen. W sagte das reicht nicht. Ich fügte dazu, dass wir dem Oberchef das Personalführungskonzept vorlegen sollten. Dem Meister fiel die Kinnlade auf die Tischplatte und als O, der ja der Freund vom Chef war, auch Ja sagte, knallte die Kinnlade auf den Fußboden.

A1 und A2 versuchten es schon wieder meinen Be-gleiter abzuwerben. Bisher konnte ich das verhindern.

Das ich mit dem Gedanken spielte diese Erlebnisse in einem Buch zu verewigen, hatte sich rum gesprochen, löste keine Begeisterung aus.

Die Erkenntnis, dass A2 nicht arbeiten will, davon gab es eine Reihe in diesem Betrieb mit der Unterstüt-zung vom Chef und Meister. Der Lehrgang hatte auch keine Spuren hinterlassen. Der Meister zog meinen Be-gleiter ab und die As hatten erreicht was deren Ziel war. Bei den Musketieren heißt es einer für alle. Bei den As ist es auch so, einer für die.

Sich beklagen und dann das Beklagte unterstützen, das war der Meister.

MIES DRAUF

Der Oberchef hatte eine Arbeit als zu teuer bemängelt. Es sei zu viel Beton verbraucht worden. Da hätten die Mitarbeiter wohl Beton mit nach Hause genommen. Sein Vorwurf.

Dem ist wohl die Galle übergelaufen, weil die Personalführungsfrage nicht vom Tisch zu kriegen ist. Und nun komme ich auch noch mit dem Personalführungskonzept. Um von der eigenen Unfähigkeit abzulenken muss die Belegschaft her halten und des Diebstahls beschuldigt werden.

MENSCHLICHKEIT, WO?

Jeder Mensch ist dem natürlichen Verschleiß ausgeliefert. Die einen verschleißen nur etwas schneller. Ein Mitarbeiter war so schlecht zu Fuß, dass die Truppe einen Firmenwagen im Dauereinsatz hatte.

Nun war eine körperlich schwere Arbeit angefallen und mein Begleiter musste aushelfen. Er wurde zum Hans Dampf in allen Gasen. Nur meine Arbeiten gerieten ins Stocken. Aber wozu gab es Abmahnungen, die schaffen Abhilfe. Es gäbe einen Bereich, in dem könnte der Mann trotz seines Verschleißes arbeiten. „Nein das geht nicht, da sind schon genug Leute." Der Chef.

Das mochte so sein, nur die waren alle gut zu Fuß und Umversetzungen in möglichst ungeliebte Bereiche, um das Personal zu demütigen, ging von nun auf jetzt.

Aber dazu wäre Menschlichkeit erforderlich, nur gab es die hier nicht. Und das Leid des einen, war die Freude des Chefs.

Wo ist der Chef?

Jeden Montag gab ich meinen Stundenbericht ab. Ich saß in meinem Auto und wartete, bis der Meister die Tür vom Büro aufschloss. Bis dahin schrieb ich an meinen Erinnerungen. Kurz nach dem Meister erschien in der Regel der Chef und baute sich in der Tür auf, er wollte seinen Auftritt nicht verpassen. Nur heute kam kein Meister, der hatte wohl Urlaub.

Der Chef schloss die Tür auf. Ich also los zum Büro um meinen Bericht abzugeben. Der Chef war ins Büro gegangen, nur nicht zu sehen, als ich das Büro betrat war der weg. Aufgelöst? Er hatte sich versteckt als er sah ich komme.

Auspacken

Heute war mir aufgefallen, dass W recht sauer dreinschaute. Zu meiner Art gehört es zu fragen. Und er erzählte das er und O zum Direktor wollen. Und werden auspacken damit hier endlich was passiert. Er wollte schon des Öfteren irgendwo hin und auspacken, nur geworden ist daraus nie etwas. Und O? Nichts gegen O, aber der kriecht lieber als nein zu sagen.

Viele Mitarbeiter hatten schon in der Vergangenheit in verschiedenen Betrieben miteinander gearbeitet und sich hier wieder gesehen. Und brachten naturgemäß ihre Freude und ihre Ablehnungen mit. Und so gestalteten Probleme von früher hier neu. Und das war Zucker für den Chef.

GIFTSPRITZEN

Einer der Freunde vom Chef tauchte bei mir auf. Dieser
war vom Chef von einer anderen Firma abgeworben worden. Der Mann sagte. „Ich kann nicht verstehen wie es
angehen kann, dass so viele nichts tun. Wie kann man
das aushalten den ganzen Tag im Auto sitzen und durch
immer dieselben Straßen zu fahren?" Ich fragte von wem
die Rede sei. Er sagte keinen Namen.

Nur eine Frage bewegte mich. Warum kommt der zu
mir und geht nicht zum Oberchef oder zum Chef damit?
Die Antwort so einfach. Der Chef bekam die As nicht aus
dem Auto, also schickte er seinen Giftspritzer los um
mich anzuheizen, ich sollte mich mit den As anlegen.
Der kann mir mal den Popo küssen.

ABGEWORBEN

A2 hatte es zurechtgebogen bekommen, dass mein Begleiter in seinem Arbeitsbereich eingesetzt wurde. Er
hatte mir anschließend berichtet. Er hatte denen alles
an Arbeit abgenommen. Und die As hatten einen Fernseher im Bauwagen und der Meister saß immer wieder
mit den As vorm Fernseher. Und man besprach, an wen
man die Arbeiten abtreten konnte.

Freitags 11,30 Uhr ist treffen im Betrieb angesagt.
Die Belegschafft versammelte sich im Sozialraum, wo-
bei die Mehrheit die Freunde vom Chef sein dürften, die
anderen mieden ihn. A2 gehörte dazu. Dann wurde der
Knorpel geölt, würden die in eine Kontrolle geraten, die
Mehrheit würde den Lappen verlieren.

BIENE INS AUGE

Ein Firmenwagen fuhr an uns vorbei und hupte. Die Hupe klang begeistert. Der Grund war der Chef, dem war eine Biene ins Auge geflogen, er hatte beim Motorradfahren das Visier nicht zugemacht. Einer beklagte, dass es schade sei, dass es keine Walze war.

AUFREGER

J war sauer. Er hatte mit W gesprochen und erfahren, dass der Chef nur fünf Stunden zum Kurs war. „Das ist doch ein Witz", schimpfte er.

Ich sagte ihm, dass wir nicht locker lassen. Dann ging er auf das Verleihen von Firmengeräten los. „Wenn einer den Anhänger möchte, geht das nicht, aber jeder andere der darf das." Ob er den Hänger wollte oder ob darüber geredet worden war sagte er nicht. Das hatte ich schon öfter gehört, dass der Chef den Anhänger an Betriebsfremde verlieh. Und es war immer ein Aufreger.

ICH FALL VOM GLAUBEN AB

Der Meister hatte mich an ein Objekt geschickt, das 800 Meter lang war, wir erinnern uns, die Folge war ein Zusammenscheißen vom Oberchef. Nun kam der Meister bei an und wollte, dass ich wieder dabei soll. Er war dabei, als der Oberchef mir zusetzte, der Oberchef sagte, das sei unmöglich. Ich war am Überlegen, ob ich das Spiel wiederholen sollte oder dem Oberchef schriftlich ankündigen was kommt. Ich schlug ihm vor, dass es mit der Maschine zu machen sei. Das passte dem Meister nicht, denn er hatte Order vom Chef, der wollte eine erneute Auseinandersetzung zwischen dem Oberchef und mir. Nur ich spielte nicht mit.

K LEINE GESCHICHTEN

Ein Mitarbeiter erzählte mir, dass er vom Chef auf einen Kaffee eingeladen wurde. Er hatte dem Chef geholfen. Sie waren bei der Mutter vom Chef in der Küche. Die Mutter hatte den Kaffee auf den Tisch bereitgestellt. Der Chef nahm den ersten Schluck. Und fragte den Mitarbeiter.

„Schmeckt dir der Kaffee?"

„Ja, der ist gut."

„Die Plörre kann man doch nicht Trinken", sagte der Chef verächtlich.

Was er nicht bemerkt hatte, seine Mutter stand hinter ihm. Und sie hatte ihm eine Ohrfeige verpasst, die war vom feinsten.

Wenn einer keinen Respekt vor seiner Mutter hat? Wie soll der dann seine ihm Anvertrauten respektieren?

Eine Nachbarin von seinen Eltern erzählte eine Geschichte. Die Eltern erwarteten Besuch. Da war der heutige Chef gerade 16. Also noch kein Chef.

Er wurde auf sein Zimmer geschickt. Die Erwachsenen hatten wichtiges zu bereden. Er folgte gehorsam. Kehrte aber schon bald zurück. Die Eltern hatten die Wohnzimmertür zugemacht, nicht abgeschlossen. Die flog mit Rahmen ins Zimmer. Weil er aus dem Zimmer geschickt worden war, hatte er aus Zorn die Tür eingetreten.

ABMAHNUNGEN FÜR DEN CHEF

Ein Freund hatte gehört, dass der Chef eine Unzahl von Abmahnungen erhalten hatte. Ich dachte daher kommt wohl der Wunsch mich damit voll zu schmeißen.

J erzählte. Das der Chef und der Meister fast täglich in einem fremden Betrieb in der Cafeteria eine Stunde verbringen. Andere aus den Bauwagen jagen und sich selber fett fressen. Leider frisst der Chef sich nicht tot. Meinte J bedauernd. Ich hatte noch 12 Monate und sieben Tage bis zur Rente.

CHEF IN GUTER LAUNE

Eine Feier irgendwo wegen was auch immer. Der Chef ist da mit seiner Frau und sein Freund der Spion mit seiner Frau. Und da die beiden guter Laune sind, reisen die die gesamte Firma durch den Dreck. Das muss so ausgeartet sein, dass die Frau vom Spion die beiden aufforderte sofort damit aufzuhören.

DER MEISTER HAT EINE FRAGE

J wurde gefragt was er arbeitet. Er habe 39 Stunden zu arbeiten, aber auf dem Zähler seines Wagens sind nur 29 Stunden.

„Ich muss Tanken und Rüstzeiten sind auch dabei und Aufenthalte in der Werkstatt."

Wutentbrannt kam er zu mir. Und musste es loswerden. Nicht wegen der Frage, die Art der Frage wurde als

Vorwurf in Richtung Arbeitsverweigerung geformt. Das brachte ihn zum Kochen.

Ich sagte ihm. „Schreib doch auch das Tanken und Werkstatt auf den Bericht."

„Dann müsste ich ja doppelte Buchführung machen."

Es wurde die Idee geboren einen überarbeiteten Arbeitsbericht speziell auf seine Arbeit ausgerichtet an zu fertigen. Der Meister meinte mir sagen zu müssen, dass ich dann auch genauer beschreiben müsste, was ich mache. Ich sagte. „Wenn ich drauf schreibe, auch da gewesen, dann langt das."

Er fand das nicht lustig.

Zu J ist zu sagen, dass er einst im Personalrat war und als es um Mitarbeiter ging, hatte er sich auch dadurch einen Namen gemacht, indem er sich vor dem Chef aufbaute und sagte so nicht. Nun ist er selber zum Opfer geworden.

J gehörte zu denen, die vor Beginn des Berufsverkehrs anfangen müssen. Also auch einen Schlüssel fürs Haupttor hatte. Er bot an den Schlüssel abzugeben. Das war eine Drohgebärde aus der Wut geboren. Und nur eine Luftnummer. Hätte der Chef ihm den Schlüssel aus der Hand genommen, hätte das ihm nicht gefallene Folgen gehabt.

BEWUSST

Mir kommt da gerade eine Geschichte ins Gedächtnis. Ich war vor Jahren beim Personalchef. Ich weiß nicht mehr um was es gegangen war. Aber wir hatten auch das Thema Bossing auf dem Tisch. Der Personalchef meinte ich würde ja zum Ausgleich mein Nebengewerbe haben. Aus der heutigen Sicht werte ich das als Eingeständnis. Desto mehr ich darüber nachdachte, umso mehr sah ich das als bewusstes Handeln der Chefs an.

Der Personalchef hatte mich ins Büro gerufen, um mich nach meinen Rentenplan zu fragen. Ich sagte ihm, dass ich noch keinen Zeitplan habe.

Ich konnte mit 63, das ist in 12 Monaten, oder eben bis 65 und acht Monaten Zuschlag als Dank vom Staat für die Arbeit, die man erbracht hatte.

SOLL MAN DA GRINSEN?

A2 hatte es geschafft Arbeiten auf Dauer abzugeben. An einen Großflächenmäher-Fahrer.

Der wiederum gehörte zu einer Fahrgemeinschaft mit dem Schlosser und dem Meister. Die fuhren täglich gemeinsam zur Arbeit und auch nach Hause.

Nun wurden die Arbeiten schon eine Weile nicht mehr gemacht und man sah es deutlich. Der Meister fragte A2 warum wird das nicht erledigt. A2 sagte der Mann ist in Urlaub.

Ich denke, dass man in einer Fahrgemeinschaft bemerkt, wenn einer nicht dabei ist. Und dass man darüber redet, dass man in Urlaub ist, damit die anderen nicht vor der Tür stehen und warten bis der Mann aus Griechenland zurück ist. Oder wie sehe ich das. Und der Meister hatte ihm den Urlaub gegeben. Und hätte einen Ersatz einplanen müssen. Wie blöde kann man als Meister eigentlich sein.

Ruhiggestellt

Damit J Ruhe gab, hatte der Chef ihm 120 Prozent in der LOB gegeben. Erst vorwerfen er würde nicht arbeiten. Logik im Kopfstand. Würde man das Gehirn vom Chef suchen man fände es im Arsch. Es ging auf Vollmond zu. Das bedeutet in den kommenden Tagen wird es kacheln. Bei Vollmond drehte der Chef auf dem Teller.

Und es hatte gekachelt. Der Chef hatte F beim Wickel, dem wollte er eine Stunde vom Lohn abziehen, weil er mit einem Mitarbeiter gesprochen hatte. Er hätte auch dem anderen eine Stunde abziehen müssen, nur der Ordnung halber der Chef war mehr fürs Selektieren.

W meinte dem Chef sollte man den Lohn der Putzfrau geben und auch der würde noch zu hoch sein.

Vor einem Jahr hatten wir es geschafft, dass der Chef zum Personalführungskurs sollte, er hatte sich da rausgewunden.

Logik neu erfunden

Wir wurden gelobt vom Meister. Die Arbeit sei sehr gut ausgefallen. So hatte es der Meister meinem Begleiter erklärt.

A1 kam zu mir und erzählte mir, dass er dem Meister gesagt hatte, dass die Arbeit sehr gut ausgeführt worden sei.

Daher kam das Lob vom Meister. Selber aufgefallen war dem das nicht. Wobei das meine Standard-Arbeitsweise war und so kurz vor der Rente kann ich auf Arschpuderei verzichten.

Wir sollten die Arbeit mit dem Bunsenbrenner machen, da das billiger sei. Ein Hackerblatt mag einen Euro kosten und nur einen Tag durchhalten. Eine Flasche Gas lag bei 15 Euro und hielt drei Tage durch. Wo da die Logik liegt?

Sowas von Müde

A2 hatte Urlaub. Der Meister kam zu mir und meinte, dass ich A1 unterstützen müsste. Der hätte sich beklagt. Dauerte nicht lange, kam A1 angefahren.

„Ich soll dich abholen, Order vom Meister."

„Hattest du dich beim Meister beklagt?", fragte ich ihn.

„Nein warum auch. Der Meister ist zu mir gekommen und hat den Meister raushängen lassen, ich soll dich abholen das war alles."

An der Baustelle. Der Meister erschien. „Na ein neuer Mitarbeiter", sagte er belustigt.

Ich sagte trocken „Nein" und schon fiel die Kinnlade runter.

Ich bin diesen Laden sowas von Müde.

Geständnis

Bei einer Feier erklärte der Chef: *Ich schikaniere die Mitarbeiter mit Absicht.*

Einem Mitarbeiter erklärte er: *Ich schikaniere die Mitarbeiter mit Freude.*

Der Meister erklärte: *Der Chef sucht sich die Opfer gezielt aus.*

ARBEITSUNFALL

Ich hatte einen Arbeitsunfall, meinen ersten und Letzten in meinem Berufsleben. Nichts Weltbewegendes nur eine Rippenprellung, aber ich muss sagen, das langte absolut. 6 Wochen krankgeschrieben auch was Schönes.

Am 2. Tag, nachdem ich die Arbeit wieder aufgenommen hatte. Wurde ich zu einem Gespräch in die Zentrale gebeten und über die Umstände, die zu dem Unfall führten, befragt. Man bedankte sich und wünschte mir alles Gute.

Am Nachmittag desselben Tages. Wurde ich vom Meister zum Erscheinen im Büro gebeten.

Anwesend, Personalratsvorsitzender, der Oberchef, der Chef, der Meister und ich. Thema langes Kranksein.

„Sie waren 6 Wochen krank", warf der Oberchef mir vor. Und das ginge nicht. Der Chef erklärte mir, dass ich Krankengymnastik machen sollte, damit ich nicht wieder erkranken würde. Ich schwieg innerlich grinsend. Wie gesagt ich hatte einen Arbeitsunfall.

Da saßen drei Chefs und keiner hatte eine Ahnung was im Betrieb abgeht. Es gab einen Unfallbericht vom Durchgangsarzt, zu dem muss man bei einem Unfall am Arbeitsplatz. In der Zentrale wusste man Bescheid. Es gab einen Zeugen, der dabei war, der dürfte es dem Chef erzählt haben, denn ich bin von der Arbeit zum Arzt gefahren und hatte meinen Begleiter gebeten es dem Meister zu erzählen. Ein Armutszeugnis.

Abraham Lincoln sagte einst.
Man kann Menschen tyrannisieren.
Man kann sie eine Zeit lang tyrannisieren.
Man kann sie nicht auf Dauer tyrannisieren.

Post

Post von der Rentenkasse. Sie können am 1,4,2018 in Rente gehen ohne Abzüge, da die Wartezeit erfüllt ist. Oder am 1,8,2020, dann wäre die Altersrente erreicht.

Nun hatte ich die Wahl, von nun an noch 8 Monate oder noch knappe 3 Jahre.

Um mehr Rente zu bekommen müsste ich nicht länger arbeiten.

Ich könnte dem Ärger aus dem Wege gehen ginge ich. Der Lohn lag bei 100 Prozent, die Rente bei 48 vom letzten Brutto. Dazu noch die Betriebsrente und ich würde bei 85 Prozent meines Lohnes liegen. Davon kann man leben ohne große Sprünge zu machen.

Nun ging es um die Frage weiter Lohn oder auf die 63er-Rente.

Ich ging zur Rentenberatung um mich schlau zu machen.

Meine Frau und ich waren uns einig, ich gehe mit 63 in Rente und kann mir ja noch einen Nebenverdienst suchen. Und sei es Zeitung austragen.

Die Entscheidung wurde mir vom Chef abgenommen.

Er meinte, er könne meine Entscheidung dahingehend beeinflussen, in dem er mich besonders schikaniert. Ich habe mich dann dazu entschlossen zu bleiben. Ich dachte mir, wenn ich ihm so viel Freude bereite, dann kann ich nicht gehen. Ich konnte es nicht übers Herz bringen ihn zu enttäuschen.

So trug ich noch ein Jahr dazu bei, dass er sich freute. Er hatte meinen Arbeitsplatz bereits einem seiner Freunde zugesagt und damit das klappt, wollte er nachhelfen. Ich hatte es geschafft dies um drei Jahre hinauszuzögern.

Vom Finanzamt erhielt ich eine satte Steuererstattung und meinen Urlaub, den ich mir aufgespart hatte, ließ ich mir auszahlen. Ich kann das Model nur empfehlen.

KOFFER VOLLER FREUDE

An einem Koffer ist weiter nichts Spektakuläres dran. Sollte man denken. Ich hatte einen, der nicht mehr brauchbar war. Ich nahm ihn mit zur Firma und warf ihn in den Müllcontainer. Nebenbei angemerkt, der wurde von jedem im Betrieb benutzt, besonders vom Chef. Nur ich bin eben nicht jeder.

Der Chef verließ gerade das Gelände. Im Rückspiegel hatte er noch mit bekommen, dass ich den Koffer entsorgte, er wendete auf der Stelle. Was ich mir dachte und unhübsche Sachen. Warf er mir an den Kopf. Er ist sofort zum Oberchef. Ich erhielt eine Einladung zum Gespräch. Mir wurde erklärt, dass ich nichts in den Container zu werfen habe, es sei Firmeneigentum. Der Oberchef hatte, das konnte ich ihm anmerken, nichts Gutes im Sinn. Ich hielt mich zurück und wartete das Ende seines Vortrages ab.

Ich erklärte dann, dass mir mitgeteilt worden war, das betriebsfremde Personen ihren Müll im Container der Firma entsorgen und das jedes Wochenende und dass es Mitarbeiter gibt, die die Fahrzeugnummern notierten. Und die hatten einen Schlüssel fürs Haupttor. Die Reaktion vom Oberchef. „Das mit dem Koffer vergessen wir einfach" und aus die Maus.

EINEN TAG URLAUB

E hatte ein Problem und benötigte einen Tag Urlaub. Also fuhr er zum Büro. Im Büro der Chef und eine Menge Leute, die nicht zum Betrieb gehörten, beim Kaffee. E wollte erst nicht rein, aber er hatte keine Wahl. Vor ihm ging ein Mitarbeiter ins Büro und gab eine Krankmeldung ab. E stand an der Tür. Der Mitarbeiter verließ das Büro. Und kaum war der Mann aus dem Büro. Riss der Chef dem Mann den Rücken auf. Gerade noch gute Besserung gewünscht und nun Meuchelmord. Nur noch Dreck wert. Der Chef sah E fragend an. E sagte „oh ich habe was vergessen." E suchte mich auf und beklagte das erlebte. Er würde keinen Urlaub nehmen, damit der Chef ihm nicht den Rücken aufreißen kann, er wird morgen in der Früh anrufen und sich krankmelden, hat der nun davon.

NEUES FAHRZEUG

F fuhr bis zu seiner Rente den Siebentonner. Zwei Jahre vor der Verrentung wurde ein neues Fahrzeug beantragt und auch genehmigt. Einen Containerwagen nur noch abstellen und die Mitarbeiter füllen das Ding und wieder abholen, kein stundenlanges Beladen mehr mit der Hand. Eine Erleichterung für den Fahrer. Das Geld lag abrufbar bereit und der Wagen stand abholbereit beim Händler. Aber wurde nicht abgeholt. Ich fragte den Meister warum. Die Antwort, umwerfend.

F sollte sich so kurz vor der Rente nicht noch an ein neues Fahrzeug gewöhnen müssen, das könnte man einem alten Mann nicht zumuten.

Der Oberchef, der Chef und der Meister haben einen alten Mann noch zwei Jahre mit der Hand einen Siebentonner beladen lassen.

Vom Personalrat keine Spur.

Menschenverachtung kann man deutlicher nicht zum Ausdruck bringen.

GEWUSST WIE

Der Meister hatte eine Aufgabe zu vergeben. Er sprach L an. „Das kann doch sicher ein anderer machen" und er tuckerte vom Hof und der Meister sah ihm ratlos hinterher. Dann sprach er A2 an. „Oh das kann doch" und weg war er. Und nun lief ihm M über den Weg, der durfte dann die Arbeit erledigen. Ich fragte mich. Wenn nun jeder. „Oh kann das nicht" würde am Ende der Meister die Arbeit selber erledigen?

WIE GEWOHNT

Mein Begleiter und ich wie immer vertieft in unserer Arbeit. Kam der Chef angerauscht. Im Gesicht dieses Typische, ha nun aber. Kaum die Schnauze aus dem Auto ging es auch schon los.

„Wenn ihr euch die Maschine holt, geht es zehnmal so schnell." Da ich gleich Abstand zwischen mich und ihm brachte, ging er auf meinen Begleiter los. Es war nicht der Wunsch, den er hatte, es war diese bösartige Sprache, die Wut der Worte. Dann sah er mich an und ich drehte mich lachend weg. Da explodierte er und schrie rum.

Und sprang puterrot in den Wagen und rauschte davon. Mein Begleiter folgte ihm und wollte die Maschine holen, nur die war unauffindbar.

SCHLECHT REDEN

S hielt an. S war als Installateur beschäftigt und hatte mit dem Chef nur am Rande zu tun, der Chef von S saß im Hauptbüro. Er erzählte mir.

„Der Chef reißt jeden bei jeder sich bietenden Gelegenheit den Rücken auf, er tritt die gesamte Belegschaft in den Dreck, er lässt an keinem ein gutes Haar."

FROHES FEST

Weihnachtsfeier im Betrieb und es floss der Alkohol. Die Stimmung war ausgelassen. Dem Chef gelang es selbst im Suff noch Beleidigungen los zu werden. Das langte einem der Mitarbeiter. Er schnappte sich den Chef und klemmte seinen Kopf unterm Arm. Und zimmerte mit der Faust drauf. Nicht dass es eine heilende Wirkung hatte. Aber es folgte auch keine Kündigung oder Abmahnung.

PERSONALVERSAMMLUNG

Ich war aus dem Personalrat ausgetreten. Weil der keine Zähne hatte. Ich hatte das Personalführungskonzept vorgeschlagen und nichts erreicht. Nun gab es eine Personalversammlung. Anwesend der Direktor, der Oberchef, der Stellvertretende Oberchef, der Chef, der Meister und das gesamte Personal. Es wurden schöne Reden gehalten und nichts gesagt. Und der Satz in die Welt geblasen. *Wir haben euch gegenüber eine Fürsorgepflicht.*

Nur ist die immer dann ausverkauft wenn sie gebraucht wurde. Ich brachte meine Idee zum Besten ohne Resonanz. Nur der Chef sprach mich nach der Versammlung an und erklärte mir.

Ich sollte über meinen Geisteszustand nachdenken. Ich hatte ihm wohl eine Wurzelbehandlung ohne Betäubung verpasst. Und ich sollte an mir arbeiten. Ich sagte ihm, dass ich das ständig tue. Mein Begleiter hatte so gesessen, dass er dem Chef genau ins Gesicht sehen konnte. Er sagte mir, dass der Chef von einer Sekunde auf die andere puterrot im Gesicht wurde. Volltreffer, dachte ich.

HAUE

Der Chef war wohl sauer auf zwei Unlustgetriebene und hatte ihnen Schläge angedroht. Nun wollte W zum Oberchef.

Tat er nicht.

KINNLADE

Ich bin auf einem Parkplatz.

An einem Gebäude sind Männer am Werken. Einer kam zu mir. Und fing ohne sich vorzustellen an mich vollzuquatschen. Er würde am 1. April meinen Posten übernehmen, da ich ja in Rente geh. Ich kannte den Mann nicht, aber er mich, ich arbeitete in aller Öffentlichkeit und somit war ich auch bekannt. Ich hatte es noch keinem erzählt, dass ich am 1 April in Rente gehen könnte. Er hätte auch schon einen Arbeitsvertrag vom Chef in der Tasche. Ich sagte nein ich gehe nicht in Rente. Dem Mann klappte der Unterkiefer bis zu den Knien runter und verschwand wieder zu seinem Auftrag.

Der Mann ist noch am selben Tag zum Chef und hatte ihm sein Erlebnis berichtet. Am Tage danach wurde ich vom Chef in Grund und Boden gestampft. Das war so seine Art mir zu erklären, dass ich gehen sollte.

Ich bin sofort zum Oberchef und hatte mich beschwert natürlich ohne Erfolg.

Das war am 3,1,2018. Ein Mittwoch. Mein Entschluss zu bleiben wurde verstärkt. Wenn ich so eindringlich gebeten werde zu bleiben, dann kann ich doch nicht nein sagen. Und wenn ich ihm noch eine Freude bereiten kann, dann bin ich dabei.

AUF SENDUNG

Mein Begleiter hatte die Idee einen Wagen zu holen. Wir sind dann durch die Straßen der Stadt und haben Kontrolle gemacht, nicht das über Nacht ein Haus verschwunden war.

„Sollen wir mal am Bauwagen von A2 vorbei?", fragte mein Begleiter. Ich sagte „du bist der Chef."

A2 saß mit seinem Begleiter und dem Meister im Bauwagen vor dem Fernseher. Neben Fernseher gab es auch einen DVD-Player. Nur die Chips dürften fehlen. Ich kann mich erinnern, dass einem Vorarbeiter gekündigt wurde, weil der Zeitung gelesen hatte.

„Ich würde zu gerne mal schauen, ob der Chef in seinem Zeugladen ist?" Ich sagte du bist der Chef. Und siehe da, der Wagen vom Chef stand vor seinem Laden.

SCHLÜSSEL OHNE HEIMAT

U wurde von J angesprochen.

J „Ich verstehe nicht, wie es sein kann, dass firmenfremde Leute einen Schlüssel fürs Haupttor haben?" U „Du musst dich irren."

J „Nein, jedes Wochenende, an dem ich Dienst habe, fahren Fremde auf dem Firmengelände rum und laden ihren Müll ab, selbst Autos mit Kennzeichen anderer Kreise."

U „Sollte der Chef den Schlüssel etwa verleihen?"

ANRUF

A2 litt an einer Allergie und wurde vom Umgang mit bestimmten Stoffen frei gestellt. Auf ärztliche Anweisung. Der Chef kann sowas nicht verkraften. Also heizte er das Hirn vom Personalchef auf und der ruft beim Arzt an. Die schrecken vor nichts zurück.

EIN PAAR KLEINIGKEITEN

Ich durchstreifte meinen Arbeitsbereich und sammelte Müll. Kam der Meister an.

„Muss das sein?", fragte er mich vorwurfsvoll.

„Das wurde in den letzten fünf Wochen nicht gemacht, ich kann das auch liegenlassen", sagte ich trocken. Er ins Auto und auf und davon.

A1 war verstorben und nun sollte ein neuer eingestellt werden.

„Der kann mit A2 arbeiten", sagte der Meister mit einem falschen Grinsen im Gesicht. A1 war als Vorarbeiter eingestellt worden und somit würde auch ein neuer Vorarbeiter eingestellt werden müssen. Durch dieses Manöver wurde A2 befördert. Wenn ich den Gesichtsausdruck vom Meister richtig gedeutet habe, hatte er erwartet, dass ich anspringe. Ich sagte nur trocken. „Die Fernsehzeitung kann man auch zu zweit lesen."

Ich will ins Büro meinen Bericht abgeben. Der Chef geht im selben Moment raus. Ich war der Tür näher als er. Damit er vor mir an der Tür war, ging er schneller, damit ich warten müsste, und er machte sich in der Tür breit. Ich habe mich an ihm vorbeigezwängt, der hält mich nicht auf. Er rief mir etwas nach, ich ignorierte ihn. Noch am selben Tag hatte er einige Mitarbeiter aufgemischt.

Feinde sind in der Regel offener als Freunde. Ein Feind sagt einem ins Gesicht was er von einem denkt. Und handelt auch danach.

Ein Freund ist da Zurückhaltender. Er nimmt einen beiseite und sagt es einem unter Vier Augen.

Ein sogenannter Freund ist ein hinterhältiger Feind. Der sagt vorne mein Bester und reißt einem hinten den Rücken auf.

Ein falscher Hund redet jedem nach dem Mund und trägt es weiter, sorgt für Gegenseitigkeiten.

In einer Mischung des Ganzen zerstört das soziale Gefüge. Da Misstrauen entsteht. Und genau darunter litt dieser Betrieb.

Der Chef fragte einen Mitarbeiter wie er zur Baustelle kommt. Der antwortete „Zu Fuß" und grinste ihn an. Das brachte den Chef in Rage und wollte sich auf meinem Rücken austoben, ich ließ ihn stehen und bin gegangen.

Der Chef mag es nicht, dass er zum Oberchef muss, da er weiß ich bin sofort bei dem, schickt er den Meister vor und der trabt los wie ein dressierter Hund.

Ich wartete immer bis der Chef seinen morgendlichen Auftritt beendet hatte. Ohne etwas gefragt zu haben. Das sorgte beim Chef für ein kochendes Gemüt. Er meinte, ich könnte noch bleiben und reden. Ich ließ ihn stehen und ging.

Das Jahr der Freude hatte begonnen.

Der Chef hatte eine Idee, mein Begleiter durfte mit dem Bunsenbrenner Arbeiten und einen Firmenwagen bekommen. Ich stimmte dem zu, der Chef hatte von mir erwartet, dass ich dagegen angehen sollte, ich machte einen auf Wunderbar, das hatte ihm schon mal nicht gefallen, dann war der Bunsenbrenner nicht zu finden, eine Woche haben die gesucht.

K hatte W und M an einem Freitagnachmittag mit einem Firmenwagen und Firmengerätschaften auf einem privaten Gelände gesehen, Schwarzarbeit. Das war nicht das erste Mal wie sich herausstellte. Den beiden wurde nahegelegt es zu unterlassen oder es gibt die Kündigung. Die beiden hatten das Problem auf ihr Weise gelöst.

A2 erzählte mir, dass die Chefs ihn über mich ausfragten. Ob und wann ich in Rente gehen werde.

Es ist leichter einen Menschen zu verlieren als einen zu gewinnen. Unbekannter Verfasser.

FALSCHER MEISTER

Der Chef hatte von Arbeitsabläufen und Arbeitseinteilungen nicht die Spur einer Ahnung. Der Meister leider auch nicht. Dem Meister ging der Chef auf die Eier. Auch wenn er ihm willfährig dient, so erzeugt der Meister für den Chef Situationen damit dem Chef die Galle überkocht, dann geht der Chef auf den Mitarbeiter los, der geht zum Oberchef und der Chef bekommt einen reingewürgt, der Meister steht dann grinsend daneben.

CHEF BEKLAGT SICH

Einem Mitarbeiter gegenüber beklagte er das, „Friedrichsen redet nicht mit mir." Dann schickte er W los, er sollte mir erklären, dass ich den Chef ärgern würde. Ich sagte. „Ich kann den Chef nicht ärgern, das kann er nur selber."

Etwas später erschien der Meister, an seinem Gesicht war abzulesen, es lag eine Frage an, nur der stieg nicht aus dem Auto, aus Angst vor mir? Ich denke ja, er fuhr ohne auszusteigen davon.

HAUSBAU

Der Sohn vom Chef baute ein Haus in einem Dorf, weit ab von der Firma.

Der Chef fuhr während der Arbeitszeit zur Baustelle und gab seine Fachkenntnisse von sich. Die Maurer sagten dem Sohn. „Entweder dein Vater verschwindet oder wir gehen."

KEINE KOLLEGEN

Zwei Mitarbeiter versuchten sich an der Arbeit. Einer trug keine Warnweste. Von beiden hatte der Chef die Handynummer. Der Chef fuhr an den beiden vorbei. Das Handy des einen läutete.

„Sag deinem Kollegen er soll eine Weste anziehen."

„Ich habe keine Kollegen."

Stille herrschte. Wie gesagt er hatte auch die Nummer des anderen und er hätte halten können.

RACHE

B hatte bei einer Personalversammlung seinen Unmut ausgesprochen und dem Chef Unfähigkeit attestiert.

Nach der Versammlung sagte der Chef zu seinen Freunden. „Den B werde ich mir vornehmen."

MITTAGSPAUSE

B saß in seinem Bauwagen und ruhte sich aus. Ballerte es an der Tür.

„Eh B mach auf." Der Chef ballerte erneut mit der Faust gegen die Tür.

„Verschwinde, ich habe Mittagspause."

Erneutes Ballern, noch heftiger. „Du musst Platz b machen."

„Ich habe Mittagspause und nur nebenbei die Maschine ist in der Werkstatt, das weißt du genau." Stille, nur noch ein Reifenquietschen.

Saubere Arbeit

Es war an der Zeit etwas Spaß zu haben. Wenn man den Gedankengang von seinen Feinden kennt, kann man sie lenken. Der Oberchef neigt zum schnellen Handeln. So hatte ich mir erlaubt ein Objekt zu reinigen. Und am folgenden Tag hatte ich mich an diesem Objekt postiert und die Pose einer Arbeiterstatue angenommen. Nachdem der Oberchef vorbei war bin ich gegangen.

Tage später erzählte mir ein Mitarbeiter. Das der Oberchef zur Firma gedüst war und sich den Meister ins Auto lud und zu dem Objekt genagelt ist. Nur mussten beide eingestehen, dass es sehr sauber gearbeitet war. Der Meister hatte sich köstlich amüsiert.

Gesund

Der Chef mag keine Krankmeldungen. Dessen Gedanke läuft auf der will nur nicht arbeiten. Dass es die Arbeitsbedingungen sind, die die Männer dazu treibt, auf den Gedanken kamen die nie. Wie wir wissen muss ich mich immer Zurückmelden. Also ließ ich mir vom Arzt eine Gesundbescheinigung ausstellen. Und die gab ich dem

Meister. Ich hatte nicht das Gefühl, dass es ihm gefallen hatte, ich konnte mir ein Grinsen nicht verweigern. Ein gutes Essen kommt da nicht mit.

STRAFARBEIT

Weil ich ja unbeugsam bin. Darf ich auf dem Freilager Sträucher schneiden. Jeder Mitarbeiter, der zum Freilager kam, sagte das ist reine Schikane.

Es gab ein Gerichtsurteil zu solchen Arbeiten.
Man muss die Arbeit nicht zur Zufriedenheit des Arbeitgebers erfüllen. Tun ja, aber nicht mehr. Und da ich Dienst nach Vorschrift machte, kann man sich vorstellen wie das hier ablaufen wird.

Einen Ast geschnitten und zu einem Sammelplatz getragen. Es sollte nicht lange dauern da war er da der Chef.

„Das geht schneller", motzte er mich an.

„Ich richte mich nach den Gegebenheiten."

Als nächstes folgte eine Abmahnung. Am Tage danach erklärte der Chef mir, dass ich in der höchsten Lohnstufe sei und deshalb in der Lage sein müsste schneller zu arbeiten.

Am nächsten Tag erschienen die Lustbringer und legten ihren Auftritt hin und es wurden Fotos gemacht. Von einem Häufchen Geäst. Zum Beweis meines nichts Schaffens. Und zu einem Gespräch zum Oberchef wurde ich auch geordert. Dem habe ich erklärt, dass man das Gelände nicht unfallfrei begehen kann. Es ist durchzogen von tiefen Spuren, die überwuchert sind und ich hatte nicht vor mir ein Bein zu brechen.

Am nächsten Tag schaute der Chef aus einem Fenster vom Dachboden, ich winkte ihm zu. Eine Stunde später erschien der Meister mit einer Abmahnung. Zwei in einer Woche, das dürfte Rekord sein.

Der Hilflosigkeit Höhepunkt. Der Chef erschien und in seiner Liebe zu mir erklärte er mir, dass es in dieser Firma keinen gibt, der mich mag. Er wollte mir auf seine Art erklären. Gehe in Rente, damit ich meinen Freund unterbringen kann. Aber ich musste ja noch Sträucher schneiden, also keine Zeit für Rente.

Am nächsten Tag eine weitere Abmahnung. Der Meister kam damit an. Ich bat ihn mir den Wisch vorzulesen, da ich keine Brille dabei hatte.

In dem Wisch stand, ich solle mich freundlicher verhalten, da mein Verhalten die Betriebsstimmung senkt.

Der Chef musste recht verzweifelt sein. Ich habe weiter Ast für Ast erledigt.

Was hatte das Schreiben ausgelöst? Ich war auf dem Außenlager alleine. Ab und zu tauchten Mitarbeiter auf und wir tauschten uns aus und es wurde mir von jedem bestätigt diese Arbeit ist die reinste Schikane. Aber das dürfte nicht zu dem Schreiben geführt haben. Einer tauchte auf, der vom Chef des Öfteren getreten wurde, er war in Begleitung des Spions. Ich fragte ihn nach seinem Befinden und was der Chef gegen ihn vorzubringen hatte. Das Gespräch war ausführlich.

Der Spion und der Chef fahren in einer Fahrgemeinschaft, da beide aus demselben Dorf kamen. Und auf dem Heimweg dürfte der Spion dem Chef haarklein die Unterhaltung wiedergegeben haben, zeitlich passte es.

LEISTUNG DOKUMENTIEREN

Der Meister kam an und machte erneut Fotos. „Wir werden die Leistung dokumentieren", sagte er mit einem hinterhältigen Grinsen. Er fotografierte kleine Häufchen einen großen Haufen, den ich fürs Vorzeigen extra aufgeworfen hatte, dem schenkte er keine Beachtung.

Der Chef schaute um die Ecke. Ich zog das Taschentuch aus der Tasche und winkte ihm zu wie einem der mit dem Zug abreist. Schwups war der weg.

Beim Brennholzsägen nach Feierabend hatte sich der Chef in die Hand gesägt nur angekratzt. Er dürfte vor Wut abgelenkt gewesen sein.

„Schade, dass der sich nicht den Kopf abgesägt hat", sagten die Mitarbeiter.

SCHLIMMER GEHT NICHT

Es ist mal wieder Winterdienst. Ein neuer ist dem Rufdienst zugeteilt worden.

L fragte den Chef nach Beendigung des Einsatzes. Wer der neue Mann sei, er habe ihn nicht gekannt. Der Chef sagte. „Das ist ein böser Typ."

L „Wie du?"

Der Chef. „Schlimmer."

L „Schlimmer wie du geht nicht."

Der Meister saß heftig lachend an seinem Tisch.

DARF ICH EHRLICH SEIN

Die Abmahnung, die mir der Meister gab, sollte ich unterschreiben. Ich sagte dass mir mein Rechtsanwalt verboten hatte etwas zu unterschreiben was von euch kommt.

„Ich dachte mir das schon", sagte er. Und er riet mir, dass ich in Rente gehen sollte, dann hätte ich das hinter mir. Ich fragte, ob ich ehrlich sein darf. Er meinte ja und sah mich abwartend an.

„Ich werde nicht in Rente gehen. Ich bleibe, weil ihr mich verscheißern wollt. Ich bleibe, weil ihr mir den Tag versauen wollt." Er ging und das Lachen, das er im Gesicht hatte, als er mir die Abmahnung gab, verschwand.

SUPPE VOM SPION

Der Spion hatte etwas zum Feiern und gab eine Suppe aus. Allen wurde das mitgeteilt, mir nicht. Ich hätte ohnehin nicht wollen. Das zeigt eindeutig welches Geistes Kind die sind.

SCHÖNE ARBEIT

Es war mal wieder an der Zeit meinen Arzt nach seinem Befinden zu fragen. Er fragte nicht mehr, er zuckte sofort den gelben Zettel. Aber auch die Zeit verging und so musste ich wieder los.

„Ich habe eine schöne Arbeit für dich", waren die Worte der Begrüßung begleitet mit höhnischem Grinsen vom Chef.

DER IST SCHON ZUHAUSE

Eine rhythmische wiederkehrende Arbeit stand an und der Chef verteilte die Aufgaben. Und schon nach wenigen Stunden gab es Probleme. „Ruf doch beim Chef an", sagte einer. Nur der war nicht zu erreichen. Der war bereits zuhause und lag auf dem Sofa.

Wertschätzung ist das Pflaster, das Beziehungen klebt. Glaube ist ein Acker auf dem keine Kartoffeln wachsen. Unbekannter Verfasser.

ER HAT SPASS

L Erzählte mir. Dass er einen Bekannten gesprochen hatte. Der hatte ihm erzählt, dass er bei einem Fest war und den Chef getroffen hatte. Der habe ihm erzählt, dass er die Leute aus der Firma ärgert, weil er seinen Spaß daran hat. Darüber hatte L dann mit W gesprochen und beide waren dann zum Chef und hatten ihm mit der Aussage konfrontiert, der hatte alles abgestritten, das hätte er nie gesagt.

TÜR ZU

Vor Jahren hatte es eine Meisterin versucht hier zu arbeiten. Und es gab zu der Zeit noch eine Bürokraft. Wegen der Buchhaltung. Sie hatte ihren Schreibtisch in einem Nebenzimmer mit Tür zum Büro. Die Meisterin beklagte sich bei L, dass immer, wenn sie das Büro betrat, ging der Chef raus und die Bürokraft schloss ihre Tür.

So ein Verhalten nennt man Mobbing.

KEINER DA

L Beklagte sich beim Meister das der Chef zu ihm gekommen sei und ihn ohne Grund in den Boden gestampft hatte was das sollte? „Nun Friedrichsen ist nicht da. Und andere haben Urlaub und die weiteren waren auf die Schnelle nicht auffindbar, also warst du dran."

UM VERSETZT

In der Zentrale hatte sich eine Mitarbeiterin mittels Zeitenfälschung Überstunden zugeschustert. Das war aufgeflogen und nun stünde die Kündigung an. Man hatte sie um versetzt in einen unbedeutenden Bereich damit ihre Rentenansprüche nicht verfallen. Ich denke, dazu muss man nichts mehr sagen.

ENDSTUFE

28,1,2019

Ich hatte ein Jahr zuvor gefragt ob ich aus dem Winterdienst treten kann. Nein geht nicht die Antwort. Vom Chef.

Ich kam zur Arbeit, es hatte geschneit und ich wurde nicht gerufen. Der Chef hatte Rufdienst. Der Chef auf mich los. „Ich habe dich angerufen, du bist nicht an den Apparat gegangen." Nun das war eine faustdicke Lüge und sollte mein hier sein beenden. Ich wieder sprach ihm. Und reichte sofort schriftlich Beschwerde beim Oberchef ein. Die Antwort war die sofortige Entfernung aus dem Winterdienst. Mich Feuern so kurz vor der Rente trauten die sich nicht, auch weil es dann eine Anrufverfolgung gegeben hätte, das hätte gekostet.

Von hier an ging es für mich noch um eine Frage. Mache ich weiter bis zum 1,8,2020. Das wären noch 18 Monate oder ab in die Rente. Mir standen 19 Monate Krankengeld zu, 4 Monate hatte 2018 verbraucht, verblieben 15 Monate. Zum 1,4, 2020 würde das Krankengeld auslaufen. Verblieben 4 Monate bis zum 1,8,2020.

Entweder die vier Monate noch Arbeiten oder nicht. Also noch vier Monate durchhalten und dann ins Krankengeld.

Krankengeld lag bei 70 Prozent Rente 48 Prozent. Logisch das ich mich fürs Krankengeld entscheiden würde. Noch dazu die Krankenkasse die Rentenbeiträge weiterzahlt. Auf die Höhe der Rente hatte das keinen Einfluss.

Also ab ins Krankengeld.

Es folgten Gespräche mit der Personalabteilung wegen des Renteneintritts und des Auslaufens des Krankengeldes.

Mir wurde angeboten. Zum 1,2,2020 die Arbeit wieder aufzunehmen und die verbleibende Zeit zum 1,4. meinen Jahresurlaub zu nehmen. Da ja noch vier Monate bis zum 1,8. verbleiben würden. Ich bedankte mich, aber lehnte ab, ich wollte nicht einen Tag mehr in dieser Firma verbringen.

Zum 1,4,2020 unterschrieb ich den Auflösungsvertrag und ging am 1,4,2020 in Rente.

Meinen Urlaub musste mein ehemaliger Arbeitgeber auszahlen. Es folgten noch Lohnanteile und eine Steuernachzahlung.

Ein positiver Abschluss.

Neben dem Spaß, den ich dem Chef noch bereiten konnte. War es mir gelungen die Neubesetzung meines Postens um 3 Jahre zu verzögern.

Man könnte mir natürlich vorwerfen ich hätte mich meinen Chefs gegenüber auch freundlicher verhalten können.

Von Natur aus bin ich herzensgut. Nur verarschen lassen muss ich mich nicht. Und diese Chefs hatten die soziale Existenz von Menschen zerstört. Und das gezielt.

Heute ist der 28,8,2021

Ein ehemaliger Mitarbeiter erzählte mir, dass die Jagd auf die Mitarbeiter nun auch die Freunde vom Chef trifft. Der soll noch bösartiger geworden sein. Und der Meister ist in Rente, sein Nachfolger hatte gesagt ich räum hier auf. Nun, der Mann wurde vom Chef ausgesucht, das sagt wohl alles.

Ich hätte auch über, wie kann ich mich wehren, schreiben können, das aber haben schon andere getan. Und Ratschläge sind müßig.

Jeder erlebt Bossing anders. Bei dem einen ist es gezielt, um ihn aus dem Betrieb zu bekommen, Gründe sind da vielfältig. Bei einem anderen Chef ist es dauerhafte Übellaune. Vom unfähigen über Bösartigem langt die Palette bis hin zum Menschenverächter. Und jede Gegenwehr wird mit gesteigerten Angriffen beantwortet.

Meine Chefs hatten ihren Spaß am Leid der Mitarbeiter. Die waren gezielt bösartig. Nur die, welche sich nicht genauso bösartig wehrten, wurden gejagt und erbarmungslos fertig gemacht.

Nein ich muss mir nichts vorwerfen lassen, ich hatte das Beste aus der Sache gemacht was möglich war.

Zwischendurch hatte der Oberchef mir erklärt ich sei Hochqualifiziert und könne in jedem Betrieb jederzeit Arbeit finden. So geht man also mit den besten Leuten um.

An dieser Stelle danke ich meiner Frau für ihre Geduld und Rückendeckung.

Ich hoffe ihr habt beim Lesen auch geschmunzelt.